BUSCAR INDÍCIOS,
CONSTRUIR SENTIDOS

Título original: *Buscar indícios, construir sentidos*
© do texto: Graciela Montes, 2017
© da edição espanhola: Babel Livros, 2017
© da seleção: Silvia Castrillón, 2017
© desta edição: Selo Emília e Solisluna Editora, 2020

EDITORAS Dolores Prades e Valéria Pergentino
COORDENAÇÃO EDITORIAL Belisa Monteiro
TRADUÇÃO Cícero Oliveira
PREPARAÇÃO E EDIÇÃO DE TEXTO Lenice Bueno
REVISÃO Equipe Emília
REVISÃO TÉCNICA Maria José Navarro
PROJETO GRÁFICO Mayumi Okuyama
DIAGRAMAÇÃO Melyna Souza e Anita Prades

A reprodução não autorizada desta publicação, no todo ou em parte, constitui violação de direitos autorais (Lei 9.610/98)
A grafia deste livro segue as regras do Novo Acordo Ortográfico da Língua Portuguesa.

Dados Internacionais de Catalogação na Publicação (CIP)
Bibliotecária responsável: Aline Graziele Benitez CRB-1/3129

M87b	Montes, Graciela
1.ed.	Buscar indícios, construir sentidos / Graciela Montes; tradução: Cícero Oliveira. – 1.ed. – Salvador: Selo Emília e Solisluna Editora, 2020.
	288 p.; 15 x 23 cm.
	Inclui referências.
	ISBN: 978-85-5330-016-7
	1. Leitura. 2. Formação de leitores. 3. Leitura – poder. 4. Leitura. 5. Sociedade. I. Oliveira, Cícero. II. Título.
	CDD 372.4

Índice para catálogo sistemático:
1. Leitura: formação de leitores 2. Leitura: poder 3. Leitura: sociedade

Selo Emília
revistaemilia.com.br/categorias/selo-emilia
Avenida Angélica, 551 – 01227 000 – São Paulo
Contato: seloeditorial@revistaemilia.com.br

Solisluna Editora
solisluna.com.br
Al. Praia de Barra Grande, qd 12, lt 33
Vilas do Atlântico 42.707-690
Lauro de Freitas – BA
Contato: editora@solislunadesign.com.br

Graciela Montes

BUSCAR INDÍCIOS,
CONSTRUIR SENTIDOS

Tradução Cícero Oliveira

Sumário

APRESENTAÇÃO 6

PRÓLOGO 12

20 Elogio da perplexidade

44 Do ditame ao enigma ou como ganhar espaço

60 Do que aconteceu quando a língua emigrou da boca

82 As penas do ogro: a importância do estranho na leitura

100 A floresta e o lobo: construindo sentidos em tempos de indústria cultural e globalização forçada

122 A oportunidade

138 Tempo, espaço, história

148 Sozinha na balsa, desenhando o rio

164 As cidades invisíveis e seus construtores agremiados

174 Recolhidos à sombra de nossas pálpebras

194 Leitura e poder

218 A formação de leitores e o pranto do crocodilo

222 Mover a história: leitura, sentido e sociedade

240 O lugar da leitura ou sobre as vantagens de ser desobediente

252 Por onde vai a leitura? Sobre os circuitos e os becos sem saída

262 Espaço social da leitura

NOTAS DE REFERÊNCIA **276**

REFERÊNCIAS BIBLIOGRÁFICAS **281**

AGRADECIMENTOS **287**

Apresentação

Leitura encarnada

"A leitura do mundo precede sempre a leitura da palavra e a leitura desta implica a continuidade daquela"
PAULO FREIRE

SOMOS CONVOCADOS a uma leitura presente, encarnada, visceral, por Graciela Montes em seu livro *Buscar indícios, construir sentidos*. A autora nos convida a um mergulho em um território de vitalidade da literatura. Ao virarmos cada página de seu livro, quebramos verdades instituídas e percepções cristalizadas acerca da relação com a palavra, com os leitores, com a literatura, com as bibliotecas, os bibliotecários e os educadores.

Como em um labirinto borgeano, a autora nos coloca em enfrentamento com o emaranhado de situações cotidianas que nos dispersam do que sentimos. Ficamos envoltos num universo de quinquilharias de informações que nos distancia da experiência. A vida contemporânea e o *modus operandis* funcional nos colocam em uma sucessão de práticas previsíveis ou em uma padronização escolarizada na relação com o descontrole que a literatura pode nos trazer. Se tratada como arte, a literatura é desassossego, gera ebulição, risco, enigma e pode nos fecundar com invenções, sem saber seus desdobramentos.

Ao começar seu livro pelo caos presente em tantas cosmogonias, Graciela já anuncia que o estado de ordem e controle tem o risco de nos levar a uma vida medíocre, sem surpresas nem indagações, sem mistério.

Quando as crianças pequenas entram curiosas em uma biblioteca, parecem passarinhos chegando juntos a uma árvore: fazem ruídos, se entusiasmam ao ver as prateleiras cheias de livros prontos para serem abertos e povoarem suas vidas de aventuras. Muito distante de um comportamento "correto" de uma biblioteca silenciosa, concentrada, as crianças geralmente chegam vibrantes, pois *o que é vivo faz barulho*, segundo o poeta João Cabral de Melo Neto. Aos poucos, as meninas e meninos vão se ajeitando, se localizando e se concentrando. Curiosas, elas leem os livros, e assim, por envolvimento, silenciam, sustentando com sua atenção o que está por vir:

> Em meio ao meu desespero, resolvi subir no alto de uma árvore para ver se enxergava algum sinal de civilização.
> Olhei ao longe e notei algo que parecia ser uma imensa construção, talvez um palácio branco. Andei em direção ao palácio e, à medida que me aproximava, suas paredes se tornavam ainda mais alvas. Achei que aquele deveria ser o palácio de um grande e poderoso rei, quem sabe de um príncipe. Quando cheguei bem perto, passei as mãos pelas paredes e senti como eram lisas e macias. Andei ao redor de toda aquela construção, mas não achei nenhuma porta, nenhuma entrada. Neste instante, o céu escureceu, como se uma imensa nuvem tivesse coberto o sol. Olhei para cima e vi que uma sombra pairava sobre mim. Tratava-se de uma enorme ave, um pássaro como nunca tinha visto antes. Lembrei-me dos casos contados pelos marujos em minhas andanças pelo mundo, entre eles, o do famoso Roca, o pássaro gigante.
> A ave deu um voo rasante e pousou sobre o ovo...
> BARBIERI, Stela. *Simbá, o marujo*. Ilustrações de Fernando Vilela. São Paulo: SESI-SP editora, 2017.

A segunda imagem forte que a autora nos apresenta é a de um ovo, também presente nas histórias de origem, um ovo inaugural. Frágil, cheia de força simbólica, nos convida à perplexidade que pode alimentar o nosso modo de ser singular. O ovo, uma forma perfeita e com superfície homogênea, me fez lembrar de um trecho (narrado acima) da história (enigmática e surpreendente) de *Simbá, o marujo*, que nos fala de um ovo selvagem.

Ao longo do livro, Montes, afirma que os acontecimentos vividos marcam os leitores que somos. O ovo, uma forma cheia de força, um verdadeiro milagre, me seguiu através dos outros capítulos do livro, e logo passei a me perguntar o que a leitura tátil de um ovo, a leitura gustativa ou olfativa de um ovo, o corpo abraçado pelo espaço oval, afeta em nossa formação como leitores? Como, no mundo contemporâneo, podemos estar em estado de ovo?

O trecho sobre o ovo do *Livro dos Símbolos* nos coloca em diálogo com esta ideia:

> Assim como a vida é concebida no ovo, também nos antigos rituais de cura os iniciados eram isolados numa gruta ou num buraco escuro para "incubarem" até que um sonho os curasse e lançasse, renascidos, para o exterior...
> MARTIN, Kathleen. *O livro dos símbolos: reflexões sobre imagens arquetípicas*. São Paulo: Taschen, 2012.

Vivemos uma ultravisibilidade na contemporaneidade, sem tempo ou espaço para incubar com vagar o sonho, para ficar na caverna. Na infância, de algum modo, há disponibilidade para viver ritmos, intensidades e velocidades de maneira muito singular. Graciela problematiza a repetição de padrões analíticos e nos convida a experimentar outros modos de olhar. Ela nos convoca a dar lugar ao que nos inquieta, abrindo caminho para estarmos receptivos, para o vazio, para o maravilhamento e o estranhamento, com a potência de nos conectar com os sentidos da existência.

Lendo este livro, me lembro das escolas públicas de *Reggio Emilia*, com sua pedagogia relacional e o respeito que ela tem pelas crianças ainda bem pequenas e suas indagações singulares. Ali, sustentam as perguntas das crianças em diálogo com as questões dos adultos que trabalham com elas. Eles falam do professor como profissional da perplexidade e encantamento que, ao escutar as crianças, descortina sobre si outros modos de investigar aspectos corriqueiros.

As crianças, os artistas, os escritores, os inventores de possibilidades, estão sempre aprendendo, pois fazem um caminho diferente da normalidade para falar do que os afeta. Graciela nos fala sobre como aprender tem a ver com inventar, e sobre isto Virginia Kastrup, psicóloga brasileira que estuda sobre cognição, invenção e atenção, diz que, ao aprender, inventamos a nós mesmos e ao mundo.

As crianças inauguram o mundo com seu olhar, sua presença irrequieta, pensando sobre porque o céu é azul, ou como os pensamentos surgem na cabeça.

Este livro é indispensável para nos "chacoalhar" em nossas leituras, nos confrontar em nossas narrativas e nos convidar a sair do lugar confortável e passivo, ativando outras relações com o mundo e com nossa maneira de viver. Graciela Montes se mostra curiosa com o que está por vir com os escritores e leitores do ciberespaço. Somos todos, de certo modo, afetados pelos fenômenos midiáticos que nos sequestram de nós mesmos e do convívio com outros. A autora cria relevos e paisagens desafiadoras para que, em novos mirantes possamos, mergulhados na complexidade, nos reencontrar – agora, já sendo outros.

Stela Barbieri
Junho 2019

Prólogo

Encantada por conhecê-la, Graciela Montes

FAZ ALGUNS ANOS, mais ou menos uns quarenta e cinco, eu vivia muitíssimo entediada. Morávamos no que aqui, na Patagônia, chamamos de *chacra* [chácara], uma propriedade mais ou menos próxima do povoado. Que era um povoado, não uma cidade. Não havia televisão, claro, e quando havia, era apenas por algumas horas. As noites e os invernos eram enormes vazios.

Naquela época, havia uma grande confiança no futuro, na educação, na cultura. Nos livros. Semanalmente, chegavam em casa – tão longe de Buenos Aires –, revistas e coleções para meus irmãos mais velhos, para meus pais e – menos – para mim. Todos nós líamos tudo. Lembro-me em particular dos fascículos de *Capítulo*,* que vinham com um livro. Às vezes lia o livro e não a revista, ou vice-versa, ou tudo, ou nada. Mas eles estavam sempre ali. E *Los hombres*,** biografias das celebridades universais. Eles ficavam guardados em um belo móvel que um dia recu-

---

* Toda semana, a coleção *Capítulo: Historia de la literatura argentina* (criada em 1967 pelo Centro Editor de América Latina) apresentava um fascículo sobre um período da história da literatura argentina, e um livro com textos de um autor – ou de vários – emblemático do período em questão (N. do T.)

** *Los hombres de la historia universal* era uma coleção originalmente publicada na Itália pela Compagnia Edizioni Internazionali e foi editada em castelhano, a partir de 1968, pelo CEAL – Centro Editor de América Latina (N. do T.)

perarei. Estavam à mão, como uma biblioteca pública, em um corredor da casa. Em algum momento de minha adolescência, fiquei fissurada em bichos e colecionamos a *Fauna Argentina*, com pinguins, lebres-patagônicas e bem-te-vis, junto com *Salvat de la Fauna*, repleta de elefantes e savanas. Logo começaram a chegar os sobrinhos, para os quais líamos *Chiribitiles*[*] e a revista *Humi*.[**] A essas alturas, o povoado já era uma cidade e ficava mais perto. E eu tinha mais liberdade para me deslocar. Ia à escola, ao clube, às aulas de língua, de piano e à biblioteca popular. A antiga biblioteca foi o lugar de espera, dos tempos mortos entre as viagens para casa e as atividades de meus irmãos. Logo a troquei por um bar, claro. A Biblioteca Popular transbordava de coleções do CEAL[***] que ocupavam mais lugares do que a mais que incrível *Encyclopaedia Britannica*, minha preferida na época e que mal me deixavam tocar.

Chegou a hora de trabalhar e de escolher uma carreira na universidade. Logo depois, algumas amigas me convidaram para pensar sobre literatura infantil e escola. Algo muito oportuno, já que meu filho em breve nasceria.

A esta altura, aqueles que estão lendo isto devem estar se perguntando o que meu relato tem a ver com este precioso livro.

---

[*] *Los cuentos de Chiribitil* foi uma das coleções fundamentais da literatura infantil na Argentina, um conjunto de aproximadamente 50 títulos publicados pelo CEAL entre 1976 e 1978 (N. do T.)

[**] Revista cultural infantil argentina que chegou a vender 330.000 cópias. Enfrentou a ditadura militar, vindo inclusive a publicar capas que faziam caricaturas dos generais de então (N. do T.)

[***] *Centro Editor de América Latina*. Editora argentina fundada em 1966 por Boris Spivacow, que funcionou até 1995. O CEAL se caracterizou por três questões fundamentais: a excelente qualidade daqueles que escreveram e organizaram as coleções, seu preço econômico e acessível para amplos estratos sociais e sua baixa rentabilidade econômica (N. do T.)

Reconheço que ele em nada se parece com um prólogo. Talvez porque eu não saiba escrever prólogos ou porque um prólogo me parece quase desnecessário. Acredito, seriamente, que ninguém precisa de um guia para conhecer Graciela Montes. Basta se deixar encantar.

Escrevo isto porque sei que Graciela gosta de histórias, e ainda mais das histórias de leitores. Todos nós teríamos que escrever nossas histórias como leitores. Nelas falaríamos sobre livros, sim, mas fundamentalmente, sobre condições de leitura. De nossos vazios, de nossas perguntas, de nossos labirintos. De todas as leituras – as de papel, as digitais, as orais, as da música e as do cinema, as dos signos, as da vida. Isso é para Montes a leitura, a leitura da vida, ir construindo nossos caminhos de significações, nosso modo de sermos humanos.

Tive a enorme, a imensa sorte de iniciar esse caminho por suas mãos, lá em minha infância. Lembro-me de já ter sido encantada por Montes. Não sabia quem ela era, obviamente que não, nem seu nome. Soube disso adulta e já uma profissional, quando já a conhecia como escritora e a tinha ouvido em conferências, ou havia tirado fotos com ela enquanto ela fazia uma dedicatória para meu filho em algum livro, na mesa de alguma feira.

No curto panorama inicial que fiz, é possível vislumbrar a silhueta de Graciela Montes.

Pura coincidência, essa história entrelaçada entre a sua vida e a minha, a nossa, a de milhares de leitores argentinos? Não, claro que não. Desde muito jovem, quando começou seus trabalhos no Centro Editor de América Latina – nossa lendária editora, muito ampla, séria e popular –, sem que soubéssemos, Graciela penetrou em centenas de lares, muito antes de começar a escrever literatura para crianças. Foi então e ali que nasceu seu compromisso com a infância e a cultura para todos. Nos anos 1980, seus livros começavam a transitar pelas escolas, e nos anos 1990, ela era lida por todo o país. Ficção, divulgação, conferências e ensaios. Que hoje ocupam muitas prateleiras em minha biblioteca.

Em seus mais de trinta anos de trajetória na área, ela jogou todos os jogos, por isso conhece-os tão bem. Escritora, diretora de coleções, editora; fundou revistas, editoras, a associação de literatura infantojuvenil (LIJ) na Argentina, juntamente com um revolucionário grupo de escritores que mudaram para sempre as formas de escrever, de ler e de difundir essa literatura.

Tomara que aqueles que estão lendo este livro tenham tido, assim como eu, a sorte de ouvir ou ler algumas de suas reflexões, além de suas ficções, em um dos incontáveis lugares que ela visitou. Essa mulher tem milhares de quilômetros percorridos, muitos de avião, e muitos em estradas de terra. Em nosso país, em nossa América e do outro lado do Atlântico. Ou que a tenham lido nas duas compilações publicadas, ou em alguma revista, ou na incomensurável internet. Nunca ingênua e nunca complacente, ela lutou contra as convenções de gênero, o que também implicou a luta em outros terrenos simbólicos e estruturais. Montes fez valer sua posição central no campo literário para instalar, em outros âmbitos, as discussões em torno da infância, da leitura, do poder institucional.

Ler estes textos nos instiga, o tempo todo, a contemplar seu devir, a filosofar sobre o tempo e o espaço em que vivemos e, às vezes, o que parece estar por vir. Seus assuntos, sempre os mesmos, não se repetem; eles se estendem, se contradizem, duvidam de si próprios, se ampliam, se perfuram. Como leitora, adoro trilhar esse percurso labiríntico. Para compreender seu pensamento e para compreender a cultura e o mundo.

Neste grande livro, as editoras decidiram resgatar do esquecimento alguns textos perdidos do início dos anos 1990, mas, essencialmente, reunir aqueles que expressam seu pensamento – crítico, muito vasto, pungente – sobre aquilo que costumamos chamar de entre-séculos. Escritos entre 1997 e 2006, os últimos em que ela se expôs publicamente.

Qualquer um que tenha estado minimamente atento à história argentina especialmente, mas também à história latino-americana e global, pode se lembrar do que aqueles anos significaram. Não estou mais falando sobre nós leitores, mas sobre nós.

Sem abandonar suas obsessões – a leitura, a infância, a literatura, a escola – ela nos leva a olhar a partir de outros, variados e muito amplos pontos de vista.

Seus ensaios foram se tornando cada vez mais filosóficos e políticos, o que, por sua vez, situou o político no próprio campo literário, com um olhar ferozmente crítico sobre as transformações neoliberais e a globalização; isto é, lutando no campo político com as armas próprias de seu campo, de sua trajetória, de sua posição. É porque viu, desde os primórdios, as relações perigosas e inevitáveis entre a política, a economia, o poder e a literatura, que ela pôde enfrentar as transformações de fim de século e dar outra guinada nos labirintos de seus pensamentos – olhando perplexa, defendendo o caos e construindo sentido mesmo em tempos de indústria cultural e globalização forçada, todas expressões usadas em suas últimas conferências.

O que Graciela Montes olhava, perplexa? Poderíamos dizer que a revolução conservadora da área editorial. Talvez olhasse para os nichos, os *rankings*, a suntuosa lógica mercantil, isto é, a constituição de novas-velhas regras de jogo. E todas aquelas palavras genéricas e pesadas que viemos incorporando ao nosso vocabulário. Talvez ela olhasse para os outros. Talvez olhasse para nós.

Talvez olhasse para o apagamento das fronteiras, o espetáculo, as mudanças de posição no campo literário, no campo cultural e no campo político; as complacências ou, pior ainda, as cumplicidades, as obscenidades de algumas personalidades. E olharia, com seu otimismo proverbial, conclamando à reflexão, à leitura, retirando-se para a sombra para ressignificar o olhar, convidando a jogar o jogo do explorador e a refundar o humanismo.

Realidades que irritaram seu pensamento e outras das quais ela teve que ver a cara de perto e presenciar a concretização das ameaças contra as autonomias, a exclusão dos intelectuais do debate público e sua substituição por temas superficiais na mídia, com personagens idem.

Em meio a tudo isso, como um oásis ou um farol, de vez em quando Graciela Montes vinha abrir nossos olhos, nos convidar. Com sua presença pequena, sua voz cantada, sua brutal resistência, seus encantos e encantamentos, sua ilusão que não sucumbe. Necessária. Tanto hoje quanto em minha infância distante.

Estamos encantadas por conhecê-la, Graciela Montes.

Fabiola Etchemaite
Professora na Universidad Nacional del Comahue, Argentina, desde 1986. Integra o Ce.Pro.Pa. LIJ desde a sua criação

Elogio da perplexidade

Palestra apresentada na "VIII Jornada de Bibliotecas Infantis, Juvenis e Escolares". Madri, junho de 2000.
Publicada em: *Leer en plural*. Salamanca, Fundación Germán Sánchez Ruipérez, 2000.

NO COMEÇO ERA O CAOS. É o que diz a cosmogonia da maioria dos povos que criaram uma. "Há uma coisa formada confusamente, nascida antes do Céu e da Terra. Silenciosa e vazia. Ela está sozinha e não muda, gira e não se cansa. É capaz de ser a mãe do mundo". É o que dizem os chineses (ao menos é o que Lao Tsé dizia). Outros povos falam de "sarça impenetrável" ou de "grande ovo". Os gregos deram-lhe o nome de Caos – literalmente "bocejo" –, bocejo abismal ou Grande Bocejo. Hesíodo, o encarregado de conferir disciplina e método à velha cosmogonia, descreveu com alguma precisão essa espécie de *Big Bang*, esse tremendo acontecimento pelo qual o Caos começou a ser Cosmos. Para isso, dialeticamente, lança mão de um segundo princípio, ou melhor, de um casal, constituído por Gaia – a Terra parideira, de amplo ventre – e Eros – o mais belo e irritante dos deuses. De um lado, e o primeiro de todos, Caos, o Total, o Obscuro, que dá origem a Érebo (as Trevas) e Nix (a Noite). E do outro, começando a existir junto com o Caos, um pouco depois dele, mas, na realidade, não seus filhos, Gaia e Eros, algo como a Terra Enamorada, da qual nascerão, cedo ou tarde, todos os deuses.

 Aristófanes, em sua comédia *As aves* [ou *Os pássaros*],* faz uma interessante "correção" satírica a essa cosmogonia oficial,

---

* ARISTÓFANES. *As aves*. Tradução: Mário da Gama Kury. Rio de Janeiro: Zahar, 2013, arquivo Kindle. O tradutor gentilmente atualizou

aproximando-a mais da variante órfica. Trata-se de um solilóquio do Coro em que se nega o duplo princípio. Não houve nada além do Caos naqueles obscuros primórdios, diz o Coro de aves. "No começo era o Caos, a Noite, o negro Érebo e o imenso e triste Tártaro; a Terra (Gaia), o Ar e o Céu, contudo, ainda não existiam".[1] Mas ele prossegue dizendo – cito a passagem, que é muito bonita:

> Sucedeu que a Noite emplumada pôs um ovo, nascido do redemoinho. E desse ovo, com o passar do tempo, nasceu o Amor – o sedutor, o brilhante, o audacioso –, com suas pequenas áureas plumas, ele próprio um redemoinho resplandecente e cintilante. E o Amor, fundindo-se ao Caos, o Sombrio, no ventre do Tártaro imenso, nos chocou – conclui o Coro –, a nós, as aves, que somos, portanto, as primogênitas, as nascidas do Amor primeiro, as mais velhas, anteriores à Terra e ao Céu e ao Mar e a todos os Deuses Imortais.*

Ficarei com esse "ovo rodopiante" de Aristófanes, menos solene, mas, por outro lado, muito parecido com tantos outros "ovos primordiais" dos quais as antigas cosmogonias dão conta,

---

as referências bibliográficas da autora, notas de referência e citando sua edição em português, quando existem, assim como a localização da página do trecho citado (N. do E.)

* ARISTÓFANES. *As aves*. Aqui, traduzimos diretamente do espanhol. Na versão em português, publicada pela Zahar: "(...) afinal a Noite de asas negras deu à luz, no seio infinito do Érebo, um ovo sem germe, de onde, após uma longa sucessão de anos, nasceu Eros, com duas asas de ouro cintilante em suas espáduas, velozes como os ventos. Unindo-se às trevas do Caos alado, ele gerou nossa raça no seio do imenso Tártaro, e a trouxe pela primeira vez à claridade. Antes de Eros haver misturado tudo, a raça dos imortais ainda não existia, mas quando a mistura de todas as coisas se completou, então apareceram o Céu, a Terra, o Oceano e a raça imortal dos deuses bem-aventurados" (N. do T.)

e além do mais, tão semelhante às imagens das "galáxias redemoinho" que os astrônomos contemporâneos descrevem. Um ovo que ainda não existe, mas está prestes a começar a existir.

Escolhi, como veem, uma encenação cósmica para o nosso cotidiano, discussão objetiva em torno da leitura. Não se trata de uma escolha ociosa, e confio que, a longo prazo, ela seja justificada. Por ora, permitam-me lembrar o Caos, nada mais, deixá-lo aí suspenso, como bocejo abismal, prenhe, sim, mas ainda não parido.

Volto ao mundo.

Estamos todos muito preocupados com o desaparecimento, ou a crise, ou com o progressivo enfraquecimento da prática da leitura. Isso por um lado. E a isso se soma a preocupação com o livro também, sem saber se ele será substituído definitivamente ou não pelo eletrônico, ou pelo texto *on-line* ou pelo CD. E há também a preocupação com os possíveis resgates, sobre os quais não entramos em acordo, talvez porque os interesses não sejam sempre os mesmos. E todas essas preocupações, ainda por cima, dentro de uma sociedade que se globaliza e parece se tornar um ovo novamente. Um redemoinho que gira e, ao girar, parece ir lançando para as margens abismais milhões e milhões de humanos que, no entanto, querem se sentir cosmos, que são cosmos e merecedores de leitura (ao menos de acordo com nossa maneira de ver as coisas, nós, que estamos aqui dentro, que talvez constituamos um novo Coro aristofânico, não de aves, mas de leitores).

Arrebatados por essa vertigem geral, tendemos a pensar em todas as nossas questões às pressas e nos arremessando para o futuro. O que será que vai acontecer? Será que continuarão lendo? O que será lido? Quem vai ler? Como vão ler aqueles que leem? O que acontecerá com as obras que nossa cultura acumulou? O que chamamos de "cultura ocidental" será perdido? Será que isso se tornará o culto de alguns poucos? E as maiorias, então, o que elas lerão? O conceito de "obra" tal como o conhecemos e, portanto, o de "autor", mudará? Que gêneros dos chamados literários – a poesia, o conto, a novela – sobreviverão à grande transformação (se é que sobreviverão)? Será suficiente a sustentação da palavra? E, por sua vez, em que se sustentará a palavra, onde ela encarnará? Qual será a ficção dos novos tempos? Como as ideias serão construídas e debatidas? E, ai!, mais uma questão: terá sentido, no meio da vertigem, fazer o que fazemos neste momento, sentar e falar sobre a leitura?

Todas estas e muitas outras perguntas – o simples ato de formular perguntas poderia ser um excelente exercício – produzem em nós tamanha comoção, tamanha ansiedade, que, subitamente, tudo parece se precipitar em um redemoinho confuso. Sem pretextos aliás, porque, a cada nova pergunta, o cenário é sacudido novamente, e gira de novo e nos deixa ali, desconcertados e tentando nos agarrar ao ar. Tudo parece ser colocado em questão a cada instante, e o sentimento que nos domina, mistura de desassossego, paralisia momentânea e eletrizante surpresa, é o da perplexidade. Estamos, realmente, perplexos. E não sabemos para onde ir nem a que nos apegar.

Este tempo de conversa tem para mim um único propósito: sair em defesa da perplexidade. Demonstrar, se puder, que a perplexidade é algo louvável, bom e prenhe, embora ainda não parido, algo como o estado de espírito do caos. E o começo de toda leitura.

Talvez não estejamos com tantas dificuldades para "ler" o que está acontecendo conosco, já que estamos perplexos.

Também estou perplexa, e seguramente não estarei menos quando você terminar de ler isto. Vocês tampouco ficarão menos perplexos ao me ouvirem pensar em voz alta. Espero apenas que, ao concluir, todos nos sintamos mais bem-dispostos a aceitar essa perplexidade não como um mal, mas como um bem, como o grande ovo que ela é, de onde novas significações nascerão.

Vou relatar muito brevemente como fui chegando a essa reivindicação de perplexidade. O caminho particular de meu pensamento não tem em si nenhum valor especial, mas suas idas e vindas, seus labirintos, e o auxílio que outros pensamentos muito mais poderosos foram lhe prestando – auxílios que, na realidade, nunca adquiriram a forma de um caminho traçado, mas, mais uma vez, a de novos labirintos – podem servir para refletir, de alguma forma, esse movimento da perplexidade que me propus a defender aqui.

A primeira vez que a questão da leitura me ocorreu, a pergunta sobre a leitura não foi em minha qualidade de leitora (como leitora, a leitura para mim era algo natural, nunca me havia parecido um problema), mas, paradoxalmente, em minha qualidade de escritora, em particular de escritora de livros para crianças. Foi nesse caráter que recebi, bem na cara, pela primeira vez a famosa pergunta – falsa pergunta, na realidade, ou afirmação disfarçada – sobre por que as crianças não leem, ou por que já não leem mais (entenda-se aí "já não leem tanto quanto antes"). A pergunta costuma ser acompanhada por uma pequena cena de contrariedade que inclui uma careta contrita, um movimento pesaroso com a cabeça: por que será que não leem mais, ai, pobrezinhos, que barbaridade, que pena o mal que os aflige.

Uma pergunta incômoda, que cheirava a mentira, mas que, de todo modo, sempre dava o tom. Era possível negá-la, escamoteá-la, repensá-la, mas, em última instância, era a pergunta que reinava.

Levei algum tempo para entender até que ponto essa pergunta tinha sido eficaz em ocultar a verdadeira questão por trás de um falso cenário. Em primeiro plano ficariam as crianças. As crianças, como bons bodes expiatórios que são – sempre o foram –, se encarregariam das perdas dos adultos. Elas, que não tinham reputação a defender, purgariam o crime.

Com a valiosa ajuda de alguns pensamentos muito claros – o de Marc Soriano, que me ensinou a historicizar e contextualizar os temas, o de vários psicanalistas, Winnicott sobretudo, o dos historiadores da infância –, e, além disso, a ajuda de algumas questões, essas sim francas e frescas, de meus leitores pequeninos, que queriam saber por que eu gostava tanto de ler quando era pequena (por que seria?) e como foi que me meti a ser escritora (elas têm razão, como foi que me meti nisso?), pude mudar de lugar a pergunta (apenas para mim e em meu próprio pensamento houve uma mudança; os entrevistadores improvisados não se moveram um triz, e até hoje continuam repetindo, com cândida estupidez, a mesma cantilena).

Algo estava acontecendo com relação à leitura, já que todos se preocupavam quase que etnograficamente com ela. Seria ela uma prática em risco de extinção?

Havia algo em que pensar, mas isso não passava exatamente pelas crianças. Tinha, antes, a forma de um paradoxo histórico: a cultura escrita havia alcançado uma extensão máxima, como nunca antes no planeta (espera-se, ou trabalha-se por, um analfabetismo zero para daqui a quinze anos), mas esse triunfo, com o qual sonharam educadores e revoluções, ocorria, aparentemente, em meio a um crescente desinteresse pela leitura.

Na época em que estive em Madri, no final de 1998, a perda da significação social da leitura havia se tornado muito evidente para mim. Via que a leitura não ocupava um lugar no imaginário coletivo como o que havia ocupado anteriormente, ou ao menos o que havia ocupado em certos lugares do planeta e em certos setores sociais. Comparava esta situação de hoje com a de outros momentos históricos em que a leitura havia sido significativa, havia representado um ato social forte, um desafio inclusive, e até mesmo uma transgressão. Digamos, momentos em que aqueles que liam sabiam que estavam lendo e sabiam o que estavam fazendo quando estavam lendo. Essa contextualização social da questão da leitura – que adquiriu um novo sentido para mim a partir da leitura de grandes historiadores da cultura, como Roger

Chartier, Raymond Williams ou George Steiner – devia ser lida à luz dessa extraordinária democratização aparentemente "desperdiçada", já que os alfabetizados não tinham "interesse" em ler e liam somente o que se viam forçados a ler para trilhar seu próprio caminho na vida cotidiana. Que estranho e complicado tudo parecia, que desconcertante! Não seria porque era preciso redefinir a palavra "ler" e "leitura", fazendo-a corresponder às novas condições?

Ao mesmo tempo, procurei dar uma olhada em minha própria prática de leitura, algo que não havia feito no começo, quando a questão era outra e parecia vir de fora. Talvez porque ainda estivesse devendo aos meus leitores uma resposta de por que eu lia, e por que gostava tanto de ler quando era menina. Cheguei à noção de "fronteira", um "lugar" – associado de alguma forma ao jogo e à brincadeira* – em que estava quando lia e quando liam para mim, e também, mais tarde, quando escrevia. Um lugar que não era nem eu mesma nem o mundo, mas outra dimensão, que, nessa prática e com essa prática, se tornava habitável e acolhedor.

A noção de enigma, de charada também apareceu para mim. A leitura era as duas coisas. Por um lado, era sentir-se "em casa", habitar um lugar e, por outro, perseguir algo. Havia algo de busca naquilo que o texto prometia, algo de promessa de revelação ao se abrir um livro, ao penetrar em uma história. Um mistério, algo escondido. Ler não resolvia isso – o enigma é, por definição, insolúvel –, mas me aproximava dele, permitia-me cercá-lo, explorar suas bordas. Além disso, me sentia menos sozinha, mais acompanhada por outros que também haviam constatado sua presença e explorado suas bordas. Essa busca – busca sem

---

* A palavra *juego* em espanhol pode ser traduzida por "jogo", "brincar" (o ato) ou "brincadeira" em português, de acordo com o contexto. Aqui, procurou-se utilizar todas essas acepções intercaladamente, como poder-se-á constatar (N. do T.)

achado, na realidade –, esta charada perene, esta construção provisória de sentido que a leitura significava para mim, parecia-me muito oposta aos "textos instrutivos", e aos ditames [*consignas*]* muito precisos com os quais algumas pessoas regulavam a leitura e que pareciam anular de antemão esse confronto com o enigma. O ditame escamoteava o enigma.

Mas o enigma era necessário. Certa confusão, certo desconcerto era necessário. Lembrando meu próprio passado como leitora, e sempre pensando em dar uma resposta honesta àqueles que honestamente me perguntavam sobre ele, tive pela primeira vez a clara sensação da perplexidade necessária.

Eu, pelo menos, lia a partir da perplexidade. A perplexidade era para mim um motor de leitura melhor que o método e a garantia. E se o que acontecia comigo também acontecia com outros, talvez isso não fosse um mal, mas um bom momento para a leitura, apesar das tormentas.

Motivos de perplexidade não nos faltavam. Penso na irrupção em nossas vidas do espaço virtual do computador, por exemplo. A tela e todas as suas assombrosas consequências. Anulação do espaço real. Caráter "alado" das notícias. E essa nova promiscuidade – ou novo Caos – em que alguém podia mergulhar apenas apertando "sim" em uma tecla. Era para se sentir perplexo. Por outro lado, havia se produzido uma espécie de inversão geracional: nós, os adultos, leitores experientes, parecíamos desajeitados como recém-chegados, e as crianças – nossos discípulos – davam a sensação de serem os verdadeiros especialistas. Essa mudança

---

* A palavra *consigna* em espanhol apresenta múltiplos significados, podendo ser traduzida em português por "instrução" (no sentido de dar orientações para se fazer algo), "orientação", "ditame", "regra", "determinação", "diretriz", "palavra de ordem", "slogan". Neste livro, procurou-se utilizar todas as acepções possíveis da palavra em português, a escolha sendo determinada pelo contexto (N. do T.)

repentina de papéis, de alguma forma, também contribuía para a perplexidade reinante.

E a perplexidade nos obrigava – ao menos me obrigava – a continuar pensando. Se era certo que boa parte da leitura futura iria acontecer ali, no espaço evanescente da tela, não deveríamos redefinir "leitura" levando em consideração esse deslumbrante Novo Continente? Não deveríamos reler à luz dessa nova situação todo o passado da leitura e, ao mesmo tempo, ler este novo presente à luz daquele passado? Pensemos em um conto, por exemplo. Um conto havia começado a existir na voz daquele que o continha, ligado indissoluvelmente à sua língua, ao fluxo de seu sangue, ao palpitar de suas vísceras. Nesse sentido, ele estava vivo. Ao mesmo tempo, porém, era evanescente como o próprio presente, "num instante vencido e acabado",[2] como disse Manrique. Depois o conto havia sido feito letra e livro, feito corpo por sua vez, ambicionando derrotar o tempo. Os livros, a biblioteca, o grande triunfo da memória. E agora? Agora, de repente, tudo era pura descorporização, com uma nova memória e uma nova evanescência. Como não presumir que essa novidade acarretaria consequências gerais para a leitura? Como não imaginar que a leitura deveria ser "lida" de novo?

Tive a sorte de trocar algumas ideias com Emilia Ferreiro, uma pensadora muito vigorosa, e de ler a conferência que ela deu no Congresso de Editores, realizado em Buenos Aires em maio de 2000. O admirável dessa conferência de Emilia Ferreiro – que acontecia em um quadro de pânico, no qual os enviados da Microsoft Corporation, tal como arcanjos da informática, ameaçavam os editores tradicionais com a extinção imediata, e os editores tradicionais se defendiam, com gesto ofendido, em suas tradições livreiras – é que ela colocou a questão dentro da história, sem deixar o conflito nem a perplexidade que ele gera em todos, mas, antes, apoiando-se nessa perplexidade e nos obrigando pisar fundo no pedal.

E aqui estou hoje, vendo se consigo pensar um pouco mais, ou a partir de outro lugar, essa questão da leitura que, há anos, se trama e se destrama para mim, voltando a se tramar de forma diferente a cada vez.

A primeira coisa que me apareceu foi essa palavra: "perplexidade". Uma palavra de que sempre gostei muito. Não tinha muita certeza se se tratava de uma palavra respeitável, séria, porque tinha mais a ver com um estado de ânimo, uma espécie de "emoção intelectual". Mas ocorreu-me que talvez ela não fosse inteiramente irrelevante do ponto de vista epistemológico. Talvez isso fosse, inclusive, uma condição para a leitura. Tudo isso passou por minha cabeça durante a noite (pensar em problemas é uma boa maneira de manter a insônia à distância).

"Perplexidade" era a minha palavra. De *perplexus*, enredado: misturado, tortuoso, cheio de voltas (como um labirinto); e do grego *pleko*: trançar, ondular, amarrar com laços; diz-se também da voluta da fumaça, da dobra do corpo da serpente, das vozes que se entrelaçam em coro e dos discursos que se tecem com palavras. Bravo para a "perplexidade"! – tratava-se de uma linda palavra. A intuição da noite de insônia fora corroborada de dia pelo dicionário.

Foi então que o velho Caos apareceu para mim. Se tudo era confuso, não havia mais nada a se fazer a não ser se apoiar na própria confusão. Sem tentar resolvê-la de uma só vez, mas sim deixando-se flutuar nela. Indo e vindo pelo labirinto, indo e vindo pela biblioteca.

Foi assim que comecei pelo Caos.

Retomei Hesíodo e Aristófanes, ambos em edições muito antigas. Fazia um tempo que não os lia e voltei a sentir um carinho agradecido por eles. Tive um momento de desânimo ao pensar "Ai!, e se esquecerem deles? Será possível que no futuro eles sejam esquecidos?". Deixei-os sobre a mesa, não queria colocá-los de volta na estante.

Procurei referências a antigas cosmogonias em enciclopédias físicas e virtuais, e novas cosmogonias no livro de Carl Sagan, em que havia algumas imagens – as dos quadros de Jon Lomberg – que me fizeram pensar novamente no "ovo luminoso" de Aristófanes. Coincidência inquietante.

Dei uma olhada nos chamados "cientistas do Caos" por meio do artigo de uma revista de divulgação e alguns capítulos do livro, *Caos – A criação de uma nova ciência*,[3] de James Gleick. As primeiras notícias do Caos dos cientistas chegaram a mim de uma maneira muito incidental, à mesa, enquanto jantava com minha família, e por meio dos comentários de meu marido – uma pessoa aberta à perplexidade e aos novos enigmas – e, depois, de meus filhos; os três são muito curiosos com relação à ciência. A leitura de Gleick foi difícil para mim. Não entendi ao final se, como alguns diziam, se tratava de encontrar o cosmos no caos (certa previsibilidade, algum "desenho" na desordem que mais cedo ou mais tarde se repetia) ou se, ao contrário, como outros diziam, a teoria não fazia nada além de demonstrar que todo o cosmos contém o caos em si mesmo. Pareceu-me de bom augúrio que os cientistas, tão confiáveis, se sentissem perplexos.

Naveguei algumas horas pela internet apoiada apenas na palavra "perplexidade", e cheguei a alguns sites surpreendentes. Em particular, a um de um tal Donald Justice* (nova emoção pelo jogo involuntário de palavras), que se chamava *Benign obscurity* (Escuridão benigna) e que tratava de poesia! Ele dizia: "Há poemas que se apossam de nós muito antes de os compreendermos" (o autor os comparava a uma súbita rajada de vento). Nesses casos, a com-

---

* Donald Justice (1925-2004) foi um poeta e professor de literatura norte-americano. O site *Benign Obscurity*, ao qual a autora faz alusão, não está mais no ar; todavia, um artigo do autor com o mesmo título pode ser encontrado na revista *The New Criterion* v. 37, n. 5, 1997 (N. do T.)

preensão (ao menos a compreensão analítica) ficava suspensa no arrebatamento. Ele também contava como o poeta T.S. Eliot alegava ter se sentido apaixonadamente atraído pela poesia francesa muito antes de ser capaz de traduzir uma linha sequer. Justice – o "homem justo" – me dizia a partir da tela: "Acreditar ou suspeitar de que ali, atrás da cortina de palavras, há algum significado oculto é importante, creio eu, para todos os leitores". Embora, em sua opinião, nem todas as escuridões fossem benignas; bondosas eram aquelas que davam sinais de que não nos deixariam cair em desconsolo, de que algo tinham que valeria o esforço de penetrá-las. Seguia-se uma delicada valorização de um poema de Gerard Hopkins.

A "boa" escuridão. Uma proximidade com o enigma? Estariam esses bons e árduos poemas nos arrabaldes do cosmos e, então, quase tocando o caos, daí a perplexidade e o furioso atrativo? Nesse momento – vejam vocês como eu estava perplexa, como ia e vinha por minhas bibliotecas, a da minha casa, de minhas redes, de minha memória – me lembrei de uma citação de Borges que tive que ir verificar para ver se a memória não me falhava. Fiz bem em fazê-lo porque sim, ela me falhava, algumas coisas vinham recortadas e invertidas. Essa é uma frase muito borgeana – Borges era um mestre em perplexidades – que está no final de "A muralha e os livros":

> A música, os estados de felicidade, a mitologia, os rostos trabalhados pelo tempo, certos crepúsculos e certos lugares querem nos dizer algo, ou algo disseram que não deveríamos ter perdido, ou estão a ponto de dizer algo; essa iminência de uma revelação que não se produz é, quem sabe, o fato estético.[4]

"A iminência de uma revelação que não se produz", essa, sobretudo, era a imagem que estava procurando. Algo para entender, que nunca se entende totalmente. Algo a se apanhar, que nunca se apanha. A véspera expectante, que move o leitor, o incita, faz com que ele queira desafiar o Caos e o obscuro.

Haverá um lugar para a obscura perplexidade na prédica contemporânea em favor da leitura? Ou ela será erradicada pela brilhante eficácia?

Os argumentos que são dados em favor da leitura costumam ser do tipo tranquilizador. A leitura dá acesso ao saber. A leitura favorece a apropriação da língua. A leitura dá a possibilidade de criticar, de pensar a si mesmo. A leitura amplia os horizontes, permite a polifonia cultural, faz com que se entre em círculos de pertencimento cada vez mais amplos. A leitura é socialmente eficaz, um excelente instrumento para outras conquistas.

Todos esses argumentos são verdadeiros. E, no entanto, a leitura é algo mais, e algo muito menos tranquilizador, ou tão tranquilizador quanto olhar para um abismo. A leitura nos coloca diante do enigma. Ela, digamos, "perplexifica" [*perplejea*] (peço permissão para um neologismo). Deixa-nos à beira da iminência. E é esse enigma, essa iminência, essa primeira escuridão com a qual alguém, justamente, se confronta o que o leva a ler. É esse o vazio que deve ser preenchido. Esse silêncio que se enche com palavras. É assim que a leitura respira. O ar não entra sozinho em nossos pulmões, é o vazio que se faz nos pulmões que arrasta o ar para dentro (todos os que já tiveram crises asmáticas conhecem o mistério). E com a leitura é igual. Tem que haver um vazio que será preenchido lendo. Se o vazio não estiver ali, de nada adianta empurrar a leitura para dentro. Essa é a condição prévia. O vazio, metaforicamente a pergunta, o que não se sabe, o que faz falta. Isso, claro, como Sócrates demonstrava, é o início de todo saber bem parido, uma vez que – e agora podemos nos lembrar de Nietzsche em *Ecce Homo* – "em última instância, ninguém pode escutar mais das coisas, livros incluídos, do que aquilo que já sabe".[5]

Poder-se-ia dizer que a leitura (no sentido em que a usamos quando nos perguntamos "quem são os leitores?" ou "o que vai acontecer com a leitura?") é um periódico e saudável retorno ao velho e desconcertante bocejo, ao Caos, à "iminência do ovo".

No entanto, o argumento da perplexidade e da obscura necessidade de se completar de algum modo naquilo que foi lido raramente era invocado. Os argumentos que sempre eram debatidos eram outros. Olhando-os mais de perto, parecia possível agrupá-los em duas famílias, ou duas corporações: havia os argumentos práticos (que insistiam no caráter instrumental da leitura) e os argumentos emocionais (que insistiam no prazer da leitura).

Os argumentos instrumentais eram muito fortes. O aspecto instrumental da leitura era inegável. Procurar o nome de uma rua, o número de telefone de um tal Garcia, desvendar o que pede um formulário, inteirar-se das notícias, ler um manual de instruções ou as contraindicações para um determinado medicamento eram instâncias práticas nas quais ser analfabeto podia acarretar consequências desagradáveis.

Que em nossa sociedade havia um lugar para a leitura instrumental era simples de demonstrar. Havia um lugar para a leitura chamada "prazerosa"?

A leitura tinha sido uma "distração", um entretenimento, uma atividade de tempo livre desde o final do século XVIII, e sobretudo no século XIX, quando havia se tornado massiva. Até certo ponto, continuava sendo assim, embora o cinema primeiro e depois os meios e comunicação audiovisuais, o rádio e a televisão, com as suas telenovelas e, mais modernamente, suas "notícias ficcionais" [*notícias noveladas*], haviam acabado ocupando esse lugar emocional e satisfazendo as necessidades de ficção de milhões de pessoas que antes devoravam folhetins. Mas, de qualquer maneira, as pessoas continuavam folheando revistas e devorando *best-sellers*. Embora fosse preciso reconhecer que tanto a postura de um leitor de folhetim quanto a de um espectador de telenovela eram semelhantes, perguntava-se se não era um pouco injusto que a ideia atual de "leitor de tempo livre" se vinculasse apenas ao código escrito.

Em todo caso, tanto a postura instrumental quanto a prazerosa eram justificadas. Podia-se facilmente imaginar um leitor prático, que decodifica para trilhar seu caminho na vida, e também um leitor que foi "fisgado", que acompanha as peripécias de uma história em um livro, assim como poderia acompanhá-las em uma tela.

Mas algo ainda ficaria faltando. Outra postura de leitor. Quando dizemos que alguém "é um leitor" e o imaginamos como alguém audacioso e sagaz, que se insurge contra discursos paternalistas ou repressivos, alguém inquieto, curioso, incitador de ideias e corajoso o bastante para entrar sem guias turísticos nos labirintos (como pedia Nietzsche), parece que não estamos pensando exatamente em um leitor de manuais de instrução, e possivelmente também não em um devorador de folhetins. Não porque não seja necessário saber ler um manual de instruções para trilhar caminhos na vida, ou que não seja gratificante e feliz devorar as peripécias de um folhetim, mas porque a leitura é algo mais. Se esse algo mais é matéria de disseminação, transmissão ou contágio, veremos. Veremos se é possível ou não "educar" nessa outra leitura. Mas que ela é algo mais, parece inegável. E esse "algo mais", de acordo com o meu modo de ver as coisas, não é periférico ou agregado – uma espécie de *plus* –, mas primário, o verdadeiro motor do leitor autônomo.

Pensando nesse leitor autônomo, que se apropria da leitura, lembrei-me dos humanistas. O humanismo foi um momento histórico e cultural especialmente propício à leitura independente, em que a leitura – é verdade que ela ainda era limitada aos eruditos, mas já a ponto de se difundir por efeito da imprensa – havia sido definida como uma prática audaciosa e que se rebelava contra os paternalismos repressivos, o lugar em que se reunia toda a memória da espécie, a experiência da ciência e da arte.

Resolvi, então, que chamaria esta pequena conversa em torno da perplexidade de "Elogio da perplexidade", como um tributo direto a Desidério Erasmo de Rotterdam e seu *Elogio da loucura*.[6] Erasmo, em tempos ainda escolásticos, havia falado da loucura ou da tolice – os ingleses talvez dissessem do *nonsense* –, havia falado do Caos e dado espaço a ele. Ele havia dito: "Até o sábio mais sábio tem que se tornar louco para gerar um filho".

Havia lugar em nosso mundo para uma leitura "louca" e sem preconceitos, uma leitura que não tranquiliza, mas que desassossega, que nos deixa em suspense e inquietos? Não teriam razão aqueles que se limitavam a dar-lhe um valor instrumental, prático e eficiente ou o ainda o *status* de um passatempo? Para que tanto mistério? Teria sentido deter-se, como eu queria me deter, na "escuridão perplexa", na véspera, anterior ao "para que" da leitura? Como justificar isso que eu estava intuindo?

Quanto mais pensava sobre isso, mais claro via que essa "outra postura", que aparecia no final – a do leitor intrépido que se confronta com o enigma – não era, na verdade, a última, mas a primeira e, no fundo, pressupunha todas. Que o desejo de penetrar em um mistério vinha antes de qualquer coisa, inclusive antes da habilidade. Que, na realidade, a leitura havia sido primeiro uma proximidade com o enigma, mistério (a origem ritual dos códigos escritos parecia certificar isso). Lia-se para revelar um mistério, embora ele nunca se revelasse. Só isso podia explicar a história de nossa cultura escrita, a biblioteca de Alexandria, os pequenos e grandes cosmos de nossa literatura, nossas polêmicas e nossas utopias, nossos teoremas, nossos versos.

Perplexo, confrontado com os enigmas, lê-se. Primeiro, lê-se diversos sinais (gestos, cenas, tons, ditos) e logo se lerá a escrita. Lendo, pequenos universos serão construídos. Universos precários, instáveis, que se constroem, se desconstroem e voltam a se construir sem cessar. É por isso que é preciso continuar lendo. O leitor é incansável, vai e vem, vai e vem, fazendo seu labirinto.

A questão sobre a alfabetização que nossa sociedade se coloca responde à pergunta sobre o leitor pleno? A extensão da escolaridade obrigatória, que é um fato – inclusive, ainda que com muitos tropeços, vai se tornando um fato nos países mais pobres –, para que tipo de alfabetização aponta? Só a decifração do alfabeto é suficiente? Que tipo de leitura é propiciada? A instrumental? A de entretenimento? Há espaço para a perplexidade e a busca? Se todos podem se apropriar massivamente do código escrito e se as possibilidades de leitura e escrita se multiplicarem tal como parece, todos poderão se tornar leitores autônomos, plenos e audaciosos?

Ao chegar a esta última questão é provável que as águas das respostas se dividam. Muitos, a maioria, nem sequer estarão dispostos a considerar o problema. Alguns dos que estão dispostos a fazê-lo falarão de doses culturais básicas, de "conteúdos mínimos" (e também, possivelmente, de "leitores mínimos"). Outros continuarão defendendo o direito de qualquer criança no mundo ao aprendizado inteligente, à "respiração perplexa" e à capacitação cultural plena (incluindo Aristófanes, digamos), embora os resultados não possam ser garantidos de antemão. Alguns só pensarão em fabricar produtos atraentes e fáceis, satisfatórios para o maior número possível de leitores-consumidores. Outros lamentarão a "perda irremediável das Letras" e formarão pequenas confrarias de iniciados. Vários se ocuparão da leitura apenas como mais uma forma de ganhar dinheiro. Haverá aqueles que se aferram ao conhecido e aqueles que se mostram dispostos a explorar o novo.

Haverá – já há – grandes diferenças, que dependerão de interesses pontuais, de estilos pessoais e também posturas ideológicas profundas. Parte de nossa leitura do que acontece conosco com relação à leitura deveria contemplar essas diferenças: quem diz o que diz e a partir de onde diz. E, em cada caso, seria preciso cotejar os discursos correntes em torno da leitura com as práticas de leitura concretamente promovidas.

Pensemos na leitura na escola. Ela dá lugar à perplexidade? Estou me lembrando do discurso, de forte vocação "científica", que os Manuais de Língua geralmente contêm, por exemplo. Todos os que conheço correspondentes aos graus mais avançados do Ensino Fundamental [*la primaria*]* começam com uma versão *ad hoc* do circuito da comunicação de Jakobson, definições de "emissor", "receptor", "mensagem" etc., e afirmações como esta: "Quando falamos ou escrevemos codificamos; quando ouvimos ou lemos, decodificamos". Um discurso sem fissuras, "escolástico" e pouco propenso às perplexidades, que rapidamente faz a língua viva – um fato cultural e histórico complexo, polifônico e ambíguo – passar à categoria de código Morse. Todas as dúvidas são esclarecidas de antemão. Primeiro será explicado que um código é útil porque serve para as intenções do emissor (expressar, apelar, informar etc.) e em seguida se procurará a corroboração do esquema nos "exemplos". Com as competências será igual. Explica-se que existem registros adequados e inadequados para as diferentes circunstâncias e que o usuário desenvolto do idioma deverá aprender a reconhecê-los. De um leitor, tal como o próprio Manual vai desenhando, se espera: primeiro, que "tome nota" do saber que o Manual comunica, e, depois, que ele decifre com a maior destreza possível de acordo com as instruções prévias.

Sobra espaço para perplexidade? Ainda cabem ao menos as perguntas? Há espaço para essa mistura de aturdimento e audácia com que se enfrenta o "obscuro", o caráter desconhecido

---

* Na Argentina, a *Educación primaria* compreende o período da vida escolar das crianças que vai dos 6 aos 13 anos, mais ou menos o equivalente ao Ensino Fundamental no Brasil (N. do T.)

do texto – essa "benigna escuridão" de que falava nosso Justice –, e se desenvolvem habilidades específicas para nele trilhar seu caminho, habilidades que são aquelas que esse texto está pedindo como condição para se abrir a nossa leitura? Dificilmente há espaço para a escuridão porque tudo ali pretende ser luz, método e certeza.

Alguém me dirá que o discurso escolar não tem outra saída senão ser "escolástico". Talvez. Talvez a perplexidade não seja "ensinável" no sentido escolar da palavra. Talvez se tornar um leitor como esboçamos aqui, audacioso, autônomo e também esforçado, não seja assunto da escola, mas o resultado de uma habilitação social e cultural que se constrói em longo prazo, de maneira muito mais complexa e que não pode simplesmente recair sobre a escola.

Mas, se não é sobre a escola, sobre quem é? Para 80% da população é sobre a escola ou nada. Não seria necessário pensar novamente a escola em relação à leitura? Não será que a cartilha não é a melhor entrada para a linguagem escrita? Não será que a perplexidade, o desconcerto e a necessidade de construir sentido vêm antes do método, seja ele qual for? Emilia Ferreiro dizia em sua conferência que o analfabetismo funcional (forma crônica e muito rebelde do analfabetismo, que consiste em ser capaz de decifrar somente o código, e apenas isso) continuará avançando enquanto se continuar apostando nos métodos (concebidos para formar técnicos especializados) e se esquecer a cultura letrada em toda a sua complexidade.

Nestes últimos anos, a escola incorporou duas formas institucionais que, às vezes, flexibilizam esse pesado instrumentalismo: a oficina e a biblioteca. Duas instâncias muito diferentes, embora às vezes se sobreponham.

A oficina, ou oficina de animação para a leitura, foi, em seus primórdios, uma gestão individual bastante criativa, que logo, pouco a pouco, foi ficando nas mãos dos departamentos de *marketing* das editoras. A ênfase da oficina está no fazer. Mas somente quando a oficina está nas mãos de um leitor (condição inevitável) esse fazer é um ler, porque somente um leitor sabe que o ato de ler é um fazer. Quando o coordenador da oficina de animação não é um leitor autônomo, com motor próprio, o mais provável é que ele desacredite da leitura. Nesse caso, cairá imediatamente no ativismo frenético e na demonstração obsessiva: haverá tanto a fazer em termos de *layout*, representações, mudanças de final, pesquisa, reportagens, desenhos e outros, que raramente sobrará tempo ou lugar para o vazio. O pequeno vazio indispensável. O silêncio, a iminência e a perplexidade. Esse esvaziar dos pulmões para que a palavra possa ser insuflada, esse ritmo de respiração natural que tem a leitura. O comentário casual, a demora. Sobretudo isso: a demora, a espera. Este leitor tão "animado" terá aprendido a respirar sozinho? Haveria espaço para espraiar sua perplexidade, ainda que esta seja uma emoção tão obscura e pouco vistosa?

Algumas escolas, nem todas lamentavelmente, incorporaram uma biblioteca. Algumas dessas bibliotecas que essas escolas incorporaram funcionam como autênticas bibliotecas. Outras são apenas lugares para fazer tarefas ou para fazer as crianças sentarem para assistir a um vídeo quando a professora está ausente. Neste último caso, se estará desperdiçando uma das invenções mais esplêndidas de todos os tempos. A biblioteca é o lugar natural do leitor. Um lugar para a perplexidade e uma metáfora da memória. A mesma qualidade do recinto – que acumula, armazena, mas de tal maneira que se propicia o trânsito interno, a busca – favorece a leitura. Física e virtualmente, uma biblioteca é uma grande trama de mundos entrelaçados de mil maneiras, um labirinto de corredores, estantes e "lugares" alternativos que oferece não um caminho – um método –, mas infinitos caminhos. Diante do fichário de uma biblioteca ou de seu arquivo virtual, é natural sentir-se, ao mesmo tempo, estimulado e perplexo. Se for uma biblioteca bem estruturada, e suficientemente densa e surpreendente, o leitor tem a sensação de que poderia passar a vida lá dentro, indo e vindo. A figura do bibliotecário, por outro lado, reforça a biblioteca. Um bibliotecário é naturalmente um incitador, e possivelmente também um perplexo (tantos são os caminhos que se abrem constantemente para ele, tantas lombadas que lhe são oferecidas a cada instante, tantos *sites* e lugares por trás de uma tecla). Um bibliotecário sério sente que está guardando uma memória, é zeloso com ela e não quer que nada se perca: isso o transforma em alguém mais amigo das encruzilhadas do que dos caminhos já traçados. A pergunta do leitor – sua perplexidade – o impulsiona. Fica desconcertado junto com o desconcertado e o ajuda a se deslocar pela biblioteca. Os emaranhados, as redes, as memórias insondáveis são o seu pão de cada dia.

Sei bem que algumas bibliotecas se tornaram mausoléus, onde a ordem absoluta se parece muito com a morte, e outras, em lugares triviais onde "se resolvem questões". Sei também que há alguns bibliotecários com alma de burocratas. Mas ainda assim, apesar de tudo, a biblioteca, como instituição, continua sendo o lugar em que melhor se pode aprender a ser um leitor pleno e sagaz, um lugar não tanto para dar respostas, mas para aprender a fazer perguntas.

Não precisa ser a maior biblioteca do mundo. Às vezes uma pessoa pode ser uma biblioteca em si. Em um conto de Turgueniev, *Punin y Baburin*,[7] há um exemplo disso. A leitura entra na vida do narrador (então uma criança de oito ou nove anos) junto com um par já muito estranho: Punin e Baburin. Embora a avó da criança, uma proprietária de terras tirânica, os tenha contratado como empregados, eles são homens de pensamento e sentimento livres. Punin é valente e faz sua apresentação no conto com um ato de desobediência civil, a ele se associa uma palavra que o narrador ouve pela primeira vez – "republicano". Ele é um bom leitor e tem muitos livros com ideias. Baburin, seu companheiro, é desajeitado e estranho, com a cabeça careca como um ovo e poucos tufos de cabelo dourados como o velocino que os argonautas procuravam; ele é tímido, mas tem uma voz maravilhosa. Baburin conhece muitos poemas, versos épicos e poderosos, que recita e lê para o garoto em lugares sombrios no parque. Para o menino Turgueniev, Punin e Baburin foram sua biblioteca. Eles introduziram a perplexidade dos mundos alternativos em sua vida tão controlada. Talvez tenham sido eles que fizeram dele um escritor. Baburin tem outra habilidade, além de conhecer tantos poemas. Ele imita o canto dos pássaros esfregando dois pequenos pratos. E os pássaros respondem a ele. Pergunto-me se eles eram parentes das aves de Aristófanes, aquelas nascidas do Caos e do Amor. É até possível que tenham sido elas que botaram aquele grande ovo careca em sua cabeça.

Grande, pequena ou reduzida à memória de um só, uma biblioteca é sempre algo bom para um leitor. Uma biblioteca faz uma diferença. A escola, ao repensar a leitura, não terá algo a aprender com essa outra instituição, tão mais antiga que ela própria? É uma questão de pensar sobre isso. Um momento de crise pode ser um bom momento para pôr um ovo.

Ao chegar aqui, eu deveria "fechar", como costuma se dizer, ou tirar conclusões. Não vou conseguir, sinto muito. Nem concluir, nem fechar de maneira nenhuma. Estou perplexa demais, cheia de perguntas e com muito poucas respostas. Tudo é bastante caótico. Mas não me rebelei contra esse caos. Em vez disso, quis defender a perplexidade que ele nos provoca, o estado de convulsão das certezas. Pareceu-me bom falar de labirintos justo agora, quando nos dizem que há apenas um caminho. E lembrar de algumas passagens – e paisagens – como com a qual comecei e agora me despeço:

E sucedeu que a Noite emplumada pôs um ovo, nascido do redemoinho. E desse ovo, com o passar do tempo, nasceu o Amor – o sedutor, o brilhante, o audacioso –, com suas pequenas áureas plumas, ele próprio um redemoinho resplandecente e cintilante. E o Amor, fundindo-se ao Caos, o Sombrio, no ventre do Tártaro imenso, nos chocou – conclui o Coro –, a nós, as aves, que somos, portanto, as primogênitas, as nascidas do Amor primeiro, as mais velhas, anteriores à Terra e ao Céu e ao Mar e a todos os Deuses Imortais.[8]

Faço um brinde para que os leitores continuem tendo a cabeça cheia de pássaros.

Do ditame ao enigma
Ou como ganhar espaço

Palestra apresentada no "Congresso de Leitura do International Board on Books for Young People (IBBY)". Montevidéu, maio de 2000. Publicada em: *Educación y Biblioteca*, año 12. nº 112, Madrid, 2000.

MUITAS VEZES experimentamos a sensação de falta de espaço, e isso acontece conosco mesmo se estivermos no meio de um campo aberto. Sentimo-nos sem espaço quando não podemos fazer nada que, por nossa vontade e desejo, por ser quem somos, queremos fazer, e só fazemos aquilo que nos corresponde fazer, aquilo que nossa posição no mundo, nossa condição social ou nossa função nos obriga a fazer. Nesses momentos nos sentimos em uma cela. Temos a sensação de que, se nos esforçarmos para sair dela, não encontraremos ao nosso redor senão vias estreitas, armadilhas que nos conduziriam, mansa, irremediavelmente, a novas celas.

Outras vezes – e isso acontece mesmo que estejamos em um quarto minúsculo – sentimos que o mundo se alarga. Basta que o sol entre pela janela e o vejamos entrar. Nesse momento somos "aquele que vê o sol entrar pela janela". Poderíamos não tê-lo visto, mas o vemos, e somos mais nós mesmos do que antes de tê-lo visto, sentimos uma nova emoção. Ninguém nos obriga a reparar no sol, mas reparamos. É como se uma ruptura se houvesse produzido no funcionamento de rotina e, nessa ruptura, uma expansão, um alargamento que produz em nós uma espécie de plenitude, de contentamento.

O mundo também se expande para nós – nos sentimos fora da cela e com muitos caminhos disponíveis – quando pensamos e procuramos entender por que as coisas são como são, como foram antes, se poderiam ser de outra maneira. Quando reconstruímos nossa história pessoal ou a projetamos no futuro, também expandimos a nós mesmos, construímos espaço para nós.

Essas duas experiências – a da cela e a do espaço adquirido – são comuns a todos, embora cada um as viva à sua maneira, e ambas apresentem, em cada vida, características diversas. Certo é que às vezes apenas vivemos, sem nos darmos conta de que estamos vivendo – funcionando – e, em outras, nos sentimos vivos.

Sentir-se vivo é bom, todos sabemos disso, mas como se faz isso? Como se faz para sair da cela e abrir espaço para si? Como se faz isso, especialmente quando as condições são adversas, muito duras e quando a função – e o ditame – parece ser simplesmente sobreviver? Esse espaço é um dom, algo que é dado a alguém, algo a reivindicar? É, pelo contrário, objeto de uma conquista?

Não é fácil responder a essas perguntas. Sem dúvida, o próprio espaço deverá ser conquistado ou construído pessoalmente. Isso tem muito a ver com a história pessoal de cada um, com as experiências e o modo de atravessá-las, e com algumas formas de decisão e de risco, por isso tentei defini-lo em várias oportunidades como uma fronteira que não se rende – ou que ao menos não deveria se render: "a fronteira indômita". O "lugar de alguém", que se constrói e se defende a cada instante.

Mas, assim como é verdade que esse espaço é assunto nosso, e ninguém poderá fazer isso por nós, também é certo que, desde o princípio, nos é oferecida ou negada a possibilidade de construí-lo. As questões relativas ao espaço (que são, ao mesmo tempo, questões de poder, de poder ou não poder) acabam sendo ao mesmo tempo individuais – privadas – e públicas, próprias da sociedade.

A sociedade pode dissuadir alguém de construir seu espaço, e muitas vezes o faz. Por exemplo, as crianças pobres, que geralmente não dispõem de folhas totalmente brancas para fazer seus desenhos, quando as têm, tendem a fazer desenhos muito pequenos, frequentemente apoiados na borda inferior ou contra a margem. É como se recuassem diante do enigma do espaço. E muitas crianças que poderiam dispor de grandes folhas em branco, porque é algo que a família poderia custear, parecem ter perdido o interesse ou a capacidade de construir algo ali dentro. Como se precisassem de instruções, diretrizes [*consignas*] ou "entretenimento" constantes. Também se nota que elas estão assustadas diante do vazio, do tempo livre. Em ambos os casos, houve uma tarefa de dissuasão prévia.

No título desta conversa, fala-se de "ganhar espaço". Que espaço? A que espaço estou me referindo? Poderia ter dito "espaço poético", para evitar a incerteza, e, de fato, hesitei por um momento. Depois fiquei com "espaço" simplesmente, porque o que queria fazer aqui não era profissionalizar a questão, mas trazê-la de volta a uma situação primária, de base. Gostaria de definir a que me refiro quando falo de espaço.

Contemplar o sol entrando pela janela, pôr uma mesa com certo esmero, tecer um cobertor escolhendo as cores com prazer, dançar, seguir o voo dos pássaros com o olhar, relembrar cenas antigas e sorrir em segredo, passear entre as árvores ou pelas ruas da cidade, resolver enigmas, polir cuidadosamente um pedaço de madeira sem motivo, apenas para descobrir a sua suavidade, ouvir o relato de uma história ou o soar das cigarras no verão, olhar um quadro, uma paisagem, o desenho fugaz de um giro de caleidoscópio, cantar uma música, reconstruir um poema na memória, deformar uma palavra por prazer, tirar uma foto, voltar a ver um filme de que se lembra com saudade, juntar um buquê de flores, procurar sons em uma corda de violão ou preparar um guisado com deleite fazem parte desse "espaço" tal como quero propor. A arte – o que todos nós conhecemos como arte, e também a literatura – levará a construção até o fim, simplesmente. Entre o velho que olha para o campo de girassóis que fica ao lado de seu rancho (porque quer, por olhar, nada mais) e aprecia o amarelo e o vaivém das pétalas e o modo como a sombra que avança o vai transformando, e Van Gogh, o artista, que captou os girassóis para sempre e fez deles um presente para nós, de forma tal que ninguém seja capaz de dizer que não viu os girassóis, entre esses dois, não há, a partir deste meu ponto de vista, senão uma diferença de intensidade, de grau. Ou de risco, se preferir. Mas as experiências são afins, elas se tocam.

Todos nós temos direito à arte e somos, em alguma medida – a medida que nos outorgaram os outros e a que nós mesmos conquistamos com ou sem permissão –, artistas. Somos todos artistas. Todos capazes de gestos de artista em algum momento.

Essa versão ampla do "espaço poético", que chamei aqui de "espaço" simplesmente, é a primeira que quero estabelecer.

A segunda questão que quero assinalar é a vizinhança entre esse amplo espaço poético e o pensamento e a busca de conhecimento (incluindo a ciência). Outro espaço ao qual – mais uma vez – todos temos direito. É importante entender que eles não se opõem. Embora a partir de agora eu vá me concentrar um pouco mais no espaço da arte, gostaria que não esquecessem que o conhecimento está sempre por perto, que ele é vizinho e irmão. Ambos, arte e conhecimento, partem do deslumbramento diante do enigma e definham sob os ditames.

Opor a arte ao conhecimento é uma maneira muito eficaz de desprestigiar ambas. Separar a arte do conhecimento torna a arte trivial e o conhecimento estéril. Embora cada um tenha seu território e suas regras, arte e conhecimento se ajudam e são necessários um para o outro na tarefa de construção do espaço. Que não é, naturalmente, uma tarefa como qualquer outra, uma tarefa que começa e termina, mas é a tarefa humana por excelência, uma tarefa para a vida toda.

A propósito disso, gostaria de presentear-lhes com a anedota que diz respeito a Sócrates com a qual minha amiga María

Adelia Díaz Rönner – citando Italo Calvino[9] que, por sua vez, cita Cioran – me presenteou, por ocasião das Jornadas Docentes da Feira do Livro Infantil em Buenos Aires. Como devem saber, Sócrates foi forçado a se suicidar. Cioran diz que, enquanto preparavam a cicuta, Sócrates aprendia uma ária na flauta e que, quando lhe perguntaram para que lhe serviria aprender uma ária diante de sua fatal circunstância, ele respondeu: "Para aprender esta ária antes de morrer". É de algo assim que trata essa tarefa para a vida toda de construção do próprio espaço.

O interessante, e também o dramático, é que esse espaço que se constrói heroicamente até o último dia não pode ser construído senão usando-se como chão e ferramenta aquilo que já foi construído e conquistado, de modo que a infância pesa aqui extraordinariamente. O espaço poético, mesmo que os nutrientes lhe cheguem de todos os lados, vai se desenvolvendo a partir de quem sou, de quem me tornei. É minha cidade, meu alicerce, de que ninguém, a não ser eu mesma, em última instância, poderei me encarregar.

No entanto, também é verdade que os outros – minha casa, minha sociedade, minha circunstância, as condições –, me darão (ou não) a chance de construir, bons materiais, horizontes, incentivo. Se alguém quisesse educar para o desenvolvimento humano, deveria facilitar e estimular esse "desenvolvimento do espaço próprio", permitindo que ele se desdobre, como se fosse um tapete infinito, de desenhos infinitos, que se abre para todos os lugares ao mesmo tempo. Talvez essa obstinação de Sócrates em aprender a ária tenha sido sua última lição para os discípulos. O contrário da domesticação funcional e a moldagem. Aceitar até o fim o inapreensível: o enigma.

É claro que educar assim não é fácil. É muito mais fácil educar para o funcionamento do que para o desenvolvimento humano. É muito mais fácil recorrer ao ditame. Em primeiro lugar, o mestre socrático nunca fica fora da zona de risco (como a anedota da cicuta e da flauta demonstra bem). Por outro lado, ele próprio teria que ter uma zona expandida, uma fronteira ativa, realmente indômita, sempre sensível ao enigma, para empreender a tarefa; apenas com o ofício, não conseguiria isso. E a rotina também não seria suficiente, teria que desenvolver uma atitude diferente. Teria que ser menos assertivo e mais atento aos indícios. Ao mesmo tempo, mais prudente, para esperar o momento, e mais audacioso, para acompanhar os impulsos de construção de seus discípulos, embora eles não sejam exatamente aqueles que tinham sido previstos no módulo correspondente. Um mestre socrático teria que ser capaz de se deslumbrar diante do mundo. Teria que ter muito mais conhecimentos e, sobretudo, muito mais perguntas, e um convívio muito mais apaixonado e animado com a arte. É verdade que isso é pedir muito. Mas esse é o tipo de mestre que Sócrates era, e esse parece ser o tipo de mestre que todo professor deveria aspirar a ser.

Parece irônico falar disso quando os professores lutam para não morrer de fome e, no entanto, parece-me que, justamente por isso, nesses momentos, seu papel social tem que voltar a ser fundante, aquele que lhe confere sentido. Numa sociedade de mandatos e ditames, de caminhos previsíveis, de consumo dirigido, não acaba sendo verdadeiramente revolucionário aquele que continua se perguntando, questionando a si mesmo, mantendo-se nu, por assim dizer, deslumbrado e questionador diante do enigma?

Como começa a construção desse espaço que conquistamos dia após dia? Essa era outra de nossas perguntas. O que desencadeia a tarefa do construtor e que formas essa construção adquire nos primeiros anos, que, como vimos, são determinantes, dada a característica de "território em fundação permanente" que o lugar possui?

Tudo começa com a brincadeira, com o jogo [*juego*], aparentemente. Brincar amplia o espaço. Brincar é natural e todas as crianças brincam.

No entanto, sabemos que muitas pessoas perderam a capacidade de brincar. Que há muitas crianças, inclusive, que não sabem mais brincar. Às vezes as condições são tão difíceis que a brincadeira desaparece. Porque para brincar é preciso ter alguma esperança. Como Winnicott nos mostrou, a brincadeira nasce na espera, para consolar da espera. Nasce do vazio entre dois momentos de plenitude. Se a mãe se ausenta e depois, mais tarde, retorna, quando ela volta a se ausentar, haverá solidão para a criança, mas também esperança. Então haverá brincadeira. Mas se a mãe não está e não aparece, se os desejos nunca são saciados, se o abandono é permanente, se a plenitude nunca chega, desaparecem a esperança e a brincadeira. A criança vai esmorecendo, apenas. Nesses casos, não há chance de brincar, talvez nunca se brinque.

Por outro lado, a brincadeira é muitas vezes censurada, desencorajada, proibida. Muitos adultos temem o brincar. Por quê? Talvez porque ele seja uma zona que não pode ser controlada de fora. Não me refiro aqui ao jogo [*juego*] social, de regras, é claro, mas ao jogo pessoal e um pouco selvagem em que exploramos áreas desconhecidas, esse lugar especial em que nos encontramos quando não estamos submetidos à tirania de nossos próprios impulsos ou à ditadura do mundo, mas às regras do jogo, que são o nosso mandato divino enquanto jogamos. Muitos adultos têm medo da brincadeira selvagem das crianças, que, digo novamente, sempre tem surpresas. Quando na hora da sesta me juntava outra vez a minhas amigas para voltar a brincar, aos sete, oito, nove anos, costumávamos nos fantasiar, e no meio da brincadeira surgiam fantasias fortes, às vezes havia momentos sinistros. Em uma ocasião, houve uma mulher que ficou na janela que dava para o pátio e sugeriu que brincássemos de outra coisa. Por que, se não estávamos fazendo barulho? Acho que nossos mundos a assustaram. A brincadeira selvagem é inquietante. Os carnavais ou aniversários, que eram "zonas liberadas" por natureza, grandes brincadeiras coletivas, foram domesticados. Os "animadores de aniversário" controlam a brincadeira com rédea muito curta, o que então se torna um trilho, uma cela. O "entretenimento" mata o brincar, o jogo, porque o jogo é, por natureza, uma exploração do enigma e definha com excesso de instrução.

Brincar é o grande começo do espaço poético, sem dúvida. Sobretudo brincar com o corpo. A contemplação desse enigma que nosso próprio corpo é para cada um de nós, a exploração de seus movimentos, a busca de suas sensações. A verdade é que, sem essa exploração prazerosa e desinteressada do corpo, nem sequer teríamos um corpo que poderíamos chamar de nosso. Com as palavras – nosso segundo corpo – é igual. Temos que brincar com elas para nos apropriarmos delas. Prová-las, ritmá-las, escutá-las soar, amassá-las, colocá-las em situações imaginárias. Mas não me refiro a "obedecer a instruções de jogo" ou brincar artificialmente com as palavras. Isso é um entretenimento e até mesmo um treinamento, uma aprendizagem. Pode ser útil, funcional, mas não é isso que quero dizer aqui com "brincar/jogo" [*juego*]. Aqui me refiro a algo mais arriscado, menos previsível e também mais pessoal, único, inalienável. Eu tinha uma tia chamada Elisa. Insistia em chamá-la de "Carona". Ela se ofendia. Então eu, quando ela estava ausente, dizia "Carona, Carona, Carona", e representava a mim mesma uma lua grande e branda que estourava, parecida com ela.

Acho que todos nós, ao nos recordarmos de nossa infância, lembraremos dessa facilidade para brincar que tínhamos. Estava-se "disponível" para brincar e se alimentava o imaginário facilmente. Uma sombra, uma forma, uma cena, uma palavra desconhecida pareciam criar ao redor uma espécie de suspense, um vazio que se preenchia com as próprias histórias. E havia, além disso, os "imaginários emprestados", um brinquedo, figuras, figurinhas, histórias, as festas, o cinema, os quadrinhos, os lápis de cor. Nessa fantasia de disponibilidade total que se tinha na infância, parecia não haver limite para o brincar. Na brincadeira podia entrar tudo, desde que se tivesse "tempo para brincar" e um "lugar" onde colocar o jogo, um espaço poético. Era possível se tornar um pirata, um mineiro, uma fada, uma professora, um astronauta. Era possível usar uma coroa ou um telefone, uma história de deuses olímpicos ou um relato de animais próximos. E tudo vinha misturado. Construía-se, com o que quer que fosse, incansavelmente. Sentia-se dono do próprio espaço. Alguém dizia "Vou brincar" e sabia que estava entrando em um espaço em que era mais si mesmo do que nunca, e o tempo tinha outra qualidade, era tempo de outra categoria.

Isso, no meu caso, aconteceu nos anos 1950. Teríamos que nos perguntar como isso é hoje, se a oportunidade e a disponibilidade para o brincar são as mesmas hoje do que eram há quarenta e cinco anos. Ou como suas condições variaram, se é que variaram.

Como lido muito com crianças, sei que não existe uma forma única de infância (embora a mídia e o mercado tendam a padronizar tudo), que vidas distintas proporcionam distintas formas de nutrir o imaginário e, sobretudo, dão ou não o que dizíamos antes: a oportunidade [*ocasión*], a brecha onde alguém possa construir seu próprio espaço. As experiências de uma criança urbana, de apartamento e escola, e as de uma criança do campo, ou de uma criança urbana, mas de rua, desprotegida, podem ser extraordinariamente diferentes. As sombras, as cenas ou os enigmas com os quais se começa a nutrir o imaginário podem variar muito dependendo da vida que se leva.

Por outro lado, os "imaginários emprestados" que se traz ao espaço poético, e que servem como materiais de construção para abrir novas brechas, não parecem variar tanto em nosso tempo. Parecem, inclusive, variar muito menos do que antes. O mercado os padronizou. O conto oral já é muito raro, as figurinhas servem apenas para completar álbuns e costumam estar ligadas a uma série televisiva, os imaginários coletivos (aniversários, festas, fogueiras, carnavais) definharam, desapareceram ou foram convenientemente regulados.

Poucos são os provedores imaginários hoje. A televisão, em primeiro lugar, com suas séries, seus desenhos animados, seus teledramas, seus *videoclipes* e até seus noticiários e seus curtas-metragens publicitários (a maior parte dos jogos das crianças gira em torno dela); as chamadas "grandes produções" – *Rei Leão*, *Tartarugas Ninjas*, Disneys diversos –, que geralmente dão origem a brinquedos, álbuns de figurinhas, detalhes de vestimentas, discos e, em menor escala, *videogames*. Apenas algumas crianças, muito poucas, têm oportunidade de conviver com outras formas de imaginários: poesia, romances e contos, anedotas familiares, mitos e lendas vivas, quadros, livros ilustrados, cinema, música, teatro. Para a maioria das crianças, a variedade dos "imaginários emprestados" que estão ao seu alcance é mínima.

Isso volta a colocar a educação em primeiro plano. Mais uma vez, é uma questão que diz respeito aos professores socráticos. Pois, que consequências tem essa extraordinária padronização proposta pelo mercado? A capacidade de brincar está sendo posta em risco? Se alguém assiste todas as tardes à mesma série televisiva, e, em seguida, ouve as músicas da série, e quando vai ao teatro vai ver outra variante da série e, quando compra livros, compra aqueles que tratam das personagens da série, e até as figurinhas e os quebra-cabeças são sobre elas, isso não acabará anestesiando nas crianças a possibilidade de entrar em outros imaginários, mais variados ou mais ricos e, em última instância, sua capacidade de brincar? Não se estará escondendo o enigma delas? Não se estará comprimindo sua fronteira indômita?

É preciso ter em mente que esses imaginários massivos são, em sua maioria, muito rígidos e, além disso, muito invasivos, já que o mercado tende a invadir todas as áreas da cultura com o mesmo produto (é disso que se trata se é o lucro que se procura: vender muito do mesmo). E se o "imaginário oficial" do mercado ocupa tudo, haverá lugar para exercitar a construção do espaço poético próprio, do imaginário pessoal, que sempre é, por assim dizer, "artesanal" e privado?

Acho que há uma nova "oficialização" em andamento. Aqueles que me conhecem há mais de dez anos sabem que, na época, eu me preocupava muito com o congelamento da própria história e da própria linguagem que acontecia muitas vezes na escola, uma espécie de esvaziamento daquilo que é próprio, do que está vinculado ao corpo e ao passado. Hoje me preocupa muito mais a oficialização do mercado, cujos efeitos de esvaziamento, anestesia e moldagem são ainda mais drásticos, e acho, por outro lado, que a escola – com uma reformulação de seu sentido e uma boa dose de professores socráticos, insisto – tem um papel interessantíssimo a desempenhar. Um papel quase heroico.

Há dez anos, sentia que a linguagem oficial dos livros de leitura acabava destruindo a palavra própria. Hoje, os livros de leitura têm muito menos peso do que antes. Por outro lado, a televisão, por exemplo, tem tanto peso, um peso tão extraordinário, que até mesmo os livros de leitura tendem a imitá-la. Todos adotam a linguagem televisiva, que é a linguagem oficial. Há casos grotescos. Perguntam para uma testemunha, uma vítima até, o que aconteceu e a testemunha ou vítima responde que "sofreu um impacto de bala no crânio", em vez de dizer que foi baleada na cabeça, chama o hospital de "nosocômio", alegra-se por "não ter sofrido perda de massa encefálica" (embora, a essa altura, já não estejamos certos disso) e se sente mais prestigiosa, mais decente se, em vez de responder "sim" a uma pergunta do repórter, diz "afirmativo". Há algo de paródia nisso, é claro, mas casos muito semelhantes foram vistos. O protagonista sente que essa maneira de dizer é funcional, e não está errado. "Vi e ouvi na televisão", a testemunha ou a vítima parecem dizer; "um fato de violência se relata assim, nesses termos, isso qualquer um sabe" (da mesma forma que se sabia anteriormente que, se alguém tivesse sofrido a perda de um familiar, deveria dizer "meus sentimentos" e todas as cartas tinham que começar com a fórmula "espero que esta carta o encontre bem, estou bem, graças a Deus"). Isso parece dizer "é assim que as coisas funcionam, essas são as fórmulas infalíveis", as diretrizes. Só que, como sempre, a diretriz rouba o lugar do enigma. E o enigma, por fim, desaparece. Como se os acontecimentos, por mais surpreendentes que sejam (por exemplo, alguém levar um tiro na cabeça quando passa pela rua), tivessem sido congelados imediatamente em uma cena modelo, à qual correspondem certas palavras. Algo como se o velho da chácara vizinha ao campo de girassóis ou o próprio Van Gogh dissessem a si mesmos: "Não há nada para se olhar aqui. São apenas girassóis".

Agora a pergunta seria: se o enigma e a exploração do enigma – ou seja, o espaço próprio – estão em risco, se a rígida padronização – a cela – à qual o mercado nos submete anestesia nossa capacidade de construção, se os mandatos sociais nos estimulam a consumir e nunca a explorar, o que podemos fazer a respeito? As crianças, por acaso, não precisam mais de um espaço poético? E, se precisam, como dar a elas a oportunidade de construí-lo? Qual é o papel do educador – do professor socrático – em tudo isso? Como se pode fazer para destravar o que está tão travado, ir contra o estabelecido?

Minha proposta é que reestabeleçamos o enigma e a diversidade. Que afirmemos o enigma e a diversidade diante do ditame e da padronização.

Nossa época nos furta o enigmático. O que o mercado menos necessita é do enigma. Um bom consumidor, um consumidor obediente, não se questiona demais, não filosofa, não explora, nem discute ou se envolve em confusões. No máximo, pode se queixar do preço e escolher entre uma marca e outra, uma operadora de telefone ou outra, uma armadilha ou outra. Por acaso é conveniente para uma sociedade construída sobre a lei do mercado que as pessoas tenham enigmas e pequenas construções pessoais para responder a esses enigmas? Que se perguntem sobre seu passado e fantasiem sobre seu futuro? Que usem parte de seu tempo para "se sentirem vivos" simplesmente? Que contemplem campos de girassóis, lembrem-se de poemas, demorem-se em suas brincadeiras, pensem no mundo? Claro que não. A ênfase do mercado é colocada na função, no trilho e naquilo que é útil e eficaz, aquilo que garante que o funcionamento siga adiante. Pelo contrário, "criar problemas para si", "questionar", "pensar demais" parecem perda de tempo.

De forma que restabelecer o enigma é hoje um gesto revolucionário. Hoje o revolucionário é o enigma, não o ditame.

E é também revolucionária a instituição do diferente, do heterogêneo. A constatação, a cada passo, de que o mundo é muito variado e múltiplo, de que a realidade está aí, em toda a sua riquíssima heterogeneidade feita de camadas e mais camadas de infinitas experiências, sempre inapreensível, é um modo de destravar a padronização à qual o consumo parece ter nos condenado.

Instaurar a diversidade implica algumas formas de desobediência. Ou seja, de resistência aos ditames.

O mercado não hesita e, em geral, tende a nos assegurar que as coisas são "automáticas" e que nada podemos fazer para modificá-las. Um educador, da forma como concebo os educadores, no entanto, um mestre socrático, digamos, nunca acredita que as coisas sejam automáticas. Pelo contrário, passa o tempo tirando as cascas da cebola. Procurando pelo em ovo. Mostrando a outra face da lua. Lembrando histórias antigas. Abrindo o que está fechado. Questionando o estabelecido. E visitando e levando outros a visitar os mais variados mundos imaginários: toda a riqueza da literatura, da arte e da ciência. Um mestre socrático é sempre inquietante, porque sacode o que está muito quieto.

Se um professor faz isso, o efeito é inevitável, esmagador. Escutem isso: uma professora de artes plásticas de uma escola secundária de um bairro muito pobre me contou o que aconteceu quando ela levou para a sala de aula seus próprios livros de arte, de grande formato, livros de Picasso, Klee, Kandinsky, Goya, de gravadores, cartunistas, fotógrafos, grandes lâminas e imagens intensas. Simplesmente deixou-os ali e disse aos alunos que, se quisessem, poderiam olhá-los. Primeiro, fez-se um grande silêncio. E, em seguida, a sedução irremediável da arte começou. As crianças delongaram-se nas lâminas e já não conseguiam mais se separar delas. Pouco a pouco, começavam a confiar. A professora transformou isso numa forma de iniciar a aula o ano todo. Sempre levava algum livro novo, e era assim que tudo começava. Lá pelo fim do ano já havia alguns comentários, comparações, o pedido de que ela trouxesse de volta à sala algum livro de que eles haviam gostado mais particularmente. Alguns copiavam, reproduziam nas folhas das pastas algum traço que os havia comovido ou tiravam uma cópia da imagem de que mais tinham gostado para pendurá-la na parede de casa. Ao mesmo tempo, seus próprios desenhos, suas próprias construções, começavam a abandonar os clichês, a se expandir e a ter outro pano de fundo.

O enigma e a extraordinária e bela diversidade daquilo que existe – que talvez, no fundo, sejam a mesma coisa – podem ajudar a construir o espaço poético nestes tempos difíceis, pouco propícios. Ao menos é nisso que acredito. A paródia, a sátira e o humor, por sua vez, podem servir para começar a desarmar o rígido andaime dos mandatos e das fórmulas (zombar da cela é uma maneira de começar a sair dela).

Depois, cada mestre socrático fará o que achar melhor, aqui não há receitas. Isto é, não há ditames. O que há são apenas perguntas, ou seja, enigmas. O enigma e a decisão de manter-se nu e deslumbrado diante do enigma, que é o único modo de ganhar espaço. E isso até o final porque, como Sócrates e todos os bons mestres nos ensinam, sempre haverá tempo para ler outro poema, para olhar mais uma vez para os girassóis, para pegar a flauta na mão e aprender uma última melodia.

Do que aconteceu quando a língua emigrou da boca

Palestra apresentada no "IV Congresso Colombiano e 5º Latino-americano de Leitura e Escrita". Bogotá, abril de 1999. Publicada em: *Memorias*. Bogotá, Fundalectura, 1999, p. 173; *Lectura y Vida*, ano 20, nº 3, 1999.

ÚMIDA, CARNUDA, ROSADA, eriçada por pequeninas papilas, ao mesmo tempo recôndita e audaciosa, a língua é um avançar do corpo sobre o mundo. Há algo inquietante sempre, até mesmo algo insolente ao se debruçar sobre esse órgão para além da fronteira dos lábios. Algo até mesmo obsceno, diria, que é a palavra com a qual nomeamos aquilo que se mostra e supomos que não deveria ser mostrado (as vísceras, todos sabemos, não se mostram). Uma língua que aparece provoca, escandaliza, perguntem se não, à prostituta ou à criança de rua, debochada e desafiadora. Feita para saborear, lamber e deglutir, intensamente ligada à matéria, ela parece sempre nos lembrar de nossa animalidade e de nossos sentidos.

E, contudo, a língua é, também, aquela que fala. Os muitos e muito sutis músculos que a atravessam permitem que – com seu arquear, achatar, escavar, esfregar, roçar, sopapear e delimitar o paladar, os dentes e os lábios – a língua module o ar vibrante que sai pela boca em ruídos e sons que alimentarão a face audível de nosso sinal humano: a palavra. Mas como a palavra tem, além desse sustento material – feito de impulsos de ar modulados por sutis e sábios atritos e vibrações da carne –, outra face, a invisível, que é a que faz dela o que ela é – um signo –, e essa face é feita de ideias, imagens decantadas, pensamento ou espírito, e não de músculos, membranas e osso, isso faz com que a língua, a que começamos apresentando como puro corpo, úmida sensualidade, que avança de nossas entranhas, acabe sendo, numa metáfora vigorosa e transcendente, não apenas aquilo que é, mas também o que parece favorecer: a linguagem. *Lengua, língua, langue, glossa, tongue, zunge...* Corpo e alma ao mesmo tempo. Com a língua sussurramos e bramimos nossas ideias. Na língua e com a língua, autêntica fronteira feita de saliva e espírito, os sentidos são construídos. E construir sentidos é a marca [*señal*] do humano.

Somos nossa linguagem. Significar é nossa atividade fundamental desde o começo. E, embora a palavra não seja a única forma de construir sentido, como procurarei lembrar a todo momento (às vezes se constrói sentido com um ato), não há dúvida de que, ao longo da nossa história, ela acaba ocupando quase que completamente o território. Era o que dizia Wittgenstein: "Minha linguagem é o meu mundo e, sobre aquilo que não é linguagem, deve-se guardar silêncio".* Não porque não haja resto: o enigma da presença viva dos corpos seguirá sempre aí, mas estará além do alcance da palavra. A língua, como parte de meu corpo, faz parte desse enigma mudo e, como tal, é puro silêncio. No entanto, quando o ar a atravessa (o espírito, diriam os gregos), a língua fala.

Por que essa imagem um tanto surreal – e um tanto incômoda também por seu aspecto cruento – da língua emigrando da boca? É um truque que faço a mim mesma para me obrigar a pensar a questão desde o princípio. As imagens violentas costumam servir para perfurar a crosta do conhecido. Com essa imagem da língua emigrante, o que se estabelece, como é natural, e

---

* WITTGENSTEIN, L. *Tractatus logico-philosophicus*. Tradução: José Arthur Giannotti. Cia Editora Nacional, 1968, p. III. Aqui, traduzimos a citação diretamente do espanhol. Na versão em português, a frase citada pela autora seria: "Os limites de minha linguagem denotam os limites do meu mundo" (N. do T.)

o que quero estabelecer, é o corpo. Meu corpo e os corpos. O que está aí e me é oferecido aos sentidos, tremendamente evidente e, ao mesmo tempo, sempre assombroso. Os múltiplos, infinitamente variados, infinitamente determinados corpos, com os quais a realidade se faz presente para mim, começando pelo meu próprio. Isso quer dizer que estes parágrafos também poderiam ter sido chamados de "Onde está o corpo?", porque pretendem explorar isso, a maneira pela qual o corpo encontra ou não um modo para se fazer presente na palavra, e como, a meu ver, se os corpos – o enigma – deixam de ocupar seu lugar de enigma, a construção de sentido desvanece.

Um duplo enigma na realidade: corpo e tempo. Os corpos não estão apenas ali – aqui – ocupando com contundência meu espaço, mas estão agora, sujeitos à mudança. É mais: a mudança é parte de sua deslumbrante contingência. Os corpos têm história e isso os torna ainda mais determinados, mais inapreensíveis. Eles chegaram a existir, e podem deixar de existir, perecer, se quebrar, murchar. Mas, enquanto existem, existem por completo e sem dúvidas, e isso quer dizer que triunfaram sobre o nada. Um triunfo provisório, precário, mas um triunfo. Nisso, precisamente, reside o espanto com relação ao real, nesse triunfo provisório sobre o nada.

Como construir um mundo a partir desses enigmas? Significando, gerando sentido, incansavelmente. Entre o corpo (contingente) e o tempo (implacável) se instala o sentido, a palavra. Corpo, tempo e palavra são os protagonistas do mais humano de todos os dramas. Corpo, tempo e palavra. Sempre em guerra. Parecem estar perseguindo um ao outro, mordendo o rabo, girando em alta velocidade, vertiginosamente. Será preciso se aproximar da borda dessa vertigem para descobrir a trama.

Estou falando agora: digo. Digo, com minha língua, palavras. Dizer é um avançar de meu corpo porque eu sou meu corpo, e minha língua é meu corpo, o sangue que circula por ela neste momento estará na minha jugular e depois em meu coração muito antes de eu terminar o parágrafo. Mas o que eu digo são palavras e a própria forma da palavra que digo, à qual minha língua se adapta, que, no decorrer de minha história pessoal, aprendi a preferir a outros sons, deixa nela – minha língua, meu corpo – o estigma da própria palavra. Essas palavras falarão de outros corpos ou do meu próprio, já que são signos, mas ao falar deles os estarão anulando; onde está a palavra já não estará mais a coisa, já que o signo é, em uma das definições mais precisas e belas que se conhece, "a marca de uma ausência". Ou seja, digamos (vertiginosamente) que o corpo é condição da palavra, mas a palavra mata o corpo. E o tempo, por sua vez, matará a palavra. Parece um pouco com o jogo de pedra, papel e tesoura. À medida que digo, estou deixando de dizer. Meu dizer é temporal e irreversível, essa é sua fatalidade, porque o dito, dito está, e já não se está mais dizendo, e cada coisa dita mata irremediavelmente o que não se disse e que poderia ter sido dito. E o fluir da palavra, ao tornar o tempo evidente para mim, remete-me novamente à mudança, ao nada que espreita por trás de todo ser, e então, novamente, à deslumbrante fragilidade de nosso mundo e de suas presenças. Os corpos (presenças vivas), o tempo (o fatal, a mudança) e a palavra (os sentidos, os significados) mordendo o próprio rabo. E a vertigem continua.

 Demasiado filosófico para um congresso sobre leitura? Penso que não. Eu digo que devemos filosofar, filosofar é saudável. Parece-me que algumas das nossas piores fraquezas contemporâneas derivam da preguiça, fomentada talvez pela tecnologia, que nos faz fugir tanto do pensamento filosófico quanto da coragem moral (que, na realidade, talvez sejam a mesma coisa). Embalados por um excesso de informação e de eficácia, convenientemente encapsulados, é difícil para nós despertarmos de nossos preconceitos e começarmos a pensar tudo de novo. Proponho que filosofemos, pelo menos no sentido em que os antigos gregos filosofavam, vivendo e observando, e se perguntando acerca daquilo que viviam e observavam.

O que segue são notas. Elas partem de uma intuição que gira em torno justamente do encapsulamento. Do minguar do corpo e do excesso de discurso de nosso tempo. Um avanço progressivo da representação sobre a presença viva, uma resistência a se expor ao enigma. Os discursos ocupam todo o espaço, e vão desenhando circuitos por onde nos movemos, vivemos. Em geral, não são mais grandes discursos – teorias políticas, cosmovisões – como em outros tempos, mas fragmentos, os pequenos discursos da mídia: anúncios, recomendações, interpretações, *slogans*, marcas de produtos. Discursos doados que se interpõem, compactos, entre nós e os corpos, inclusive os nossos próprios corpos – amortizando sua contundência e o assombro que deveriam nos provocar – e vão ocupando o lugar de nossa própria linguagem, nossa capacidade de construir sentido a partir do sem sentido, e a palavra a partir do silêncio. A imagem que retorna para mim mais uma vez é a da cela. A leitura enclausurada. Isolada do trato direto com o enigma. Daí a pergunta sobre os corpos. Perguntar sobre os corpos pode servir para formular, a partir de outra perspectiva, uma questão às vezes não muito bem revolvida.

Meu pequeno percurso hoje tem três paradas. A primeira trata de leituras muito corpóreas e sensuais, típicas de pessoas sensíveis. A segunda, do salto à escrita, que é coisa de quem, conscientemente, complicou a própria vida. E a terceira se debruça com alguma timidez sobre o ciberespaço e os mundos virtuais, em que se tem a sensação de que os leitores tendem a se tornar cada vez mais leves e transparentes. A pergunta quer ser, em cada caso, a mesma: onde está o corpo? Ou onde está o enigma? Ou como o drama humano do corpo, tempo e palavra afeta a leitura?

Primeira parada: as palavras e as coisas

Em um estágio prematuro de nossas vidas, as palavras ainda eram oferecidas como parte das coisas. Elas pareciam transpirar dos corpos e das situações, como os odores, a temperatura das superfícies, os humores. Não eram arbitrárias nem convencionais nem triviais. Eram naturais, faziam parte do grande organismo da realidade. E nós reagíamos organicamente a elas. Nós as tratávamos como presenças vivas. Havia palavras boas e palavras ruins, palavras que desejávamos ardentemente, e outras que detestávamos e buscávamos manter longe de nós, cobrindo os ouvidos com as mãos. Como toda realidade, elas eram convincentes e assombrosas. E enigmáticas, cheias de segredos. Em nossa ânsia de revelar seu significado, inventávamos parentescos e vínculos que julgávamos serem profundamente causais e cheios de sentidos. A primeira vez que ouvi a palavra "finado" – em minha infância, em meu bairro e em minha família parecia mais decoroso chamar o morto assim, de "finado" –, associei-a a "fino", a "*finito*" – delgado – e também com "final", e imaginei então a morte como um progressivo afinamento dos corpos, um tornar-se fio e depois nada.

Com isso quero dizer que já lia (todas as crianças leem muito antes de que a letra entre em suas vidas). Procurava chaves e construía sentido incansavelmente, de tal forma que lia. O enigma do que estava ali e me surpreendia com sua intensidade, e sua inexplicável contingência – as palavras também – me impulsionava nessa atividade de leitura. *Tout est langage* [Tudo é linguagem] – diz Françoise Dolto,[10] assim como Wittgenstein –, tudo é linguagem e com tudo se constrói sentido. Com o vaivém de uma cortina embalada pelo vento, o súbito gorjeio de um pássaro e a pequena cólica que vai e vem pelo interior de seu corpo, assim como a cortina, o recém-nascido é capaz, em seu berço, de construir sentido. "Tudo é linguagem" não significa que tudo possa ser transformado em palavras. Quer dizer justamente que o inexplicável (que sempre é o mais importante na vida) nos incita a construir sentidos. Do jeito que podemos. Às vezes com movimentos corporais, com pequenos atos, com costumes. Em seguida, em grande medida, com palavras. Mas sem terminar de separá-las das coisas. De tal forma que um cheiro, uma textura, uma cor ou um ruído tinham uma hierarquia equivalente à de um signo formal nos enunciados – e nos saberes – que construíamos quando crianças. Durante muito tempo os corpos permanecerão aí, e ainda continuaremos tendo a sensação de que podemos tocá-los com a ponta da língua.

No entanto, pouco a pouco, palavras e corpos acabariam se distanciando. O simples fato de ser capaz de evocar uma mesma palavra em momentos diferentes, tornando-a independente do aqui e agora ao qual nosso corpo, por sua vez, parecia acorrentado, outorgava à palavra um poder, um vigor que nos fazia alimentar grandes expectativas. O que tínhamos tido e já não tínhamos mais – uma paisagem marítima, por exemplo – poderia voltar para nós em virtude da palavra. Dizíamos "mar" ou "você se lembra de quando fomos ao mar?" ou "você se lembra de como a água do mar estava fria?" e a recordação se constituía, e de alguma forma o mar voltava a estar conosco. No mesmo, e inverso, sentido, o que desejávamos e não tínhamos podia ser atraído para nós em virtude da palavra. Falávamos da boneca que cobiçávamos e que nunca teríamos, de quem havia partido e queríamos ver regressar. Com palavras podíamos esperar. Ter esperanças. Elas eram uma rede de pescador com a qual apanhávamos o passado já transcorrido e o futuro que as mãos ainda não podiam alcançar. Por outro lado, como mantínhamos viva a memória dos corpos que elas evocavam, nosso corpo, por sua vez, respondia-lhes apaixonadamente, lhes obedecia. Diziam "mar" e voltávamos a sentir o grão de areia entre os dedos do pé, o cheiro das algas, a inquietude da barriga quando está prestes a ser alcançada pela onda. Contavam histórias, e quando a trama se encrespava, nosso coração batia mais forte, nossas lágrimas afloravam, nossas bexigas inflavam bruscamente, e talvez tivéssemos necessidade de sair correndo para o banheiro para nos aliviar.

 A palavra era poderosa, sem dúvida, e ocupava um lugar cada vez mais proeminente em nossas vidas. Na descoberta intelectual, no vínculo pessoal, no brincar. Tínhamos fórmulas rituais, gostávamos que nos contassem de novo e repetidamente a mesma história, e nunca nos cansávamos do apaixonante jogo de apontar e nomear: isso? roda; isso? carro; isso? água. Prestávamos atenção aos ditos de outras pessoas e podíamos reproduzi-los. Podíamos mentir e inventar histórias. Procurar e dar explicações. Com as palavras – dessa linguagem que agora começava a dar sinais de um pacto comunitário – o mundo se transformava cada vez mais em nosso mundo atual. Entre as muitas coisas que nomeávamos, também nomeávamos nosso corpo, que assim se tornava um pouco menos corpo, menos atroz em sua presença voraz, talvez um pouco mais distante. E domesticávamos o tempo. Aprendíamos a dizer "já", "ainda", "agora", "ontem", "amanhã". Até "nunca", que parece ser a própria borda do enigma. Guardo como um tesouro a lembrança do dia em que meu filho mais velho, Santiago, então com cinco anos de idade, começou a chorar na porta, quando o último dos convidados da festa de aniversário de seu irmão Diego tinha ido embora, porque "*nunca, nunca, nunca* mais Diego teria um ano de idade", era o que ele dizia em meio à sua agonia. A palavra *nunca*, tão terrível, o ajudava a entender essa sensação de fugacidade que ele havia experimentado com violência, talvez pela primeira vez em sua vida, e, ao mesmo tempo, apontava-lhe o limite do explicável, que é uma das formas mais saudáveis de construir sentido.

Segunda parada: as divinas marcas

As palavras são levadas pelo vento. Suponho que possa ter sido isso o que nos levou até a escrita. A pedra parece mais duradoura. O que é dito está ali e, no momento seguinte, não está mais, é puro tempo. A marca na pedra está ali e continua estando ali. A própria palavra – ou o sumo da palavra, ou melhor: a significação – incarna nela e, por sua vez, torna-se um corpo sólido e perseverante, menos fugaz que a voz, mais capaz de derrotar o tempo. Uma conquista da imortalidade de certo modo. Talvez meu corpo esteja condenado a perecer, terá dito o pintor de búfalos da caverna de Altamira,* mas meus ditos (meu anseio de caçador, minhas esperanças de capturar o melhor gado destas terras, meus sonhos de homem) vão perdurar nestas marcas que deixei na pedra. E então meu corpo também viverá, já que com ele e nele dei alento a esses sonhos. Ou seja, que – digo a mim mesma –, vinte mil anos antes que Quevedo escrevesse seu esplêndido soneto de triunfo do amor sobre a morte,[II] o velho escritor de Altamira já pensava, assim como ele, que "cinzas hão de ser, mas terão sentido; serão pó, sim, mas pó enamorado", porque dessa ânsia, de seus ditos, de seu mundo, ficaria uma marca na pedra. Ele queria comunicar algo? Talvez, mas, sobretudo, queria ser imortal, me parece. Gérard Pommier conta em seu livro *Naissance et renaissance de l'écriture*[12] [Nascimento e renascimento da escrita] que durante muitos séculos os áugures chineses inscreveram seus caligramas no fundo de vasilhas de bronze, onde nenhum outro ser humano poderia lê-los. E meu filho Diego – o mesmo que havia completado um ano em um parágrafo anterior e neste já tem quase sete (aí se vê o poder da

---

* Altamira é uma caverna na qual se conserva um dos conjuntos pictóricos mais importantes da Pré-história. Localiza-se no município espanhol de Santillana del Mar, na Cantábria (N. do T.).

escrita) – costumava escrever ferozes e detalhados insultos a seu irmão mais velho – o mesmo que havia descoberto a fugacidade das coisas –, como forma de vingança por alguma afronta, e escondia seus escritos no fundo das gavetas. Talvez não escrevamos para nos comunicarmos, mas para lembrar, para manter vivo o que poderia se afinar cada vez mais, como o "finado" de minha infância, e se dissolver no nada. Para derrotar a morte e o tempo.

Em todo caso, é certo que na escrita a palavra ousa mais do que jamais havia ousado enquanto foi palavra falada. Sua independência dos corpos é tal que ela mesma se constitui em corpo, em presença. Adquire vida própria. Há algo de rebelião nessa pirueta, algo típico de Lúcifer e de Prometeu. Minha mão escreveu, mas o escrito se torna independente de minha mão. Muito diferente da fala, que continua sempre ligada de alguma forma ao meu corpo, ao timbre de minha voz, à minha gulosa e desavergonhada língua. O escrito, ainda que a grafia, se se tratar de um manuscrito, lembre sua procedência, sempre está fora de mim e me surpreende, muitas vezes o escritor duvida que seja ele o autor do escrito. O estranhamento é instantâneo: assim que a marca aparece, o texto migra para a marca e deixa de estar em meu corpo, nem sequer parece reconhecê-lo. Tem-se a sensação de que é a palavra que fala. Pommier diz que há povoados que recomendam aos mensageiros que levem as letras atravessadas por uma lança, para garantir que a mensagem não os avarie durante a viagem. E quem já não sentiu aversão por um pedaço de papel – uma carta por exemplo – que continha uma má notícia ou um agravo, e a escondeu, cuspiu nela ou rasgou-a em mil pedaços para se livrar de sua má influência? No fundo, toda a história do livro foi construída sobre essa fé no poder corporal do escrito. Acariciamos as lombadas dos livros, os levamos para a cama, os brandimos como armas em nossa mão, devoramos seu conteúdo. Alguns – em meu país houve alguns – os queimam como bruxas, na esperança de assim anular o poder que seus corpos contêm.

Com a escrita, nossa velha e eterna atividade de busca de chave e construção de sentido se amplia extraordinariamente. Não só podemos, como escritores, deixar registradas nossas buscas e nossos achados – isto é, nossas leituras – e, assim, embarcar em empreitadas de sentido mais complexas e ambiciosas, mas, como leitores, podemos compartilhar as buscas e achados de outros; ficar perplexos ou nos deleitar com os universos de sentido que os outros construíram e torná-los parte do nosso, isto é, reescrevê-los. Prefiro falar aqui de universos de sentido e significações, e não apenas de palavras, porque muitas dessas primeiras marcas sobre a pedra, o couro ou o papel (referi-me deliberadamente às imagens das cavernas de Altamira, aos caligramas chineses) não eram o equivalente das palavras ditas, o escritor não parecia preocupado em reproduzir a fala, mas em deixar marcados os sentidos. O universo da significação é maior e muito menos explorado do que a palavra, como a arte pode muito bem demonstrar. Convém lembrar isso quando a preocupação com o domínio da técnica silábica costuma obscurecer, no ensino da leitura e da escrita, essa busca de sentido, que é a única coisa que justifica o esforço.

Com a escrita, um novo leitor aparece. Antes, lia-se a realidade basicamente. Ficava-se surpreso com isso, procurava-se indícios e, com esforço, construía-se sentidos. As palavras iam adquirindo o valor de signos, mas continuavam ligadas àqueles que as pronunciavam. O ato da enunciação e o enunciado eram uma só e mesma coisa, algo sujeito, como meu próprio corpo, ao aqui e agora, um ato único e irrepetível. Mas, de repente, o enunciado se tornava independente e encarnava em um corpo, por exemplo, uma mensagem escrita com giz na pedra enquanto se está a caminho do exílio: "Não se matam as ideias".* Ou uma

---

* Referência a um episódio ocorrido em 19 de novembro de 1840, em que, a caminho do exílio que o levava da Argentina, seu país natal,

carta de amor. Ou um livro. Durante um tempo – dias, anos, séculos –, o enunciado se sustentaria ali – na pedra, no livro – como uma possibilidade, cifrado. Mas só voltaria a existir, plenamente, em virtude de um novo ato de enunciação, que é o que se dá na leitura e somente na leitura. Na leitura, um ato no mínimo tão miraculoso quanto a escrita, se não mais, o leitor empresta seu corpo e tempo ao enunciado, que volta, assim, a ser enunciação. Pedra, papel e tesoura. A escrita havia procurado a imortalidade, e a leitura a devolvia ao tempo. A palavra havia procurado se liberar do corpo, mas o corpo continuava sendo sua condição e, sobre ele, ela devia construir a si mesma. Afinal de contas, para que se escreve e para que se lê senão para tentar, infrutiferamente, penetrar no silêncio dos corpos? O cientista que descreve a rosa ou o poeta que quer reinventá-la, ambos procuram aproximar-se até o limite de sua muda e miraculosa presença. Para que escrever, para que ler, se não para rodear os enigmas com palavras? Sem esse peso do corpo – e do tempo, que é a condição do corpo –, a palavra pode crepitar por um tempo, mas acabará se extinguindo. "No fim das contas, o que é a língua, até mesmo transtornada de mil maneiras" – se pergunta o poeta Yves Bonnefoy – "junto à percepção que se pode ter, diretamente, misteriosamente, da agitação da folhagem contra o céu ou o barulho da fruta que cai na grama?".*

---

ao Chile, Domingos Sarmiento (jornalista, escritor e ex-presidente da Argentina) – que acabara de escapar da morte – escreve em francês, em cima de um brasão das armas da República: "*On ne tue pas les idées*", ou seja, "não se matam as ideias" (N. do T.)

* BONNEFOY, Y. *Entretiens sur la poésie*. Paris: Mercure de France, 1990, p. 187. No original: "*Qu'est-ce, après tout, que la langue, même bouleversée de mille façons, auprès de la perception que l'on peut avoir, directement, mystérieusement, du remuement du feuillage sur le ciel ou du bruit du fruit qui tombe dans l'herbe?*" (N. do T.)

Poder-se-á fingir que o corpo não está lá, mas o corpo, mais cedo ou mais tarde, volta a mostrar seu valor. No universo do escrito, onde tudo parece ser feito exclusivamente de palavras, também. Para começar, há o corpo no qual a palavra encarnou. O suporte e o traço, a contundência da pedra que contém o epigrama, a rugosidade ou a lisura do papel em que o poema está escrito, o desenho das letras, as belas capitulares, as guardas, as imagens – elas mesmas signos – que iluminam e, ao mesmo tempo, reúnem memórias do sensível, vestígios do visto, do ouvido, do tocado. Parece-me que Manguel, em seu *Uma história da leitura*,[13] explorou com fruição e grande sensualidade essa erótica do livro. A edição, sobretudo os melhores sonhos dos bons editores, tem muito a ver com esta erótica, que não apenas se compraz em transformar a palavra em corpo, mas também em colocar esse novo corpo em contato com os outros, ou com o corpo social, a sociedade, que é composta por corpos (não importa quantos discursos interponhamos para falar dela), presenças, cada uma com seu espaço, seu tempo, suas infinitas determinações, sua história, que o editor procurará casar com os livros.

Depois, em segundo lugar, vem o corpo que se constrói com a própria palavra: a obra e sua contundência. Nesse sentido, a poesia – a dimensão poética da palavra – é, de todas as formas textuais, a mais capaz de criar presença e a mais parecida com um ser vivo. Por muitas razões. Porque ela apela para os sentidos e devolve a memória do sonoro – alitera, ruge, assobia, ulula, ritma, consona e parece ter nascido para erotizar a língua. Porque gera imagens – metáforas e ficções – incessantemente. Porque torna estranha a linguagem e a fissura de mil maneiras, com as quais o enigma pode ser vislumbrado através das frestas. Pela mimese da vida que ela sempre implica: as histórias, as personagens, as sociedades, os objetos, as lembranças, as paisagens, os interiores, as situações, os momentos históricos, os dialetos e as gírias, os mitos. E, sobretudo, por essa semente de matéria inexplicável que ela contém, porque na poesia há um ponto que sempre escorrega, que não está sob o controle do leitor. À nostalgia do corpo, à pergunta que Steiner[14] se faz sobre como recuperar a irrecuperável textura, a irrecuperável cor, a irrecuperável presença da rosa com a palavra "rosa", o poeta responde com o poema, que se aproxima amorosamente até a borda da rosa, daquilo que, como dizia Wittgenstein, nunca poderá ser dito, porque é pura presença. A palavra do poeta é a palavra que mais próxima pode estar do silêncio.

A terceira investida do corpo no universo do escrito é aquela que chega com o próprio leitor na instância da leitura. É *em seu corpo e em seu tempo*, no corpo e no tempo do leitor, por uma única e irrepetível vez, que essa alquimia acontecerá: a potência se tornará ato, a cifra, o texto. Proust, que se encarregou como ninguém de recuperar o tecido de que é feita a vida que escorre, deixou uma memorável descrição da leitura, desses círculos, dessas camadas sucessivas da consciência que o leitor vai desdobrando e recolhendo em um vaivém incessante quando lê um livro, e que vão desde suas mais profundas aspirações – sobretudo a "crença na riqueza filosófica e na beleza do livro que estava lendo, e [seu] desejo de apropriar-se deles, qualquer que fosse esse livro"[15] – até o horizonte mais distante da paisagem em que se perde o olhar quando se ergue daquilo que está lendo. No caminho está a folhagem da castanheira sob cuja copa ele está lendo, a textura da grama sob suas roupas, a tibieza do ar, as badaladas dos sinos da igreja que marcam regularmente o tempo, sua mão, sua mão no livro, a página impressa, a letra e – em virtude dessa crença de que ele estava se apropriando de algo valioso, que "como um punho sempre ativo", diz Proust, governava todo o resto – o que na letra se lia: reflexões, peripécias das personagens, outras paisagens que se sobrepunham àquelas sobre a qual sua consciência se desdobrava quando erguia os olhos do livro e, sobretudo, outro tempo. O corpo, o tempo e o livro. Pedra, tesoura e papel.

Terceira parada: os mundos evanescentes

Os caracteres fluem na tela e escorrem como as palavras escorrem da boca. É impossível apanhá-los por muito tempo. Tampouco parece haver algo irremediável ali. É fácil voltar atrás, mudar de lugar, inverter a ordem. Ou cancelar tudo. Do que foi feito durante um dia inteiro pode não ficar vestígio, nem sequer de uma pilha de papel amassado. E, se não há corpo, tende-se a pensar que não há delito. Nem responsabilidade pelo que aconteceu. É possível que até se pense que o tempo não passou, já que não há mudanças ou vestígios materiais que o atestem.

Como vantagem dessa volatilização do corpóreo, esse tornar-se "luz possível" e em seguida evanescente, tudo ganha em velocidade e em alcance. A "luz possível" é rápida e ubíqua, obediente, alada como os deuses mensageiros. Visito (virtualmente) as universidades de Massachusetts e Leipzig no mesmo dia, na mesma tarde, com apenas alguns minutos de diferença. Posso ler, roubar ou comprar construções de sentido – palavras, imagens – das páginas web de diversos professores universitários especializados em, digamos (o que vem ao caso), ontologia. Posso me fazer ouvir por eles. E, já que a "luz possível" responde aos meus dedos, posso fingir ser quem não sou, criar um disfarce, um avatar ou "encarnação da deidade", como se costuma dizer voltando ao pensamento religioso. Também outros poderiam me enganar e eu acreditar que estou visitando a página de um professor universitário enquanto fico enredada na trama solvente de um *hacker*, que só pretende fazer voar pelos ares a confiança que cifro em minha tela. Posso conversar de forma casual, irrelevante, com um amigo que não conhece meu corpo. E de mim, mostrar o que quero e só o que quero.

De certa forma – como um jovem, muito sagaz e assíduo frequentador do ciberespaço me disse – "o que mostro aí dentro é minha alma", alguma alma, mais ou menos genuína ou de pura ficção, pré-fabricada. Foram as palavras que ele usou, com um toque de ironia que não deixava margem para supor que ele não soubesse que as estava usando: "aí dentro" e "alma". "Aí dentro" supõe um "aqui fora", "alma" supõe um "corpo". Será um retorno ao platonismo, ao velho e sedutor mito da caverna? Em todo caso, essa aposta tão forte de meu interlocutor me servia para recolocar, de maneira um pouco mais dramática, a mesma questão que havia feito a mim mesma ao pensar nas consequências da irrupção da escrita: Onde está o corpo? Para onde foi a língua, emigrada agora não só da boca, mas também de outros corpos vicários, como o do livro? Seria certo que o novo leitor não precisava tanto de seu corpo? E, em caso afirmativo, como era sua leitura? O que o levava a ler? Quais eram os enigmas que o inquietavam? Que tipo de registro da leitura fará o novo Proust de nossos dias? Ou será que um Proust hoje será impensável porque nem o corpo, nem o tempo, nem a leitura, nem a perplexidade em que a vida nos submerge são mais questões para longos romances? Que tipo de leitor se constrói no ciberespaço? É um leitor semelhante, diferente, complementar, compatível com o leitor de livros? Lê-se no sentido em que entendemos a leitura em nossas duas paradas anteriores, como construção de sentido? E, caso sim, qual é o motor? Por que entramos na internet, por exemplo? Há, como no caso de Proust, esse "punho firme", essa crença de que há algo valioso a ser apreendido naquilo que se está lendo? Ou procuramos sobretudo passar o *tempo* evitando as consequências?

    Seria tolo pretender responder a todas essas perguntas, mas formulá-las parece bom. De algum modo, temos que sair da encruzilhada entre o terror apocalíptico e o estúpido e desmesurado entusiasmo pela máquina em que o desenvolvimento avassalador dos universos dos computadores parece nos mergulhar.

    Vou mencionar apenas duas ou três ideias. Quase todas nasceram no calor dos comentários de dois garotos muito jovens – o já mencionado e um outro –, para quem o ciberespaço e sua evanescência são um meio tão natural e familiar quanto um espelho. A primeira se refere à virtualidade. "Virtual" significa "possível". O ciberespaço é o reino do possível. Tudo nele é multiplicação e alternativa. Constelações e constelações de possibilidades pelas quais navegar, e nas quais é muito difícil buscar hierarquias, sentidos e opções. O leitor proustiano, que perseguia a riqueza filosófica e a beleza, ou o leitor infantil que, recolhendo chaves e sinais, construía um sentido que lhe servia para resolver a vida passo a passo, estavam pressionados. Eles perseguiam algo. Um desejo ou um destino. Em todo caso, a leitura – dos acontecimentos, das pessoas, dos lugares, de sua própria intimidade, das palavras, dos livros – era uma forma de ação, servia para abrir uma brecha e encontrar um rumo. Nosso ingresso no ciberespaço vai necessariamente modificando as coisas. A multiplicação dos mundos possíveis – outros mundos, outros tempos, outras identidades – não pode senão causar uma explosão e uma fragmentação dessa velha galáxia de sentido. Uma vertigem também, pela abundância, pela profusão de opções, talvez semelhante àquilo que, na ordem dos corpos, encontra o recém-chegado ao mundo. Para ir hierarquizando as sensações e construindo sentido, o recém-nascido tem como bússola seu próprio corpo, com sua determinação de sobreviver a todo custo, seus desejos, seus prazeres e seus infortúnios. Qual será a bússola que guiará o recém-nascido ao ciberespaço para lá dentro encontrar seu lugar? Ele se contentará em se deixar flutuar de possibilidade em possibilidade sem escolher nenhuma delas, sentindo que assim anula o acontecer e o tempo?

O segundo ponto tem a ver, justamente, com a anulação do tempo. Dizem-me que na internet não há dia nem noite, como é natural num espaço que faz coincidir, em um mesmo tempo, o tempo de um australiano – que, se não tivesse os olhos fixos na tela, poderia ver o sol espreitando por sua janela – e de um peruano – que, enquanto conversava com seu cibercolega australiano, poderia ver cair a noite. Também não há rotinas diárias (café da manhã, almoço, jantar, por exemplo) ou dias úteis e feriados. Nem inverno e verão com os quais marcar a passagem do ano. "Lá dentro" não se envelhece. Somente a espessura das memórias poderia indicar que se viveu, e isso é uma decisão pessoal, já que todo arquivo pode ser apagado.

O terceiro ponto está ligado à diversidade. Pode o "lá dentro" competir em determinações com o "aqui fora", "sentir-se" como realidade, produzir contundência e surpresa e exigir resposta e compromisso imediatos? Por ora há uma notável uniformidade, que começa com os ciberusuários, que geralmente pertencem à mesma classe social, continuando pelos *websites*, que também são bastante homogêneos, tanto em sua parte gráfica quanto em seus conteúdos. Mas isso não significa que as determinações não possam crescer. A história do cadáver computadorizado é espantosa, por exemplo. Um condenado à morte do estado do Texas, uma vez morto, foi submetido a ressonância magnética e tomografia computadorizada, em seguida congelado e cortado em 1.878 fatias, e cada uma dessas fatias foi digitalizada. A leitura do cadáver, que ocupa 15 gigabytes, serve para que os estudantes de medicina se familiarizem com o corpo humano. Uma prévia da virtualidade vindoura. Não em vão, os anunciantes de computadores e provedores de internet promovem seus serviços com o *slogan* "Um novo mundo!".

Estarão se modificando as próprias condições corporais do "estar no mundo"? Será isto uma culminação do caminho virtual da palavra e os corpos terão sido definitivamente substituídos pelos textos? No fundo, não é algo tão diferente daquilo que acontece conosco na vida cotidiana de nosso global mundo urbano, onde os textos cada vez mais se interpõem entre nós e as presenças, ocultando-nos seu enigma.

Fim da viagem: três corolários
para inquietar o que está quieto

UM. LER É CONSTRUIR SENTIDO. Construir sentido é o que nos faz humanos, ou seja, rebeldes. Embora muitas vezes infrutífera, esta busca apaixonada pelo sentido é o nosso sol, o que realmente nos dá calor e nos ilumina.

DOIS. NÃO SE LÊ APENAS COM PALAVRAS. Uma cidade, com suas ruas, seu caráter, seu desenho, é uma leitura. O modo como uma casa é organizada, a maneira de pôr a mesa e servir a comida, de estender as roupas, de colher as uvas, são leituras. É a criação [*crianza*] que é dada à criança. Acariciar um corpo é um modo de lê-lo, assim como jogar um cobertor sobre ele também é. *Guernica*, de Picasso, é uma leitura. Algumas aglomerações de palavras, ao contrário, não são nem geram leitura.

TRÊS. LÊ-SE A PARTIR DE UM ENIGMA. O leitor está sempre atrás de um segredo, para encontrá-lo é capaz de se meter em confusões e decifrar estranhas pistas. Se não há enigma, não há leitura. O leitor avança com seus controles no olho ou na mão, mas se deixa de haver algo fora de seu controle, algo inquietante, ele perde o desejo. O enigma da presença viva dos corpos e sua contingência, o maior de todos, está sempre presente aí, palpitando por trás de qualquer teoria, de qualquer certeza. O lugar que a árvore ocupa, o balançar da folhagem sobre minha cabeça, a forma como a luz passa através da borda de uma folha – esta em particular – à medida que o vento a balança, o barulho que faz o graveto que cai no chão, a firmeza da parede na qual me apoio, o ganido do cachorro, as umidades e tibiezas de meu corpo, os cheiros, as cócegas, os abraços, o pulsar do sangue contra as artérias, a contração e a dilatação dos poros, o fluxo de fluidos, as descargas elétricas dos nervos. Esse enigma existe. Talvez nunca consigamos reduzi-lo à linguagem – ao menos à linguagem científica tal como Wittgenstein a entendia – e devamos transmiti-lo em silêncio. Mas ele existe. E toda ânsia de sentido – toda leitura – derivará do espanto e da perplexidade que nos envolve ao constatar sua presença.

Se é verdade que a leitura está em crise, como dizem – apesar de, como vimos, os textos nos cercarem completamente –, será que não perdemos algo pelo caminho? A língua talvez, a carnuda, úmida e tagarela, nossa articulação entre o corpo e a palavra. Ela é uma peça importante: deveríamos voltar a procurá-la. Ela poderia nos ajudar na tarefa de recuperar o enigma, de nos colocar de novo diante disso que não apenas está aí – superando heroicamente a contingência –, mas que também, como dizia Walter Benjamin, está aí de tal maneira, com tamanha evidência, que quando o olho, ele olha para mim.

As penas do ogro
A importância do estranho na leitura

Palestra apresentada no seminário internacional
"La Lectura, de lo Íntimo a lo Público" na "XXIV Feira
Internacional do Livro Infantil e Juvenil da Cidade
do México, novembro de 2004. Publicada em:
Lecturas sobre Lecturas, nº 15, México, Conaculta, 2005.

A NARRATIVA TEM VARIANTES, em algumas o ogro não é ogro, mas diabo, e não são penas, mas pelos dourados que se tem que arrancar dele. Aquela que Italo Calvino reproduz em suas *Fábulas italianas*[16] começa assim: "Um rei ficou doente. Vieram os médicos e lhe disseram: 'Ouça, Majestade, se quiser se curar, é preciso que consiga uma pena do Ogro. É um remédio difícil, pois o Ogro devora todos os cristãos que vê". Calvino, por sua vez, diz que na versão que serviu como fonte, que está contida na antologia de contos toscanos de Pitrè,[17] o ogro não é o ogro, mas apenas "a fera", mas continua sendo penas que precisam ser arrancadas.

O esplendor da versão de Calvino reside no caráter extemporâneo das penas. É fácil imaginar um diabo com pelos, com ao menos três pelos como pintam os irmãos Grimm. Também é fácil imaginar um ogro mamífero e carnívoro, com cachos ralos como os de *O Pequeno Polegar* segundo Doré, ou com uma grande cabeleira vermelha como a de Oni, o ogro de contos japoneses. Mas penas... As penas são tão leves, tão femininas também... Onde o ogro tem penas? O conto nunca diz isso, nem mesmo quando o herói, com a ajuda de uma linda garota que o ogro mantém em cativeiro no fundo de sua caverna (uma figura que lembra muito Perséfone), consegue pegar essas penas, que ela vai arrancando uma a uma do ogro adormecido, sem que nunca se saiba de que parte de seu corpo imenso elas procedem.

O maravilhoso é comum nos contos populares, há galinhas que põem ovos de ouro, burros que defecam ouro, cavalos que voam, homens reduzidos ao tamanho de uma formiga, caixas onde cabe o mundo. Mas é difícil encontrar algo mais surpreendente, mais gratuito, mais sutil que as penas do ogro. Esse punhado de penas será minha contribuição para a discussão sobre leituras e leitores em sua dimensão pública e em sua dimensão íntima ou privada que se foi propondo aqui.

Há um aspecto da leitura – não me refiro à teoria da leitura, mas à sua colocação em prática, ao exercício vivo, histórico da leitura – que equivale a arrancar as penas do ogro. Quando "aquele que lê" está lendo, no decorrer desse acontecimento que o tem como protagonista, têm lugar uma série de operações. Há comparações, negociações, deslocamentos, travessias, até mesmo lutas, uma pequena gesta. Isso é muito fácil de ver quando aquele que lê está "aprendendo a ler", porque aí o empenho e os titubeios são mais visíveis, mas isso acontece em toda leitura e em todas as idades. Aquele que lê "estabelece" o texto à sua maneira, debate-se com ele, o rodeia, o calibra, insinua-se nele por meio de alguma fresta ou toma-o de assalto, e algo ali dentro o apanha, algo que só ele podia captar. Algo que ele encontra de repente – muitas vezes por acaso –, e arranca por própria conta e risco, sabe-se lá de onde. Talvez não tenha sido destinado a ele, talvez não seja a coisa mais apropriada, e sim algo inesperado, bizarro, que, no entanto, é exatamente o que ele estava precisando, o que, assim como o rei do conto, pode "curá-lo". É claro que é difícil prever quando o ponto culminante ocorrerá ou adivinhar de que tipo serão as penas que o leitor vai pegar, a única coisa que se pode dizer é que, se ele leva adiante sua leitura, terá ao menos uma dessas penas na mão.

A leitura inclui a estranheza e o acaso. Na história do leitor, há sempre contatos inesperados, atalhos, desvios, situações desconcertantes, estranhas coincidências. Basta pensar que muitos dos livros mais importantes de nossas vidas foram encontrados ao revolvermos a esmo uma mesa de liquidação, ou ao confundir a estante de uma biblioteca... A estranheza e o acaso não são defeitos, mas uma fonte de saúde, e deverão ser preservados para que a leitura – a experiência particular, pessoal "daquele que lê", ao que geralmente chamamos "leitor" – não se perca. O leitor tem direito ao acaso – tem o direito de desviar da necessidade – a partir do momento em que aceita o risco de ler. Diante do texto, ele pode se permitir *errar*, em seu duplo sentido de vagar à sua maneira e de se equivocar, mesmo que isso suponha contradizer o que foi estabelecido de antemão, a ordem. É imprevisível o modo como ele irá se deparar com o ogro e arrancará ao menos uma pena, e essa imprevisibilidade deve ser bem-vinda. Se a imprevisibilidade e a feliz casualidade desaparecessem, a leitura do leitor, assim como o rei da história, morreria.

Isto é sério. Trata-se de uma metáfora, mas metáforas são coisas sérias: qualquer ação de leitura – um plano de leitura, por exemplo, uma cartilha de recomendações ou qualquer forma de animação ou promoção ou incentivo à leitura – será respeitável somente se não interferir com as penas do ogro. As penas do ogro pertencem ao leitor, fazem parte da sua empreitada. Elas deverão ser descobertas e arrancadas por ele, pertencem à sua esfera de poder e estão fora do alcance do poder de outros, além de qualquer tentativa de administração ou controle da leitura. E pertencem ao leitor porque é ele quem corre os riscos. Assim como na história, ler também é não ser devorado. Para não ser devorado, o leitor *faz* sua leitura. Aceita o desafio do texto – sua escuridão, seus obstáculos, seus enganos – e responde a ele desenvolvendo suas próprias técnicas, seus ardis. Ele não é, pois, um ingênuo, um inócuo, um receptáculo vazio. O leitor tem poderes. Só que seu poder se manifesta no decorrer da experiência, precisamente ali: quando se está lendo. Não é um poder *a priori*, um privilégio, mas um poder em exercício, histórico, o poder que tem aquele que brinca enquanto está brincando ou que trabalha enquanto está trabalhando, um poder que deve ser revalidado em cada instância.

Começa-se a exercer esse poder de leitor muito antes do aparecimento da letra escrita, até mesmo antes do aparecimento da palavra, quando alguém, com o mundo exposto à sua frente – ou melhor, jogado no mundo e, às vezes, quase sem perspectiva para contemplá-lo – vai maquinando como pode para construir pequenas ilhas de sentido, que não são grandes teorias, princípios, cosmovisões, nem mesmo conceitos ou ideias, mas, de forma muito mais modesta, relatos. Relatos mínimos, pequenas histórias, no começo histórias sem palavras, que vão contando para encontrar para si mesmos, apesar dos pesares, algum lugar, para construir para si um refúgio dentro da grande confusão.

Essas histórias que o leitor conta para si mesmo não são inteiramente novas. Ele dispõe de histórias prévias que lhe servem de antecedentes, de herança. Às vezes, trata-se de grandes histórias, muito completas, muito ordenadas, outras, são apenas notas, fragmentos. A religião, as tradições ou, de forma mais simples, as rotinas cotidianas, a maneira como o grupo ao qual se pertence organiza o dia e a noite, ou celebra as festas, por exemplo, funcionam como narrações prévias para o leitor, leituras que se antecipam à sua leitura. É o mesmo que a linguagem. A linguagem também é uma leitura prévia já que traz incorporada uma maneira de olhar, de pautar, de operar com o mundo. Uma linguagem que tem a possibilidade de uma voz passiva não narra da mesma forma, nem a mesma coisa que aquela que não a tem, assim como uma linguagem que deixa o verbo para o fim da oração não narra da mesma forma, nem a mesma coisa que aquela que começa com o verbo. Quando se aprende a falar, junto com as palavras se incorporam necessariamente essas operações e esses olhares. Mas também as propagandas, os hipermercados, os noticiários ou os desenhos animados são leituras para aqueles que começam a ler... É importante entender que "o leitor" tem muitos universos de significação expostos ao seu redor. Mais ou menos ricos em significação, mais ou menos férteis, mais ou menos prestigiosos, mas todos à sua maneira são leituras, narrativas que se antecipam à sua, à do leitor, que já estão "contando" o mundo, desenhando-o de antemão, possibilitando que ele faça conjecturas, dando-lhe modelos. Elas estão ali, e não deixam menos marcas naquele que está começando a construir sentido do que deixarão depois, se ele tiver sorte, os grandes relatos filosóficos, científicos ou literários.

O leitor, então, não opera no vazio. Ele está imerso em uma situação, um estado de leitura, uma "ordem de leitura" que podemos dizer (desde que não se pense em ordem como algo muito ordenado, porque se trata de uma trama complexa, e às vezes contraditória). Mas diante da situação, do estado, da ordem, o leitor faz valer sua experiência, a experiência "daquele que está lendo". Uma experiência histórica, um acontecimento, um evento, algo que começa, faz um percurso, culmina. No decorrer dessa experiência, sua experiência – porque a experiência é sempre única, pessoal e inalienável –, o leitor a coteja com a ordem e revalida seus poderes. Ele encara o texto, explora-o, opera sobre ele, coloca em ação seus recursos, seus ardis e o faz seu à sua maneira, por meio de ilhas, cidades, pequenos esboços de sentido. Ele leu. Isto lhe permite fundar, nas margens da ordem geral em que está inserido, nas margens das leituras reinantes, dos cânones, dos regulamentos e também nas margens do próprio texto que está lendo, outra ordem, uma ordem alternativa. Provisória, precária, mas própria. Seu punhado de penas, sua conjectura pessoal. Nada muito organizado, mas que cura.

É esta atividade de leitura, a de fabricar as próprias significações, os próprios relatos íntimos e secretos, que começa muito antes da letra. Uma criança observadora, expectante, curiosa, desconcertada – assustada também –, que deseja encontrar no que a cerca alguma chave, alguma história, algum sentido, é tão leitora quanto aquela que tem um livro na mão. Às vezes até mais, porque ter um livro na mão não é garantia de ter adotado a posição de leitor, já que, como todos sabemos e já experimentamos mais de uma vez, é possível cumprir o ritual de decodificar e reproduzir sem construir, por conta própria e risco, um sentido e sem que o texto "lhe diga" nada. Em todo caso, não há tanta diferença entre aquele que vê uma pipa pela primeira vez, não entende por que ela escapa para cima e a chama de pássaro, e o leitor de um romance de quinhentas páginas. A experiência, no fundo, é semelhante. Há certas condições dadas (um enredo, as regras do jogo), há algo que se coloca em consideração (um enigma e depois um texto) e há uma ação, uma aventura, De Certeau diria "uma caçada".[18] De um lado está o tabuleiro, do outro o leitor, que faz suas jogadas, seus percursos. Quando alguém começa a falar sobre livros e literatura, convém ter em mente esta fértil etapa analfabeta da leitura.

Enquanto faz seu jogo, enquanto se move pelo texto – aquilo que se apresenta à sua leitura – o leitor dá a sensação de estar procurando, ainda que de forma imprecisa, o ponto em que só se descobre o que se estava procurando quando se encontra. Mais do que procura, deveríamos falar de *quest*, de gesta, de aventura, de conquista ou viagem, mas uma viagem bastante acidentada, com surpresas e muita esgrima. "Aquele que lê" se move dentro das condições dadas com certa liberdade, impulsionado por sua curiosidade, seus anseios, seus pontos de desequilíbrio e também suas possibilidades, suas operações, seus recursos. Ele se apoia nas condições e também as contradiz. Há um diálogo, uma dialética. Leitor e leitura não são estamentos tranquilos. É essa dialética, este ir e vir entre o leitor e as leituras, entre a experiência íntima e as condições públicas que me parece importante colocar no centro da cena.

As condições variam, não são idênticas para todos, e a margem de manobra também varia, é ampla para alguns e mais estreita para outros. Entre as condições está a disponibilidade, aquilo de que se pode dispor – por exemplo, os bens materiais e simbólicos aos quais se tem acesso – e também estão os circuitos. A trama e os fios. Toda uma organização do terreno que precede o leitor, o envolve e o transcende. Ela é composta por bens como livros, bibliotecas, espaços culturais, escolas, cinemas etc., orçamento educacional, sistemas de comunicação – também comida, já que é condição para empreender a leitura uma dose suficiente de proteínas – e questões mais intangíveis, como universos imaginários, regras de jogo mais ou menos explícitas, tradições, práticas, ideias acerca da leitura e dos leitores, censuras e permissões, poéticas, cânones, julgamentos e preconceitos, costumes... Uma textura de condições, uma complexa organização do terreno.

Essa organização do terreno nem sempre é óbvia. Há tramas muito tênues, há disputas e contradições – o terreno nunca é homogêneo –, há o superficial e o soterrado, o que se mostra e o que se esconde, os discursos públicos e os discursos encobertos. Nem sempre os pronunciamentos em defesa da leitura, por exemplo, supõem condições auspiciosas para a leitura. Um mesmo funcionário público que talvez bata no peito lamentando quão pouco se lê, quão empobrecida está a linguagem etc., que gaste até mesmo somas significativas em folhetos e ações vistosas em defesa da leitura, pode estar ao mesmo tempo cortando bens e orçamentos, eliminando cargos de bibliotecários e professores... Nem sempre a abundância, para propor outro exemplo, é sinônimo de mais alternativas: um bibliotecário de uma biblioteca muito rica que recebesse quinhentos novos títulos por mês e se visse forçado a dar entrada neles de forma acrítica, indiscriminada, para a sala de leitura, acabaria desalojando das estantes títulos que não merecem ser desalojados, reduzindo assim uma oferta que aparentemente estava destinada a se multiplicar. A consulta direta aos potenciais leitores na hora de escolher os títulos parece um sinal de liberdade, mas se os leitores não dispõem de mais opções do que uma mensagem publicitária, a escolha se torna uma forma de obediência... Enfim, às vezes é difícil reconhecer as condições, a organização real do território no qual a leitura ocorrerá.

Mas em todo caso, visíveis ou ocultas, as condições estão ali e são ineludíveis. O leitor necessita e depende delas, em muitos aspectos, as condições o determinam, marcam suas chances. Proporcionam-lhe materiais, territórios de exploração, oferecem-lhe alternativas: ter acesso ao código escrito não é o mesmo do que não ter, assim como ter uma biblioteca popular a cada vinte quadras não é o mesmo de ter uma a cada trezentos quilômetros, assim como ter como professor um bom leitor não é o mesmo que ter um burocrata. Mas também lhe marcam uma ordem, uma administração, certos percursos, certos controles. Essa "ordem de leitura", vamos chamá-la assim, incluindo tanto suas riquezas quanto seus rigores, é uma instância pública cujos efeitos aparecem na leitura privada. A ideia corrente de leitura na sociedade, a imagem que se tem do leitor, os circuitos de leitura, o fluxo dos livros e outros bens culturais, a oferta editorial, a programação dos meios de comunicação de massa, a provisão de bibliotecas, o trabalho educativo, as poéticas dominantes... tudo isso, que faz parte da dimensão pública da leitura, marca e condiciona a dimensão privada. A leitura pessoal é feita sobre e contra esse tecido, que lhe dá suporte e, ao mesmo tempo, oferece-lhe resistência.

As "ações públicas de leitura" tratam, ou deveriam tratar, principalmente dessas condições. Quando planos são elaborados ou políticas são projetadas, se deveria falar sobretudo disso, das condições. As condições são, devem ser, tema inevitável na educação pública, na extensão universitária, e também são, imagino, neste encontro... Sobre as condições é preciso conversar, discutir e, se for o caso, se couber, legislar da forma mais esclarecida possível, tentando ir além da redundância e do esquema fácil, procurando entender exatamente como esta trama pública está funcionando, tornando-a evidente. Não se pode, contudo, legislar sobre as penas do ogro.

Uma ação de leitura que se ativesse, sobretudo, a discutir as condições, poderia fazer muito pelo leitor: enriquecer suas oportunidades, dar lugar à sua leitura em circunstâncias mais justas, mais generosas e amplas. Uma ação de leitura pode modificar a trama pública quando esta obstrui os percursos privados. Ela pode ampliar os horizontes. No entanto, algumas e até mesmo muitas "ações de leitura" – vou agrupar por ora sob essa denominação assuntos bastante variados, desde os planos de grande escala até "minianimações" – levam sua ânsia de legislação para além de seu território e avançam sobre a experiência do leitor, a ponto de pretender arrebatá-la. Essa é uma intervenção desleal e pode-se dizer perniciosa, contrária à saúde da leitura.

Darei três exemplos de intervencionismo exagerado: a legislação sobre "o apropriado" e "o inapropriado", a exaltação do gosto (ou da moda) e a interpretação prévia.

A legislação sobre o que é "apropriado" ou "inapropriado" para o leitor é característica do território de leitura das crianças. O apropriado para a sua idade, seu gênero, para as situações que ela está atravessando, para o seu melhor interesse... Um "olho social", digamos, uma vigilância, às vezes uma vigilância amorosa, de longa tradição, uma legislação de tessitura moral às vezes, outras vezes simplesmente urbana – as boas maneiras –, quase invisível de tão consolidada. Sabia-se o que era apropriado ler, assim como se sabia como alguém devia se vestir em cada ocasião. Uma garota de subúrbio nos anos 1920 em Buenos Aires sabia que os folhetins eram destinados a ela, e não sonhava em se aproximar de outras narrativas mais urticantes; ela podia ler os poemas de Bécquer* e aprendê-los de cor, mas não se esperava que ela lesse poetas ultraístas** ou os romances de Zola. Outra garota da mesma época, mas de classe alta ou profissional, com "mais fino trato", como se dizia naqueles tempos, talvez tivesse ouvido falar do futurismo ou do dadaísmo, tivesse modos e linguagem mais desenvolvidos e possivelmente zombasse um pouco dos folhetins que a garota suburbana devorava. Uma terceira, da mesma idade, mas filha de anarquistas, poderia muito bem ler, além dos folhetins, Máximo Gorki, ou os poemas incendiários que saíam em *La Vanguardia*.*** Para cada uma, parecia não apenas apropriada, mas "natural" sua seleção de leituras.

As legislações sobre o que é apropriado – ao contrário da censura, que se faz ver – são um assunto bem mais tácito e muito estabelecido, que todos dão como certo. Elas não assumem a forma de mandatos e isso as torna ainda mais eficazes e resistentes. Até hoje continuam em vigor. É claro que houve transformações, algumas cercas foram puladas e, em certas áreas, os circuitos

---

* Gustavo Adolfo Bécquer (1836-1870) foi um poeta espanhol, pertencente ao movimento romântico. Por ter falecido jovem, tem sido associado ao movimento pós-romântico. Embora em vida tenha alcançado alguma fama, somente após sua morte e após a publicação de todos os seus escritos obteve o prestígio que tem hoje. Seu trabalho mais famoso é o *Rimas y Leyendas*, um conjunto de poemas e relatos esparsos, reunidos em um dos livros mais populares da literatura hispânica (N. do T.)

** O ultraísmo foi um movimento estético que, por volta de 1918, agrupou poetas espanhóis e hispano-americanos em torno de um projeto vanguardista de renovação espiritual e técnica para a realização de seus ideais poéticos (N. do T.)

*** *La Vanguardia* é um jornal argentino fundado em 1894 como um "jornal científico socialista que defende a classe trabalhadora", e que, em 1896, tornou-se o órgão oficial do Partido Socialista da Argentina (N. do T.)

foram estendidos, mas "o apropriado" – com a incorporação de novos regimes, como o do *political correctness* [politicamente correto], por exemplo, ou a "correção psicológica", da qual se fala menos – ainda constitui uma forma de organização do território da leitura. Especialmente no caso da sempre vigiada leitura infantil, que também traz consigo, junto com sua própria legislação etária, a curiosa questão de determinar o que é "apropriado para cada idade". Do índice – "Este livro não é para você, proíbo-o de lê-lo, tem palavras que não quero que você conheça" – às técnicas de vendas das editoras que incluem em suas coleções a indicação "a partir de tantos anos", ou a mais audaciosa "para crianças de tantos a tantos anos". E embora já não se teorize tanto quanto nos anos 1950 sobre os interesses das crianças de acordo com os seus "estágios", categorias como "para as crianças de sete, histórias de animais" ou "para os adolescentes, histórias realistas" continuam funcionando.

Agora, a questão é que a leitura, como dizia no início desta conversa, precisa do estranho, e também do acaso. Lembro-me de um menino de uns doze anos, que aliás era muito alto e gordo, com costeletas e uma penugem de bigode, subjugado por uma história para crianças muito pequenas, daquelas que vem impressas em papel cartão, que narrava, parte em palavras, parte em imagens, a história de um pintinho que derrotava um gigante: o grandalhão o pegava nas mãos, ficava cativado, soltava-o por um instante e voltava a pegá-lo. Lembro de mim mesma teimosa com livros que tirava da biblioteca da minha mãe, tropeçando em um texto que realmente não entendia e, no entanto, também não queria largar. A legislação sobre o que é apropriado constitui uma administração prévia das oportunidades do leitor, e pode-se dizer que ela invade o território das penas. Tanto "bom senso", tantas garantias, tanta previsibilidade e redundância, tamanha ausência de risco contrastam com o acaso, a feliz casualidade das penas.

Mas nem todas as legislações tomam a forma de bons conselhos e vigilância do que serve e do que não serve, do que se deve e do que não se deve. Há legislações mais sub-reptícias, menos visíveis, e que, por isso mesmo, exercem ainda mais intensamente sua força. Este é o caso do "gosto": há que se dar ao leitor "aquilo de que ele gosta". Para estabelecer o gosto, "pesquisas de opinião" geralmente são feitas. Bourdieu, que era um homem muito inteligente, escreveu um artigo chamado "Opinião pública não existe".[19] É tão fácil se encarregar do gosto do outro... Ouvi um pai, desconfiando da escolha de um livro que o filho havia feito, dizer: "Escolhi outro, desse você não vai gostar". Drástico assim. Um espantoso avanço sobre o desejo do outro... Mas esse pai ao menos mostrava os fios soltos, não escondia nada. Há outras formas de invasão do desejo do outro muito mais dissimuladas. Alguns animadores de leitura as usam: "Vou ler uma história muito legal e você vai gostar muito dela", ou "Vamos ler uma historinha muito bonita, de que vamos gostar muito", com essa primeira pessoa do plural falsamente inclusiva ("agora vamos fazer silêncio") que se usa tanto em jardins de infância e que dá a entender algo vagamente semelhante a: "Vocês e eu somos iguais, o meu desejo é o desejo de vocês". Quando se avança assim sobre o desejo do outro também se está invadindo o território das penas, e de uma forma especialmente perniciosa, já que, ao anular a possibilidade de resistência, ao dar por terminada a luta antes de que ela comece, a leitura é apunhalada. O leitor desanima. Ele não tem mais vontade de sair para procurar as loucas penas. Seu desejo esfriou. Resta-lhe apenas o consumo.

O mais interessante dessa variante de intervencionismo é que aqui o controle, a ordenação prévia, assume o aspecto de liberdade. É preciso dar-lhes para ler aquilo de que eles gostam, o gênero de que gostam, por exemplo. Se querem terror, lhes damos terror... As crianças gostam de humor, querem rir o tempo todo... As crianças querem que as histórias sejam curtas, se forem longas, não as leem... É melhor que haja muito diálogo... Elas gostam que tenha ação, detestam as descrições... As crianças que jogam futebol preferem as histórias de jogadores de futebol... Bourdieu, nesse mesmo artigo que mencionei antes, diz que numa relação de força, a força é maior quanto mais dissimulada ela for. Isso não quer dizer que o adulto tenha intenções maliciosas, suas intenções podem ser excelentes e, por outro lado, o adulto não faz nada além de reproduzir uma ordem, um estado de coisas que o transcende. Refiro-me aos efeitos. A exaltação do gosto transformado em lei e a crença de que sempre se sabe aquilo de que o outro gosta é um intervencionismo particularmente perverso e doentio para o leitor, pois tende a despojá-lo de seu próprio desejo, que talvez pegaria um atalho diferente e faria escolhas estranhíssimas e completamente fora de parâmetro com relação às bem-intencionadas previsões. As editoras, cujo interesse é sempre vender mais, geralmente não se atrevem a contradizer a legislação daquilo que é apropriado, e usam o gosto, o costume ou a moda para orientar sua produção; dessa forma, ao evitar as dissonâncias, ao fugir do estranho e do imprevisível, ajudam a consolidar os trilhos.

Há outra forma de intervenção ainda mais extrema do que as anteriores, mais técnica também, geralmente associada ao conhecimento, ao saber – à escola ou à academia –, é a da "interpretação prévia". Aqui, não se trata mais de vigiar as companhias do leitor, evitando que ele se desvie do bom caminho, ou de avançar sobre seu desejo, explicando-lhe aquilo de que ele realmente gosta. Trata-se diretamente de "ler por ele", de suplantá-lo. De dizer-lhe como ele deve ler o que está lendo, qual o percurso que deve fazer dentro do texto, o que ele deve entender, o que deve privilegiar e qual é o significado último. Esta intervenção por vezes adquire formas muito flagrantes, como quando se antecipam as chaves, ou se fala sobre o que uma imagem "simboliza" antes que a imagem apareça, ou se desmonta o texto peça por peça em uma insensata autópsia, ou o reduzem, ou o glosam. Outras vezes, esconde-se por trás de opções ou perguntas "motivadoras", aparentemente muito abertas, mas muito eficazes, que induzem suavemente à interpretação desejada.

Alertar contra a invasão da "interpretação prévia" pode desencorajar muitos professores que talvez suponham que, se deixarem esse território, ou ao menos prometerem não avançar além do prudente, não lhes restará mais nada a fazer em favor dos leitores, que não há nenhuma forma de intervenção saudável. E não é assim, um professor ou um leitor avezado têm muito a fazer por um leitor mais novato. Por exemplo, podem enriquecer os percursos, remetendo o texto em questão a outros textos, trazendo outras histórias para mais perto dele, outras imagens, tornando-o, por assim dizer, poroso. Isso dará novas armas, recursos melhores para o leitor, o tornará mais sábio, mais culto, com mais capacidade de manobra, mais perspectiva... Outra coisa que ele pode fazer é ouvir o leitor, dar-lhe a palavra, mesmo que se trate de um leitor incipiente e, dessa forma, permitir que essas leituras pessoais, que essas interpretações, por vezes muito estranhas, se mostrem, se desdobrem... Ele pode dar lugar à discussão, à polêmica: isso reforçará a leitura de cada um já que a resistência faz bem ao leitor. Trata-se de multiplicar os caminhos, os atalhos, as veredas, exatamente o contrário de reduzir todos os caminhos a uma única avenida: a da interpretação oficial, a interpretação correta.

Em todo caso, quem se interessa pela leitura e sobretudo pelos leitores, pelo destino pessoal de cada um, poderia começar a se fazer perguntas, o que é um começo melhor do que o preceito ou a resposta. Quais são as condições ideais para a leitura, para a experiência pessoal da leitura? Que formas de organização, que ações políticas, que atitudes, que bens materiais sustentam a prática do leitor, ou ao menos não a entravam? Qual é a espessura ideal que deve ter a trama que sustenta essa aventura pessoal? Qual é o limite das intervenções? Como é possível sustentar e acompanhar sem dirigir? Como promover o percurso sem adiantá-lo com uma linha pontilhada? São perguntas históricas e concretas, não são perguntas abstratas. Elas não têm uma única resposta, cada um e em cada circunstância terá que voltar a formulá-las novamente.

Um escritor faz a si mesmo as mesmas perguntas acerca de seu trabalho: quais são os limites da aventura pessoal, de que maneira alguém está condicionado pela ordem que o cerca, não se terá sofrido interferência sem perceber? Onde está meu ogro e onde estão minhas penas? É tão fácil se perder, se deixar levar... Também na escrita – que, como se sabe, é apenas outra forma da leitura – o estranho e o imprevisível são saudáveis. Também na escrita, é certo que o sensato demais, o eficaz e previsível demais, aquilo que oferece pouco risco podem acabar com alguém. Também é útil para o escritor saber quais são suas condições, tornar visível a trama.

Lewis Carroll escreveu, além das duas Alices, que são as que permaneceram depois dele, um romance de que poucos se lembram hoje, que se chamava *Algumas aventuras de Silvia e Bruno*.[20] Nas duas Alices, especialmente em *Alice no País das Maravilhas*[21] – a primeira obra, na qual o jogo é mais literário, menos filosófico –, vai-se pouco a pouco desmontando as leituras prévias da protagonista, uma garota muito correta. O estranho e o imprevisível regulam o mundo subterrâneo, e os recursos com que Alice conta não são suficientes para torná-lo mais sensato. Ela lança mão de suas lições de geografia, suas recomendações de boas maneiras, suas histórias sobre garotas como ela, mas isso não ajuda muito: ali dentro tudo se volta contra ela, e ela só consegue ir adiante quando aceita a estranheza e, no final do livro, sacode o tabuleiro. Carroll consegue essa metamorfose por meio de recursos literários como a homofonia e os jogos de palavras, que funcionam sempre como rasteiras, as situações absurdas, os impossíveis, como o gato que é só uma cabeça, mediante a irrupção de situações incômodas (Alice é muito grande ou muito pequena, está molhada, não sabe onde sentar, é desafiada e colocada em evidência por todos) e todo tipo de imaginários "estranhos", e a presença constante do acaso, da casualidade, o perder-se para se encontrar. Em *Silvia e Bruno*, em contrapartida, Carroll "quer dizer" algo, tem uma mensagem e uma mensagem apropriada. Multiplicam-se os truques, há jogos de palavras e situações desconcertantes, mas nada realmente se move. Tudo está previsto de antemão, há muitas garantias... É fácil ver onde foi que Carroll encontrou suas penas...

As da história de Calvino são quatro e servem para resolver quatro enigmas. Um deles é um enigma muito famoso, o enigma do barqueiro, que neste caso é reduzido à sua forma mais simples: o barqueiro está condenado a remar de uma margem à outra do rio transportando passageiros, mas não consegue deixar o barco. Ele caiu numa armadilha, foi envolvido em um grande mal-entendido, e sente que não há saída. O herói leva os quatro enigmas para a caverna do Ogro. Perséfone promete que o ajudará e cumpre a promessa: quando o Ogro adormece, ela vai arrancando as penas, uma a uma. O Ogro sente o puxão e resmunga. A jovem aproveita então para propor-lhe novamente um enigma, que o Ogro, ainda meio adormecido, resolve. Quando chega a vez do enigma do barqueiro, o Ogro diz que a resposta é muito fácil.

Basta que o barqueiro consiga alguém para subir em seu barco. Que ele reme logo, como faz sempre. Ao chegar à margem, ele deverá pular no chão e deixar o outro com os remos na mão. É o que pretendo fazer aqui neste exato momento, pular do barco e deixar que vocês continuem remando.

A floresta e o lobo
Construindo sentido em tempos de indústria cultural e de globalização forçada

Palestra proferida no "XXVII Congresso Mundial IBBY (International Board on Books for Young People), "O Novo Mundo para um Mundo Novo", em Cartagena de Las Indias, Colômbia, setembro de 2000. Publicado em: *Memorias. IBBY 27º Congreso*. Bogotá, Fundalectura, 2001; em *La Mancha, Papeles de Literatura Infantil*, nº 14, Buenos Aires, maio 2001; e em *La revue des livres pour enfants*: Le bois et le loup: construire du sens à une époque d'industrie culturelle et globalisation forcée. Paris, fevereiro de 2001.

QUANDO EU ERA MENINA, jogava-se muito o jogo da floresta e do lobo*, não sei se ainda continuam jogando. É uma brincadeira tradicional, muito antiga, um desses jogos emocionantes de ocultação, iminência e perseguição. Reaparece em muitas culturas, adotando diferentes formas. Vou me deter naquela que existe no mundo de língua espanhola, que foi a que conheci na infância.

Um grupo de crianças – ou ovelhas – dá as mãos e fazem uma roda. Dizem estar na floresta. Dizem que estão brincando. Mas, enquanto rodam e cantam, elas mostram que estão esperando por alguém, alguma outra criança que permanece escondida e a quem eles chamam de "o lobo". Elas cantam:

---

* No Brasil, a brincadeira é conhecida como "Tá pronto, seu lobo?". Alguém se voluntaria para ser o lobo. Todos ficam de costas e ele se esconde. As outras crianças se organizam em pequenos grupos e passeiam, pelo espaço e cantando: "– Vamos passear na floresta, enquanto o seu lobo não vem! Tá pronto, seu lobo?". O lobo responde: "– Não, estou me espreguiçando!". As crianças continuam caminhando, pulando e cantando. E assim, durante um bom tempo, o lobo responde que não está pronto porque está vestindo a roupa, calçando os sapatos, penteando o cabelo e o que mais resolver inventar. A brincadeira continua até que o lobo fica pronto e, sem qualquer aviso, sai do esconderijo e corre atrás das outras crianças, tentando pegar os participantes desprevenidos. A primeira criança que for pega será o lobo na próxima vez (N. do T.).

"Vamos brincar na floresta, enquanto o lobo não está lá."

Ao chegar lá, os cirandeiros são interrompidos bruscamente. Param de girar e perguntam:

"Lobo, você está aí?" (fica claro que se o lobo não estivesse ali, o jogo não teria nenhum prazer).

Outra criança (que atua como um lobo de acordo com a distribuição aleatória, mas também rigorosa, de papéis que precede a atuação do jogo) responde que não, que ele ainda não está pronto, mas que está se preparando para sair.

Para isso, em muitas variantes, recorre-se ao ritual do vestir. Isso ajuda o lobo a não dizer nem que sim, nem que não.

"Estou colocando minhas calças...", ele responde, ou: "Estou colocando minha camisa...".

Então o resto, a ciranda, cada vez mais nervosa com a iminência do lobo, volta a cantar:

"Vamos brincar na floresta, enquanto o lobo não está lá."

"Lobo, você está aí?"

O lobo vai se vestindo pouco a pouco e, por fim, quando estiver bem vestido, com camisa, calça, meias, sapatos, responderá à famosa pergunta:

"Sim!"

Ou, em algumas variantes do jogo (como Ana Pelegrín confirma em seu *Repertório de jogos infantis*):[22]

"Sim! E já tenho minhas facas bem afiadas!"

E sairá do seu esconderijo nas profundezas da floresta para pegar as crianças.

A roda será desfeita, haverá perseguições, capturas também (ou devorações) e mudanças de lado. Mas o jogo em si já terá terminado. Para recomeçá-lo, deverão retornar à iminência, com um lobo escondido e uma floresta desejável e inquietante ao mesmo tempo, onde estes encontros com "o outro" ocorrerão.

Em *Sommarboken* [*O livro do verão*],[23] Tove Jansson também fala de uma floresta, ela o chama de "A floresta mágica". Pouco a pouco, ela vai sendo construída, em uma narrativa que parece ir contornando a floresta sem se atrever a entrar nela totalmente, há vislumbres de troncos abaixados, emaranhados indomados, agulhas, podridão. "A floresta mágica havia sido construída com penoso esforço", diz a narradora, "de tal forma que o equilíbrio entre a sobrevivência e a extinção era nela tão frágil, que ela não podia se permitir a menor mudança". Há vida na floresta, sem dúvida, já que se ouve barulho de asas, roçar de patas (embora as aves e os animais que os produzem nunca sejam vistos por estarem submersos – diz Tove Jansson – "na perpétua escuridão do matagal"). Há vida e, sem dúvida, há morte também.

A floresta não é domesticável. A família (assim a autora denomina os habitantes da casa quando eles funcionam como uma tribo) pretende decorá-la, mas fracassa. A avó, que "sabe mais", se limita a entrar nela, penetrando "além do pântano e das samambaias". Em seguida, se estende no chão e olha para o céu através dos líquens e dos galhos. É uma viagem secreta, da qual ela não fala. Outras vezes, enfia-se no matagal para "esculpir animais estranhos", com "cascos, garras e focinhos, mas um rosto mal esboçado, sem muitos detalhes". Como ela os esculpe em troncos e galhos, eles acabam tendo a mesma forma da floresta. Sofia, a neta, pergunta se ela sabe o que está fazendo. "Claro que sei", responde a avó de *O livro do verão*, "estou brincando". Assim como uma brincadeira é algo provisório, a longo prazo os animais esculpidos pela avó fundir-se-ão na terra, serão cobertos por musgo, e tudo voltará a ser floresta novamente.

Acredito que essas duas florestas – a do jogo infantil e a de Tove Jansson de *O livro de verão* – me ajudem a introduzir a questão da diversidade e da diferença com um espírito mais aberto.

Costuma-se reivindicar a diversidade do ponto de vista ético, moral: haveria o direito de ser diferente, e todos os "diferentes" deveriam ser respeitados em sua diversidade. No entanto, a floresta parece nos indicar que a diversidade é muito mais que isso.

Que não se trata apenas de que seja "lícita" ou "respeitável" e que temos a obrigação moral de tolerá-la, mas que é sobretudo bela, prazerosa e indispensável. O verdadeiro motor de toda a construção de sentido, toda significação, toda leitura. Precisamos da floresta. Pobres de nós se, desprovidos de floresta, já não formos mais capazes de nos perder, de nos inquietar e de nos deslumbrar diante daquilo que nos é um pouco obscuro, um pouco emaranhado, um pouco incompreensível! Seria como perder os enigmas. E quem perde os enigmas perde também o desejo. "O outro" não é apenas respeitável, "o outro" nos faz falta. Sem "o outro", "o um" seca. Sem perguntas, as respostas ficam atordoadas.

De forma que, em vez de defender o direito de ser um estranho, farei a tentativa de recuperar a estranheza simplesmente. A boa, emocionante, deliciosa estranheza, que nunca deveria faltar em nossas vidas. Em outras palavras: defenderei a incerteza. Depois de pensar muito, isso me pareceu mais útil. Muito mais do que falar sobre minhas certezas que, na verdade, são muito poucas.

Esta primeira afirmação – de que a incerteza é necessária, já que está na gênese de todas as nossas construções de sentido, tanto as de nossa história pessoal quanto as das dos nossos universos sociais – contrasta dramaticamente com outra: nossa sociedade (refiro-me aqui àquela que costuma se chamar de "ocidental", cujas formas se estenderam por todo o planeta) não nos educa para a incerteza. Muito pelo contrário: a ênfase está sempre nas certezas. A incerteza, e também o conflito, geralmente estão ocultos.

Poder-se-ia dizer que há um "esquecimento da floresta". Ou um amor excessivo pelas salas bem iluminadas, pelos cartazes e pelas agendas. Uma exigência insaciável por garantias. Uma necessidade de controle que supõe a supressão de tudo que é ingovernável (por exemplo, a morte, o corpo, o tempo e suas mudanças, o irracional e o diferente).

Eles nos educam para a certeza, essa é a verdade.

Nem as crianças, nem a avó da floresta parecem pessoas muito sensatas. Poder-se-ia até mesmo chamá-los de loucos, já que, cada um à sua maneira, procura a incerteza. A postura da avó, mais receptiva (talvez mais velha) consiste simplesmente em se deixar permear pela estranheza (por isso, ela recomenda entrar na floresta lentamente, no crepúsculo e em segredo). A das crianças é mais ativa, talvez mais jovem: trata-se de brincar alegremente nas margens de um conflito que elas temem e provocam ao mesmo tempo. Ambas são posturas "estranhas" e, ainda assim, qualquer uma delas parece mais interessante e, sobretudo, mais fértil em significações, do que o "esquecimento da floresta".

As crianças e a avó reconhecem o valor da floresta. E não porque ele seja a sua casa, o lugar mais conhecido, mas justamente porque não é. A floresta é outra coisa. E o que eles amam é – precisamente – sua estranheza, ou o modo como essa estranheza brinca com seu cotidiano: a diferença.

A floresta é boa, parecem dizer os dois textos, embora sua ameaça esteja ali dentro: na brincadeira infantil, na forma de um lobo franco; no livro de Jansson, na forma de podridão e morte (que é uma margem à qual, vez ou outra, avó e neta, dando ânimo uma à outra, se arriscam). A estranheza é boa, prazerosa – parecem dizer aqueles que amam a floresta – mesmo que se tenha que enfrentar o medo de se estranhar.

Já foi dito, porém, que essa não é a constante de nossa cultura. Nossa cultura parece amar, acima de tudo, as certezas. Embora muitas dessas certezas tenham entrado em crise há algum tempo. Porque, pensando bem, quais são as nossas certezas hoje? O que restou de nosso velho cânone de certezas neste mundo tão mudado e, ademais – como se diz –, fechado em si mesmo, globalizado, ou ao menos em processo de globalização? O que chamamos de "nossa casa"? Onde está "a floresta"? E quem somos nós? Ainda somos quem pensávamos que éramos? Em nosso mundo-globo, as coisas não saíram exatamente como previa nossa velha educação baseada em certezas. As regras foram mudadas. Em nosso mundo-globo, poderíamos dizer, como o cigano de García Lorca, "porque eu já não sou eu, nem minha casa é mais minha casa".* Isso desperta em alguns mais medo do que curiosidade e, em outros, mais curiosidade do que medo.

E, no entanto, se nos lembrássemos, não teríamos que nos assustar tanto com as mudanças. Porque o que é "ser igual a si mesmo"? O que é isso senão um "ter se tornado" no decorrer do tempo? É claro que estamos sendo e deixando de ser a cada instante. Na história individual, a imagem que temos de nós mesmos – isso que chamamos meio pomposamente de "identidade" – foi sendo construída ao longo dos anos e sempre através dos outros. Não foi em situação de monólogo, mas em diálogo com o outro [el otro] – e com "outrem" [lo otro] – que viemos a estabelecer nossa própria história. E não me refiro apenas ao lado afetivo da questão, à necessidade de reconhecimento, à fome de "ser olhado" por nossa mãe, por exemplo, que todos nós tivemos. Refiro-me também ao motor sensual, intelectual, gnosiológico e cultural que a persistência desse outro que temos ao lado supõe e que é sempre uma charada, que nunca aprendemos totalmente, que em certos momentos nos seduz ou nos desafia, e, a todo momento, marca para nós o limite das certezas.

Dessa eterna negociação com outrem foram surgindo as significações. E com essas significações, pouco a pouco, fomos construindo para nós mesmos uma casa, desenhando ao nosso redor uma espécie de "terra arável" até estabelecermos uma pequena colônia: formas culturais compartilhadas com outros, vizinhanças, tradições, saberes, uma série de horizontes, alguns

---

* Tradução nossa de trecho do Romance sonámbulo. In: *Romancero gitano de Federico García Lorca* (N. do T.)

mais próximos e outros mais remotos, linhas flutuantes, que se estreitam e se dilatam, em perpétua transformação e movimento. A isso acabamos chamando de "a pessoa que somos" ou "o país que somos" ou o grupo, a sociedade, o continente...

Se alguma vez nos esquecemos de que nos tornamos e dizemos com ênfase que "somos assim" ou "assim são" os outros – como se se tratasse de essências e não de construções provisórias –, vamos imaginar que isso se deva a algum erro de percepção, ou talvez, simplesmente, ao medo que a floresta nos provoca.

A identidade se constrói dialogicamente, é eternamente histórica e está sempre em construção, até a morte. Embora, por algum motivo, vamos nos esquecendo disso.

Com as sociedades e as culturas acontece o mesmo que com os indivíduos: elas não são de uma vez por todas e para sempre – por mais definitivas que pareçam –, mas se tornaram e continuam caminhando, transformando-se – ou reconstruindo-se – a cada dia. É isso que aprendemos com a História, que também nos ensina que – por meio de fissuras, confluências fortuitas ou choques brutais – as diferentes sociedades foram entrando em contato umas com as outras, e que com cada um desses encontros as certezas foram reformuladas, mudou a composição das terras aráveis e os horizontes foram se transformando.

Mas seria ingênuo continuar falando da diversidade sem esclarecer que há mais de um jogo em questão.

Um deles é o da avó de *O livro do verão* ou o das intrépidas crianças que, brincando, dirigem a palavra ao lobo. Poderíamos chamá-lo de "jogo do explorador", ou da incerteza: nesse jogo, a floresta seduz, deslumbra e inquieta, funciona como uma charada e o contato tende a mudar o horizonte das significações.

O outro jogo não é um jogo de charadas, mas um jogo de poder, o jogo pelo qual a diversidade se torna assimetria. Poderíamos chamá-lo de "jogo do conquistador" ou das certezas. Neste jogo, a floresta se torna território de ocupação, peça – devorável – do tabuleiro. Propriedade, terreno cercado. No jogo do conquistador, não se buscam as significações, elas, antes, são impostas.

Talvez os dois jogos não sejam totalmente independentes, e é até mesmo possível que em muitos casos eles venham misturados. Mas têm signo diferente, sem dúvida. Como é que se passa de um jogo para outro? Será que o medo do lobo se torna mais importante que o prazer em brincar na floresta? Ou será que a solenidade, a triste falta de humor de alguns jogadores os impede de se parecer mais com a deliciosa avó de Sofia que, no início do livro, procura o sorriso de sua dentadura entre as peônias?

Em todo caso, fica claro que, quando se entrou no jogo do poder, a casa e a floresta não são mais diferentes, mas passam a ser confrontadas. Competem. E quando se compete, como explicava o implacável sociólogo-linguista Humpty Dumpty à novata Alice, a questão passa ser uma só e muito clara: "saber quem manda". A floresta com sua escuridão ali, e nós aqui, em nossa casinha: traçamos a linha (veremos mais tarde quem se anima a pisar ou se deixa pisar nela por descuido).

O jogo do poder tem suas regras, como qualquer jogo, e também suas variantes. Deter-me-ei em três, das mais típicas.

A variante mais simples poderia ser chamada de "cuidado com o inimigo!".

O outro – o estrangeiro, a outra cultura, a escuridão, o incompreensível, o "lobo" – é vivido como muito perigoso. O jogo consistirá, então, em mantê-lo encurralado para evitar o contato. A ideia é que há algo ameaçador e "estranho" do outro lado da linha. De acordo com o caso, ele será chamado de "monstro sedento por sangue", "hiena", "ogro", "besta", "bárbaro...". E se recorrerá a metáforas médicas, como "contágio", químicas, como "contaminação", ou geológicas, como "aluvião", para reforçar o tabu de contato. Por vezes – e isso marca o fim do jogo – resolve-se cruzar a linha, incendiar a floresta e aniquilar o inimigo.

Poderíamos chamar a variante número dois do jogo de poder de "senhor e escravo", ou "tutores e tutelados".

Esta variante só ocorre quando "o outro" já foi derrotado e, então, não constitui uma ameaça. Nesse caso, o jogo consiste em ocupar o território e colonizá-lo. Domesticar a floresta, "educá-la" à imagem e semelhança da casa. Para isso, será necessário "vestir" e "civilizar" tudo o que é selvagem, alheio ou incompreensível, até que a floresta se assemelhe à "terra arável". Se a floresta aceitar essa domesticação, receberá proteção e tutela em troca. Dessa forma, a assimetria ficará consolidada: nesta variante, ambos os lados sabem muito bem quem é que manda.

Há outra variante do jogo do poder que acredito valer a pena mencionar. É a mais sutil de todas e poderia ser chamada de "matar com a indiferença" ou "os desconhecidos de sempre".

Ela começa com uma concessão: "A floresta tem o direito de ser como é, a floresta tem o direito de ser diferente". Uma afirmação assim por parte da casa parece um grande progresso se pensarmos no etnocentrismo da variante anterior. Porém isso infelizmente não termina aí, mas continua no desdém relativista. A afirmação completa seria: "A floresta tem o direito de ser como é, a floresta tem o direito de ser diferente de nós. Não temos nada contra a floresta. Parece-nos até lindo que ela seja assim como é, tão pitoresca. Mas não precisamos ou queremos lidar com ela. Nem sequer queremos conhecê-la. A floresta lá, e nós, as pessoas da casa, aqui". A indiferença é uma forma mais disfarçada de consolidar a assimetria.

Essas três maneiras de lidar com "outrem" – mantê-lo à distância a pauladas, domesticá-lo ou abandoná-lo à sua própria sorte –, típicas do jogo do poder, não são exclusivas dos grandes grupos sociais. Elas também se dão entre pessoas, entre pessoas e instituições, entre instituições... No mundo do trabalho, dentro das gangues urbanas de adolescentes ou dentro de um Senado, no campo universitário, na cultura, na administração pública, na criação...

O jogo do conquistador é muito popular, é jogado por toda parte.

O jogo do explorador é menos popular e não tem muitos adeptos.

Isso me coloca em uma posição desvantajosa, já que aquilo que queria fazer aqui, amparando-me nas crianças da floresta e da avó de Jansson, era lembrar que o jogo do poder não é o único possível. Que há também o jogo do explorador, que tem suas alegrias, ainda que para jogá-lo seja preciso aprender a tolerar a incerteza e a ambiguidade (diferentemente do que acontece com o jogo do poder, em que basta se aferrar às certezas e seguir em frente). E que, se um único jogo é jogado – o que às vezes parece ser o caso, que só resta um jogo em nosso mundo-globo – as consequências não são muito felizes.

Não me pareceu um momento ruim para propor essa alternativa, porque se poderia aproveitar o grande abalo das certezas. Isso parece dar uma pequena nova oportunidade à incerteza.

Volto então às certezas que vacilam e proponho aproveitar a oscilação para ver se o desequilíbrio nos obriga a olhar para baixo e, em seguida, talvez, encontrar alguma dentadura para voltar a sorrir, como aconteceu com a avó de Sofia.

Muitas coisas mudaram e se redefiniram nesses anos. Como se houvessem dado uma virada brusca no cilindro do caleidoscópio e isso tivesse tido como consequência a dissolução de alguns velhos e a formação de novos desenhos, impensados. Mudanças e reformulações que abarcam muitos aspectos da vida pública e privada: a organização política e social, o trabalho, o uso do espaço e do tempo, os hábitos cotidianos, os códigos, a circulação do conhecimento e da arte... Até o vínculo entre as gerações está mudando agora que há saberes nos quais os jovens parecem ser mestres naturais dos adultos.

Tudo isso nos faz duvidar até mesmo de nossa própria identidade, talvez nossa mais preciosa certeza. Não é simples saber onde começa a floresta e onde termina a casa. O que é próprio e o que é alheio? O que é vizinho e o que é distante? O que é "meu" [lo mío] e o que é "do outro" [lo otro]? Algumas velhas convicções caducaram definitivamente. Muitas afirmações que tínhamos por julgamentos certos acabaram se tornando simples preconceitos, e muitas "marcas indeléveis" acabaram se tornando estereótipos, e estereótipos bem atrapalhados. Quem éramos nós?, nos perguntamos entre surpresos e assustados. E como havíamos dito que era "o outro"? Quem é quem? Qual é a nossa casa? E onde começa a floresta?

"Globalização" é a metáfora com a qual se costuma aludir a algumas dessas mudanças violentas. Não é uma metáfora ingênua, claro.

Quando se fala de "globalização", enfatiza-se o apagamento de fronteiras e limites. Que é, claro, um dos aspectos da questão. Certo é que a comunicação – que, em menos de cem anos, passou do lento corpo da carta ao impulso quase instantâneo da fibra óptica – não conhece outro limite além do da tecnologia. Também é verdade que o fluxo de dinheiro e bens – incluindo os da indústria cultural – torna qualquer fronteira porosa e atravessa o planeta de ponta a ponta. Mas dar tal ênfase à "unificação" [aunamiento], ao fechamento sobre si mesmo do globo, pode induzir ao erro de acreditar que isso dá por terminado o jogo do poder. E não é assim, claro. O colapso de algumas fronteiras não transformou a Terra em um "Éden globalizado". Talvez as fronteiras das nações tenham sido enfraquecidas, mas as muralhas da tecnologia, do dinheiro e da informação – que se erguem entre regiões e, às vezes, dentro da mesma cidade – nunca foram tão formidáveis.

A épica da globalização, contudo, não costuma falar disso. Fala apenas de uma "unificação" que se considera fatal, segura e com o signo já definido. Aparentemente, "globalização" é o novo nome da certeza.

De acordo com essa certeza, e retomando a imagem na qual me apoiei, quase não haveria lugar para a floresta. Na realidade, não haveria nada além de uma grande casa. E embora a experiência cotidiana nos diga que não é este o caso, que a diferença não morreu, a metáfora insiste.

O que resta deste discurso será destinado a pensar se há espaço para a diversidade, a incerteza e a surpresa diante de "outrem" na indústria cultural globalizada, em particular naquela que está vinculada à literatura e às crianças. Isto é, se há espaço para o jogo da exploração ou não temos escolha a não ser jogar o jogo do poder. Ou, em outras palavras, se há possibilidade de construir significação e mobilizar horizontes, ou teremos apenas que ir gastando, enquanto elas durarem, nossas velhas significações.

A literatura – a arte em geral – sempre esteve do lado da diversidade. Ela cumpriu seu papel nessa exploração dos limites do enigma, construindo pequenos universos de sentido. Sem explicações: universos ou, de forma mais simples, jogos. Diante do incompreensível, mas denso e desejável em sua presença – "outrem", a floresta, os enigmas –, a arte não se preocupou em apontar certezas, mas, antes, jogou com a incerteza. Essa tem sido sua tarefa: a continuação do jogo.

A literatura para crianças também desempenhou esse papel, sempre que se ateve às regras da arte. Da folclórica e anônima – como a canção da floresta e do lobo com a qual comecei – até a culta e com forte marca de autor, como o livro de Tove Jansson. Naturalmente, algumas obras se arriscaram mais que outras, ou foram mais a fundo na floresta, mas todas elas – desde que tenham "jogado" – serviram para visitá-la.

Certo é que também houve – e há – muitas histórias para crianças que escondem lições de bom comportamento, histórias que talvez finjam explorar, mas que, na realidade, jogam o jogo do poder, já que se dedicam a "insuflar" certezas e de modo algum a dialogar com as incertezas. Essas histórias procuram mais domesticar o leitor – ou tutelá-lo – do que levá-lo para passear por lugares incertos, perigosos.

Apesar dos pesares, e embora ainda haja confusão nesse campo, os controles de poder não desapareceram e até mesmo novos controles surgiram – a chamada *political corectness*, por exemplo –, fomos aprendendo a diferenciar algumas histórias de outras. E a valorizar especialmente aquelas que se arriscavam além do controlável e certo, até forçar os limites desse "mundo infantil" legislado por gerações de adultos. A melhor literatura para crianças era aquela que – sem renunciar à sua espessura – se havia atrevido a recuperar o olhar fresco, espantado próprio da criança. Seu efeito sobre o leitor era, sem dúvida, outro. Lewis Carroll, por exemplo, ousou levar sua Alice para o "mundo subterrâneo", para o "outro lado do espelho", para o matagal, para o lugar da incerteza, e é por isso que sua obra havia claramente se distanciado da grande massa de contos vitorianos para crianças, que partiam possivelmente da mesma casa, mas nunca chegavam à floresta.

De alguma forma, fomos elaborando a conclusão de que a boa literatura para crianças – ou literatura, simplesmente – era responsável pela diversidade e pela floresta quando seguia as regras da arte e se afastava da tutela.

Hoje, essa velha proposta tranquilizadora parece insuficiente. E isso ao menos por dois motivos: porque a crise das certezas deixou nossa velha *paideia* de pernas para o ar (e, na realidade, já nem sabemos muito bem quais são os discursos dominantes na criação e na educação das crianças), e porque hoje a arte e a literatura estão subordinadas à indústria cultural, e é a indústria cultural que fixa as regras.

Seria muito ingênuo falar hoje de literatura sem levar em conta essas regras, que têm influência pesada sobre a possibilidade de circulação da literatura e, portanto, sobre sua própria existência.

A primeira regra a ter em mente é a da quantidade.

Toda indústria – qualquer indústria, e a da cultura também – supõe a multiplicação, a produção em série. Quanto mais ela produzir, mais bem-sucedida será e multiplicará melhor – por sua vez – o capital investido.

As consequências da multiplicação são muitas e muito profundas. Em 1935, o filósofo Walter Benjamin chamava a atenção para a mudança gigantesca que a reprodução havia implicado na experiência da arte; seu ensaio chamava-se *A obra de arte na era de sua reprodutibilidade técnica*.[24] Muitos anos se passaram desde então, e estamos cada vez mais acostumados com a reprodução, ultimamente até com a clonagem, que parece ter se tornado nosso destino. Litografias, gravuras, imprensa, fitas magnéticas, fotografias, discos, filmes – diz Benjamin – multiplicaram as obras (tradicionalmente chamadas de "obras de arte"), e também os instantes perecíveis, mas memoráveis, como certos rostos ou certas paisagens, que despertam uma experiência similar). E, ao multiplicá-las, tornaram-nas onipresentes e "populares", ou ao menos ao alcance de um número infinitamente maior de pessoas. Essa extensão é seu maior valor social: a reprodução, sem dúvida, democratiza.

A contrapartida, diz Benjamin, é que a obra perde "a aura". Esse termo, que Benjamin nunca define totalmente, mas ao qual ele retorna muitas vezes, tem a ver com essa espécie de milagre da presença direta, daquilo que existe, mas deixará de existir, a qualquer momento, do que está sujeito ao tempo e à mudança, e é ainda mais valorizado por sua precariedade. A reprodutibilidade privaria a obra de valor neste sentido: ela a tornaria um objeto intercambiável por outro quase idêntico. Mas, em troca, a reprodutibilidade democratizava profundamente. Não só porque entregava a obra para muitos, mas porque abria a possibilidade de que muitos espectadores se tornassem atores, e muitos leitores se tornassem escritores.

Pode-se adivinhar em Benjamin uma espécie de dilema comovente. Benjamin era um socialista, sem dúvida desejava a arte para todos. Mas, ao mesmo tempo, era um colecionador (colecionava livros para crianças, justamente), e temia que a reprodutibilidade terminasse achatando, despojando de densidade a experiência, que de "única" (como cada um desses deliciosos livrinhos sobreviventes do século XVIII que ele estimava) passava a ser "repetível" e depois trivial. Há, diz Benjamin, duas atitudes opostas: uma, o "recolhimento", a outra, a "distração". Se a distração – o entretenimento – acabava sendo a única experiência diante da arte, deslocando completamente o recolhimento, então algo teria se perdido. Ainda que na outra dimensão, a extensão, algo tivesse sido ganho em troca. O predomínio exclusivo do entretenimento, diz Benjamin, favorece o convencional; no domínio do puro entretenimento, o inovador é bem recebido, mas o verdadeiramente novo tende a ser difamado.

Dos tempos de Benjamin até os nossos – tão globalizados –, a indústria cultural cresceu extraordinariamente. E não apenas em termos de capacidade de se reproduzir, mas também em poder econômico. Por um lado, a concentração econômica é tão alta que o grosso do aparato de produção está em muito poucas mãos: alguns grandes impérios culturais incluem editoras, produtoras de televisão, jornais, estações de rádio, buscadores de sites, salas de espetáculos, organizadores de recitais e selos de gravadoras, ou estão ligados a outras indústrias, a bancos, financeiras e outros "negócios" do mundo globalizado. Inversamente, e na medida em que o poder econômico está concentrado em muito poucas mãos, o mercado se expande e os consumidores são mais numerosos do que nunca: um CD de música popular bem promovido por um poderoso selo discográfico poderia chegar a vender 10 ou 20 milhões de cópias em algumas semanas; uma única transmissão de um programa de televisão (a final de uma Copa do Mundo de Futebol, por exemplo, ou as celebrações para o *réveillon* do ano 2000) podem chegar a criar um público de várias centenas de milhões de espectadores.*

É verdade que os livros não mostraram, até agora, serem capazes de organizar públicos de tamanha envergadura, embora tenha havido um ou outro fenômeno massivo. Isso se deve em parte ao fato de que as línguas faladas no mundo continuam sendo de uma diversidade contundente e perseverante. E em parte porque os livros – e a literatura – têm uma tradição de legitimação talvez mais forte do que outras formas mais novas ou menos observadas (como o cinema, a televisão ou a internet).

Mas, de qualquer forma, livros e literatura fazem parte do mesmo fenômeno da indústria cultural, cujo ritmo veio se acelerando nos últimos anos.

Diferentemente de outras áreas, em que a reciclagem é importante (é o caso de algumas séries de televisão feitas em Hollywood, que parecem ter sete vidas, como os gatos), a indústria editorial contemporânea, embora conserve alguns cavalinhos de batalha, parece apostar sobretudo na novidade. Há uma espécie de "respiração ofegante", e cada vez mais ofegante, pela qual, com a ânsia de estender o mercado, ou não perdê-lo, apressa-se o consumo por meio do mecanismo da novidade. À novidade segue-se imediatamente a saturação e, rapidamente, ao descarte. Novidade-saturação-descarte, e retorna-se ao começo. Não é necessário pensar muito para associar essa vertigem ao temor de Benjamin – que talvez hoje sintamos como algo antiquado – de que a distração e o entretenimento, que parecem se encaixar perfeitamente bem com a profusão (já que há um fácil deslizar pela superfície de cada experiência rumo à seguinte) terminam por

---

* É importante lembrar que este texto foi originalmente escrito no ano 2000. Isso explica a defasagem das informações sobre tecnologia – o que, de forma alguma, significa que as ideias defendidas pela autora estejam ultrapassadas (N. do E.)

anular qualquer possibilidade de "recolhimento". O entretenimento tende a ser casual; a escolha, em contrapartida, supõe alguma forma de recolhimento.

Mas faz algum sentido continuar aspirando a alguma forma de recolhimento? Faz sentido continuar procurando sentido? Sobra espaço para o recolhimento e para a diversidade nessa roda profusa da edição? Haverá oportunidade de explorar a floresta? Será que esse ofegar da edição, este ciclo implacável da novidade, saturação e descarte, acabará peneirando, recolhendo "o seguro" – ou o certo, o comprovado – descartando o imprevisível, o incerto ou o conflitante?

Se isso for verdade, estaríamos produzindo uma espécie de homologação dos produtos, algo como uma segunda "reprodutibilidade benjaminiana", a clonagem, digamos. Tudo começaria a parecer excessivo.

A partir da lógica do mercado, que consiste em vender a maior quantidade de bens no menor tempo possível, existiriam duas alternativas: ou se projetam – ou se escolhem – produtos que são considerados capazes de captar um número muito grande de consumidores (e para isso será necessário "ir ao seguro") ou se projetam – ou se escolhem – produtos específicos para públicos específicos. Em ambos os casos, a heterogeneidade parece estar em risco. "O seguro" costuma ser "o comprovado" ou "o muito viável", embora "inovador". E o específico tem uma circulação fechada, dificilmente se passa de um circuito a outro.

Mediante pequenos ou grandes recortes, às vezes lentos, às vezes mais bruscos, na maior parte inconscientes, vão padronizando os imaginários, os pontos de vista das narrativas, os gêneros, os estilos... Seria interessante coletar uma amostra de livros para crianças publicados em um país ou em um continente em um determinado ano e tomar nota de alguns dados elementares, tais como qual é a procedência, o gênero, de que maneira narram, se se tratar de narrativas, em que âmbito geográfico e socioeconômico a história se desenvolve, que outros imaginários são acolhidos, que registros linguísticos são usados, qual é o nível dos intertextos etc., etc. Tenho a sensação de que algumas imensas avenidas muito transitadas seriam desenhadas, e muito poucos caminhos laterais que se afastassem rumo a outras buscas.

Adiciono um pequeno exemplo, que me serve para voltar a recolher ("recolhimento" era uma boa palavra) a obra sob cujo abrigo me coloquei desde o início desta conversa, *O livro do verão*, de Tove Jansson. Conheci-o na tradução que a Sudamericana editou em meu país em 1977 e que não era uma tradução direta do sueco, mas, por sua vez, de uma tradução inglesa de 1972. Inteirei-me tardiamente da existência desse livro, uns nove ou dez anos depois de sua publicação, e graças a um exemplar que Ema Wolf* me emprestou. Como achei um livro não apenas deslumbrante, mas necessário (pelo menos para mim), tratei de comprar um exemplar. Foi impossível, a edição estava esgotada. Durante os oito ou nove anos seguintes, não houve nenhuma edição para o espanhol disponível, ao menos que eu tenha podido detectar. Cerca de quatro anos atrás, uma nova versão apareceu, desta vez editada pela Siruela e traduzida do sueco. É o exemplar que tenho. Como as versões são bastante diferentes, às vezes volto a consultar o velhíssimo exemplar emprestado, que a esta altura Ema tem que prender com um elástico para não se desmantelar.

Por que um belo e bom livro, um livro necessário (pelo menos para alguns leitores), havia tido uma circulação em espanhol tão escassa? Não se pode deixar de pensar que não foi um negó-

---

* Ema Wolf é uma escritora argentina que já publicou inúmeros livros para crianças e já foi indicada para o Prêmio Hans Christian Andersen. Em 2005, ela e Graciela Montes receberam juntas o Prêmio Alfaguara de Literatura, pela obra para adultos *El turno de lo escriba*, escrito pelas duas (N. do E.)

cio tão bom assim. Talvez não vendesse o bastante. É um livro habitual? Não, não é. Tampouco é fácil de classificar, parece fugir do quadro de todos os gêneros ao mesmo tempo. Um livro de prosa, que também é poesia. Um livro que narra, mas não é de todo um romance. Um livro muito pouco "marcado", quase volátil. Um livro fácil de ler, mas que, no entanto, pede recolhimento. Um livro muito no limite que, por estar tão no limite, corria o risco de cair no esquecimento. De fato, poderia ter se perdido. E nesse caso, aqueles que sairiam perdendo seríamos nós, os leitores potenciais, cada um dos 530 milhões de falantes de espanhol do planeta. É apenas mais um exemplo. Não há dúvida de que, por amor à quantidade e à vertigem, renuncia-se ao matagal, e se perdem, assim, muitos delicados ramos.

Na indústria cultural, na edição, na edição de livros para crianças, na arte e na escrita também é possível jogar dois jogos.

Um deles é o do poder, esse é o que joga o mercado. E joga ferozmente, a tudo ou nada, e muitas vezes nos arrasta para a partida.

Outro continua sendo o do explorador.

Os fanáticos pelo jogo do poder estão sempre procurando convencer os exploradores de que há apenas um jogo: aquele que eles jogam. E que as buscas e os recolhimentos são uma antiguidade. Os exploradores, que são dados a duvidar, às vezes duvidam. Será que a floresta morreu? Não será absurdo persistir na utópica crença de que a floresta continua sempre ali e, além disso, aberta a todos, não apenas aos "eleitos"?

Talvez, se acreditássemos que já não precisamos mais da floresta nem do recolhimento ou da construção de sentido, e que o consumo irrefletido, o entretenimento fácil e a apropriação de bens são mais que suficientes para nós, seria necessário decretar a morte da floresta e, por conseguinte, o fim de toda exploração. Mas não é assim. Realmente não acredito seja assim, embora reconheça que não é simples demonstrar isso.

A meu ver, ainda há espaço – e tempo – para se criar espaço para si, e tempo para explorar a incerteza. Tempo e espaço para recolher e recolher-se. O recolhimento é um ato de liberdade em um mundo cujo mandato é a atividade e o espetáculo. Fazer silêncio, demorar-se, deleitar-se, pensar e se deixar tocar pelo "outro" parecem hoje atitudes quase exóticas, que exigem certa coragem. E sem dúvida é assim. É preciso ser um pouco valente para se permitir duvidar. Para suportar a perplexidade, o emaranhado, a escuridão e a iminência do lobo. Também é preciso ser um pouco valente para se animar a escolher (não deixa de ser arriscado apostar no livre-arbítrio em um mundo dogmatizado, que diz aceitar a divergência, mas, de fato, não permite o menor questionamento ao santo credo globalizado).

Falo por imagens, está claro. No entanto, cada escritor, cada editor, cada leitor, cada bibliotecário sabe do que estou falando quando falo em escolher. Sabe que se pode ir de certeza em certeza (ou de ditame em ditame, ou de moda em moda, ou de receita em receita), às pressas e um pouco agachados para não parar para pensar. Ou dar uma parada, levantar-se para ver o horizonte e começar a avançar passo a passo pelo incerto, rumo à floresta. Sem solenidade, parando para recolher nosso riso, ou nossa dentadura, se é que a fomos perdendo ao longo do caminho. Apenas nos permitindo esse gesto, mesmo que nossos assuntos sejam simples – assuntos infantis – de algum modo – simples também – estaríamos ajudando a refundar um humanismo.

Não teríamos que nos preocupar muito com as grandes conquistas (que são preocupações mais típicas de conquistadores do que de exploradores). Basta darmos testemunho de que continua havendo uma floresta, de que a floresta resiste e de que ainda é possível brincar em suas margens.

As crianças da ciranda sabem que a brincadeira durará apenas o tempo que o lobo levar para se vestir, mas não se preocupam com isso. A avó sabe que a morte está rondando no matagal, mas nunca deixaria de entrar na floresta por isso. Em todo caso, caso se canse, sempre vai ser possível deitar de barriga para cima sobre a terra molhada e olhar o céu por entre os líquens e galhos.

A oportunidade*

Palestra apresentada na Feira do Livro Infantil
e Juvenil de Buenos Aires, abril de 2002.

"E POIS, VEMOS o presente em um instante vencido e acabado". Manrique, século XV. "Nossas vidas são os rios que vão lançar-se no mar que é o morrer". Manrique novamente. Manrique fala do tempo – da fugacidade – sem paliativos, talvez porque seu pai tivesse acabado de morrer. "Se julgarmos sabiamente", diz ele, "daremos até o não sido por passado. Ninguém se engane em pensar que durará aquilo que espera mais que o já visto, porque tudo passará da mesma maneira". Tudo rumo ao mar, irremediavelmente. "Ali vão os senhorios diretos a se acabar e se perder; ali os rios caudais, ali os ouros meãos e menores: lá chegados são iguais os que vivem por suas mãos e os senhores".**

---

* O termo *ocasión* em espanhol, dentre os diversos sentidos que apresenta, pode ser traduzido "ocasião", ou por "oportunidade" Aqui procuramos utilizar os dois vocábulos, variando seu uso de acordo com o contexto (N. do T.)

** Extraído de *Coplas sobre a morte do pai* de Jorge Manrique, edição da RAE. No original (a ortografia original é mantida): "Y pues vemos lo presente cómo en un punto s'es ido y acabado (...). Nuestras vidas son los ríos que van a dar en la mar que es el morir (...). Si juzgamos sabiamente daremos lo no venido por pasado. No se engañe nadie, no, pensando que ha de durar lo que espera más que duró lo que vio, porque todo ha de pasar por tal manera (...). Allí van los señoríos, derechos a se acabar y consumir; allí, los ríos caudales, allí, los otros, medianos, y más chicos, allegados, son iguales, los que biven por sus

Manrique tem razão. Somos feitos da carne do tempo, não há dúvida disso. Somos tempo. Não há aprendizado mais decisivo do que esse: o vir a saber que tudo flui, e nós também. O tempo é a descoberta de uma transcendência maior para a consciência, a mais dramática, a mais aguda, a mais insuportável, a mais angustiante. O tempo é a marca do fatal, mas, ao mesmo tempo, é o lugar da oportunidade. O lobo e a floresta, tudo junto.

A oportunidade é, digamos, uma brecha no tempo, uma brusca expansão do instante. Uma ilha que obriga a água do grande rio que flui a fazer um desvio. Significa um pequeno salto de liberdade, um alargamento do horizonte, um novo ponto de vista. Tudo pode se transformar em oportunidade, nosso próprio corpo, a cidade, a paisagem, as outras pessoas, as ideias, tudo "o que está aí", o que quer que seja, pode se abrir em oportunidades ou permanecer fechado e mudo, alheio. Pode inflamar-se em significações ou ficar inerte, presa cega do tempo.

Para Quevedo,[25] o fogo que acende as significações é o amor, o amor ardente derrotará a morte, diz ele, as cinzas serão cinzas, mas "terão sentido" e o pó, mesmo sendo pó, será pó enamorado (com o que a fatalidade de Manrique teria concordado). Outro preocupado com o tempo, Lewis Carroll, pensa que o fogo se acende pensando, exercitando a lógica do absurdo, os limites do paradoxo; quando à noite ele sente essa angústia inconfundível, inventa problemas matemáticos, e para isso sempre tem um bloco de notas e um lápis ao lado da cama. Cada um vê o que pode fazer com suas oportunidades. As significações mudam de acordo com a substância de quem significa.

A oportunidade é algo mais do que a sobrevivência, embora a sobrevivência seja uma condição necessária para a oportunidade,

---

manos y los ricos" (N. do E.) Na versão brasileira: MANRIQUE, J. *Poesia doutrinal:* Coplas pela morte de seu pai e Coplas póstumas. Tradução: Rubem Amaral Jr. São Paulo: Prol Editora Gráfica, 1984 (N. do T.)

porque as oportunidades, como é natural, têm que se dar em vida. Sobreviver é continuar vivendo, boiar no tempo sem afundar. A oportunidade, por outro lado, é um ponto de resistência ao tempo, infla o instante de significações.

A oportunidade abre o tempo, fissura-o, permitindo que ali se construa sentido, se fabrique mundo, o que é algo imprescindível para o ser humano. O nosso mundo são os mundos, não sabemos viver sem eles. Se não conseguimos fabricar os nossos, pegamos outros, já feitos, e os calçamos ou neles nos enfiamos de qualquer forma, seja como for, contanto que não fiquemos ao relento.

A atividade de construção ou transformação de mundos nunca cessa e pode-se dizer que, do nascimento à morte, continuamos empenhados, quase heroicamente, fabricando conjecturas, ilusões, leituras, albergues de significado. Embora às vezes, por falta de oportunidades, a atividade pareça ser interrompida.

Mundo não é sinônimo de hábitat, o mundo é uma construção. Nós humanos não vivemos "na natureza", embora a natureza esteja aí e nos determine. A partir do momento em que provamos o fruto da consciência, do "se dar conta", não podemos mais ter Éden, mas mundo. O que chamamos de natureza é para nós nada além de uma "floresta de símbolos", como dizia Baudelaire.[26] Jamais poderemos saber como é a natureza natural, a natureza do elefante, por exemplo, porque somente podemos nos aproximar com a linguagem da natureza e do elefante. Somos fazedores de metáforas. Do início ao fim, necessitamos que aquilo que nos rodeia signifique algo para nós, e por isso "o enchemos com nossa própria substância", como diz Bougnoux.[27] O real é esmagador e desconhecido, a única coisa que podemos fazer é cercá-lo, rodeá-lo com nossas significações, com nossas metáforas, assim como os liliputianos rodearam com suas pequenas cordas o imenso Gulliver. A metáfora acalma nossos nervos. Diante do tempo, com o rigor do tempo de Manrique, o que podemos fazer senão tentar mantê-lo à distância com nossas significações, nossos pequenos mundos, nossos sentidos?

As histórias que contamos e nos contaram, os livros em que pousamos ou afundamos, as guardas e os desenhos em que nos demoramos sem pressa, o empenho com que ordenamos por cor, por personagem, por tamanho, nossas pequenas coleções, o lento caminho percorrido pelo dedo ao longo da linha sustentando o olho nas letras, o ritmo que cada história tinha em nossa lembrança, ritmo definitivo e ao qual devíamos fidelidade absoluta, a dosagem dos silêncios, as ênfases, as surpresas, a felicidade que antecipávamos um momento antes do desfecho, cada uma das ressurreições da memória na voz que flui, até mesmo o esquecimento em que se foi submergindo depois, tudo isso tão importante em seu momento, tinha a ver com o tempo em sua dupla dimensão: o fatal e a oportunidade. Fatal porque as histórias começavam e terminavam, podiam até mesmo ser esquecidas, porque o que havia sido dito, dito estava e não podia ser desfeito, e porque, como todos sabemos, ninguém se considera leitor se não experimentar a irremediabilidade da leitura e se põe a chorar porque o livro de que tanto gosta está prestes a terminar. E oportunidade pelo aspecto inaugural, de estabelecimento de mundos e estabelecimento do "outro tempo" "neste tempo" que tem a narrativa de qualquer história e o virar das páginas de qualquer livro.

Não são grandes oportunidades, são oportunidades muito pequenas se as colocarmos contra essa grande tela de fundo de tempo. Por que o que é um livro, um pequeno livro, nesse fluxo, nesse universal manar do tempo que, para nossa glória, registramos e, para nosso infortúnio, sofremos? Pouca coisa. Nem sequer as grandes obras, aquelas que se conservam em livros encadernados em couro com borda dourada nas folhas, têm assegurada a imortalidade no tempo. Nem as grandes batalhas literárias, nem as revoluções no campo das letras, nem os escândalos das vanguardas ocupam muito lugar no fluir do tempo. Milhões e milhões de pessoas nunca ouviram falar delas e, é possível que, mais cedo ou mais tarde, sejam esquecidas completamente.

E no entanto...

No entanto, quando se está no lugar da oportunidade, no instante instantâneo em que se abre a brecha, tudo muda. Ainda que se trate de oportunidades mínimas. As coisas são vistas de outra forma. Que lugar os modestos *Bolsillitos* [livros de bolso] da editora Abril ocuparam em minha infância de menina suburbana, quase sempre presa em casa por culpa de minha bronquite crônica? Um lugar importante, posso garantir. Que lugar ocuparam *Os macacos bailarinos*,[28] da editora Sopena e a *Enciclopédia Universal Ilustrada* da Espasa-Calpe em 81 volumes na vida do sociólogo e escritor Darío Cantón, de modo que, várias décadas depois, ele tenha sentido a necessidade de dedicar a essas velhas leituras seu novo livro? Que lugar ocupou esse relato docemente incestuoso, embora muito imperfeito, de George Sand, *François le Champi*,[29] que a mãe lia para o menino Proust à noite? Juan Giordano, um jovem escultor argentino que agora mora em Toledo, me escreveu para dizer que sua mãe e ele, ambos exilados nos tempos da ditadura, sempre transumantes e com as malas prontas, usavam uma parte dessas poucas malas para carregar a pilha de *Cuentos del Chiribitil*.* Que lugar esses contos ocuparam na vida de Juan Giordano, e até mesmo na vida de sua mãe? Essa é a interessante reviravolta que a oportunidade supõe: do ponto de vista do fatal é pouca coisa, mas do ponto de vista da oportunidade em si, vista de perto, é imensa, parece até capaz de engolir o tempo.

Por que escolhi esta metáfora da oportunidade para enquadrar o que será discutido nestas jornadas? Muito simples: não

---

* Uma das coleções fundamentais da literatura infantil na Argentina, um conjunto de aproximadamente 50 títulos publicados pelo Centro Editor de América Latina entre 1976 e 1978 (N. do T.)

encontrei outra maneira de dar sentido ao que fazemos aqui sem perder de vista o que está lá fora, o que nos cerca e chamamos de "nossa realidade", com suas duas faces opostas e brutais, uma flagrante e outra opaca. A face flagrante da fome, das pessoas que caminham errantes, dos dois velhos – velho e velha – que vi estendendo o lençol sobre um colchão que havia sido instalado na calçada, das crianças que às vezes perguntam se temos "algo para dar", e que outras só olham, de todos aqueles que andam de cá para lá com os olhos vazios, sem entender por que têm que fazer o que fazem e se perguntam se isso é tudo o que lhes cabe, ou esperam quietos, espremidos, em alguma beirada, a consumação de seu destino. Como cuidar dessa indecência? Que discurso é possível construir que não a escamoteie nem a cubra com um silêncio suspeito?

E como fazer para não escamotear também a outra face, a opaca, da chamada "nossa realidade"; a inescrutável, compacta e emaranhada face do poder, enganosa como um espelho distorcido?

Por outro lado, sabia que aqui iriam estar juntas pessoas que vêm de contextos muito diferentes, contextos em que um livro, uma história, uma biblioteca, um texto tem significações próprias, às vezes opostas. Pensei que o melhor seria voltar atrás, para o primeiro, o tempo e a oportunidade, que embora sendo um ponto de observação elementar, que me obrigava a deixar para um segundo momento as considerações mais técnicas, tinha a vantagem de estar muito perto da construção de sentido, que creio ser o que nos cabe em geral como seres humanos e em particular como leitores, e aquilo de que mais precisamos neste momento tão lábil, de tanta dissolução, tão desgastado.

Assim que alguém se instala nesse lugar, o do tempo e da oportunidade, uma questão que aparece de imediato: o alcance. Não é uma questão menor. Se aceitamos a imagem da oportunidade como uma brecha que permite o estabelecimento, a construção de mundos, e a oportunidade é, pois, algo que se dá ou é dado, um acontecimento, de que forma as oportunidades seriam distribuídas? Com que critério? Com que autoridade? Quais são as condições para a livre e rica disponibilidade de oportunidades?

Nem todas as pessoas pensam igual sobre este ponto. Para alguns, somos todos igualmente capazes de fabricar mundos e de tirar proveito das oportunidades, e mesmo que depois possa haver diferenças com relação ao risco ou ao alcance – sempre provisório – de nossas construções, é impossível determinar de antemão se algumas pessoas estão destinadas a certas oportunidades e outras, a outras. Outras pessoas consideram que as oportunidades já estão distribuídas de antemão ou, ao menos, que fazem parte da "natureza das coisas", que acontecem, sim, mas estão mais próximas dos fenômenos meteorológicos do que das construções históricas e sociais.

Esta questão da administração das oportunidades é um ponto muito delicado, ligado, como é natural, ao poder. Até agora viemos dizendo que todos, pelo simples fato de serem humanos, de pertencerem à espécie simbólica, possuem apetrechos para fabricar mundos, conjecturas e para fazer florescer as oportunidades que se apresentam. Isso de um ponto de vista filosófico ou antropológico. Mas a questão de quais são as condições para a atividade simbólica e para a construção de mundos e para a habitação, visitação e transformação daquilo que consideramos herança, daquilo que já foi construído, isso tem a ver com poder concreto, histórico. Com o que a questão se complica bastante. Os símbolos e as oportunidades também possuem dono. Humpty Dumpty já disse isso, e muito bem: quando se trata de palavras, a questão simplesmente é saber quem manda.

Sendo assim, um aspecto a ser dirimido com relação ao alcance é se há mundos que são apenas para alguns, se todos são para todos, se há formas de cruzar a entrada daqueles que à primeira vista parecem fechados, se se trata de mundos "fixados" de uma vez por todas ou se é possível agir sobre eles, se se espera que sejam decifrados, venerados, engolidos, arquivados. Se somos pela pureza a todo custo ou pela hibridização, se somos pelo eterno ou pela mutação. Se somos pela máxima extensão ou pela elite etc., etc.

E outra coisa interessante a ter em mente neste terreno do alcance é que o poder em geral, qualquer poder, o poder da casta, o poder do dinheiro, o poder de uma panelinha, o poder do prestígio, o poder acadêmico, tendem a se congelar, a reproduzir o fatal, o ineutável, como se as coisas fossem assim e não pudessem ser de outra forma. E nesse congelamento se inclui a distribuição das oportunidades. O fogo não é para todos, o fogo é para os deuses. Sabe-se bem que os deuses de várias religiões reagiram violentamente contra os heróis civilizadores que roubaram uma centelha para entregar aos humanos.

Cada um verá como traduzir essa questão, bastante ampla, que proponho ao âmbito de suas reflexões. Para quem são os livros, as histórias, as leituras? Há livros, histórias e leituras para uns que não podem ser para outros? Há graus intransponíveis? Há trânsitos, caminhos? Se sim, como se dão, qual é a rota do ensino?

Há a variante elitista, que diz "o mundo é nosso, a literatura é para poucos". E há a variante paternalista, que diz "há oportunidades para pessoas como nós e oportunidades para as pessoas pequenas; os mundos que as pessoas pequenas constroem são simpáticos, mas dispensáveis para nós; contudo, e na medida em que nos parecer necessário, repartiremos algumas migalhas de nosso mundo superior e, com as migalhas, será suficiente".

A questão sobre a democracia ou a aristocracia de oportunidades é muito interessante. Em terrenos como o da edição, da divulgação e da educação é uma perspectiva saudável, que poderia servir para esclarecer alguns mal-entendidos bastante consolidados. Mas também é um bom ponto de vista para contemplar a questão da diversidade de maneira simples e, ao mesmo tempo, drástica. Qual diversidade? Diversidade de temas, de abordagens, de produtores, de técnicas, de editoras, de formas de comercialização, de formas de promoção, de animação, de estímulo precoce? Ou também diversidade de oportunidades, do ponto de vista do alcance? Diversidade genuína ou diversidade segmentada? Diversidade com comparação ou simulacro de diversidade?

E outra coisa: será verdade, como muitos dizem, que o alcance máximo acarreta necessariamente a homogeneização (isto é, umas poucas "marcas" convenientemente comercializadas e bem promovidas para todo o planeta)? Não, não parece ser assim. A homogeneização máxima é útil ao consumo máximo, mas não em uma máxima construção de mundos, em uma máxima fundação de sentidos, que é aquela a que nossa metáfora da oportunidade nos conduzia. De modo que se a pergunta fosse colocada como se costuma colocar: qual é a garantia da diversidade? É a elite, o cenáculo estrito, a pequena área delimitada, a única maneira de garantir a busca e a diversidade, já que fora desse círculo de ouro ficaria apenas a massificação homogeneizada? Também dever-se-ia responder que não.

Suponhamos que se estendessem a todos não o consumo obediente de certos mundos literários fabricados com esse propósito expresso de "servir a todos", mas as oportunidades, as brechas por onde entrar para viver sem preconceitos o já construído e construir o novo, suponhamos que essa utopia acontecesse, quem poderia antecipar o que aconteceria em matéria de literatura? Dois anos atrás, passei por uma feira de livros em Junín de los Andes. Um professor havia tido a ideia de fazer um livro artesanal com histórias contadas por seus alunos, muitos de tradição mapuche. O livro, que se chamava *No te asustes que no hay chancho* [Não se assuste que não tem porco], continha algumas histórias difíceis, mas surpreendentes, que pareciam ter sido colhidas em uma etapa inicial, ou iniciática, do ato de contar. Para todos eles, havia sido uma oportunidade. Teriam tido outras?

Para além desta questão-chave do alcance, há outras que, vistas tal como proponho que hoje as vejamos – a partir do tempo e da oportunidade –, mostram um outro perfil e até mesmo, talvez, pudessem ser reformuladas.

Por exemplo, uma questão que me parece que deveria ser relida e repensada é a da "funcionalidade" da literatura. Minha geração batalhou muito contra a funcionalidade e em favor da "literatura pela própria literatura". Creio que exageramos. Não é que tenhamos que correr para nos colocar de volta no curral da didática, da moral e dos bons costumes, claro que não. Mas porque teríamos que pensar novamente isso à luz da história.

Do ponto de vista do tempo e da oportunidade (aquele que escolhemos aqui), seria necessário admitir que as histórias sempre foram funcionais, de alguma forma. Em primeiro lugar, porque elas supunham uma consumação, uma experiência desejável que satisfazia um desejo (embora não fosse mais o desejo de "viajar" e "passar um momento agradável"), e também pelo efeito de ruptura da tirania do tempo que implicava o ato de se colocar, de narrar. As histórias estabelecem "outro tempo" "neste tempo", "entretêm", isto é, mantêm em suspense, libertam do tempo rigoroso por um instante, tornam possível fazer parte de um novo tempo, um tempo alternativo, participando assim de uma certa forma de eternidade. Essa função, que é a que tentei explicar com a ideia de fronteira e com a questão da terceira zona de Winnicott, é algo que a história sempre teve. É por isso que nos velórios se contavam histórias, para manter a morte à distância.

Além disso, a história tinha uma segunda função muito clara nas culturas orais: era ela quem gerava a coesão, servia para refletir os padrões culturais do grupo, desenhava um enredo compartilhado. A audiência entendia que a história era "invenção" (refiro-me aos tempos do conto histórico, quando ele já se havia separado do mito), mas pensava que, de toda forma, "dizia verdades" ou ao menos "dava pistas" culturais, outorgava marcas de pertencimento, ia apontando um terreno comum.

Não sei se é certo supor que essas funções estejam completamente desaparecidas. Embora em tempos de indústria cultural e complexidade social como as atuais não seja fácil tratar dessa questão, mesmo assim ela não deveria ser deixada totalmente de lado. Ter uma ideia mais clara sobre a funcionalidade geral da história e da literatura na sociedade atual permitiria tornar menos opacos os episódios de instrumentalização e contrabando de mandatos, justamente.

Outro assunto que seria bom contemplar à luz crua do tempo, da oportunidade e da administração das oportunidades é a ideia, bastante aristocrática certamente, do texto ou da obra como algo sagrado e intangível. Como sabemos, toda referência ao sagrado, ao único, intocável e eterno sempre se remete ao poder. Assim como a pureza, que costuma vir associada. Haveria obras puras, perfeitas, intangíveis e imortais: sagradas. E produtos de bazar, bugigangas de mercado. Isso me coloca em um verdadeiro dilema, porque onde coloco os meus *Bolsillitos*?

A verdade é que nenhum autor de histórias para crianças pode insistir demasiadamente na intangibilidade dos textos, já que seus textos são habitualmente manuseados e contados de mil maneiras, dramatizados, representados com giz de cera, papel marchê e massa de modelar. Qualquer pai, qualquer tio estão autorizados a intervir no texto enquanto o leem. Há uma familiaridade, uma apropriação características. E – lição de humildade que agradeço – é bom que isso seja feito. O texto não é intangível, é apenas uma oportunidade. Foi uma oportunidade para mim, que o escrevi, e pode ser que seja uma oportunidade para os outros. É claro que às vezes me incomoda esse manuseio, mas com toda a aceitação, levei um tempo para aceitar, mas aceito, aceito que eles se metam em meu texto da mesma forma que me meti aos oito anos nas *Mulherzinhas*,[30] de Alcott para escrever nas últimas quatro páginas do livro, que felizmente estavam vazias, um final mais de acordo com o meu desejo.

Seria tolo de minha parte pretender impor a ideia de que meu texto é sagrado, pois eu mesma, como escritora, sei bem que ele não nasceu da parúsia, mas do trabalho, que corrigi, refiz, propus e rejeitei alternativas, escolhi, manipulei. O máximo a que posso aspirar é que essa construção se sustente, que não desmonte nem desmaie, que seja fiel a si mesma e consiga constituir então uma modesta oportunidade, em primeiro lugar para mim mesma, que não tive escolha senão escrevê-lo e, em seguida, para o leitor que cair na brecha.

Preferiria, da mesma maneira, que fôssemos mais parcimoniosos ao falar de "magia" (especialmente porque *Harry Potter* já gastou toda). Na escrita de uma história não há magia, há tensões, pulsões, tradições, história, vontade de construir mundos e trabalho. Se algum aspecto fica difícil de explicar, que digamos isso, que não sabemos como explicá-lo, o que não significa que seja mágico. Se algum ponto de encantamento, algum ponto "divino" digamos, permanecer, ele estará mais no leitor, que produz essa entrega comovente ao mundo que o outro construiu. Essa suspensão da incredulidade, essa confiança nos poderes da oportunidade. Isso sim, creio eu, tem algo extraordinário.

Outro assunto interessante que a oportunidade e o tempo ensinam é o mais elementar, de que tudo passa, tudo, como diz Manrique, se transforma de não sido em passado num suspiro. Isso deveria nos ensinar o olhar histórico, que sempre enriquece. Hoje em dia o tenho muito vivo porque algumas pessoas e eu estamos envolvidas na recuperação de antigas coleções infantis. À medida que compilamos e manuseamos o que vai caindo em nossas mãos, vou recebendo novas lições de humildade. Em um livrinho da editora Códex de 1950 chamado *Los cuentos del Tío Remus* [Os contos do Tio Remo], aparece a propaganda de outras coleções da mesma editora, e entre elas uma, que aparentemente consistia em um livro grande e outro pequeno, que era anunciado com as seguintes palavras: "Um gato gigantesco e um bichano microscópico, uma foca grande como uma casa e uma foquinha pequena como uma minúscula brema", ou seja, daí para *Menor que uma ervilha, maior que uma baleia** há apenas um passo. Não me lembro de ter tido esse livro, ele talvez nunca tenha estado em casa, mas posso tê-lo visto na casa de outra pessoa, talvez alguém o estivesse lendo e deixou apoiado em cima de uma mesa e eu, que lia tudo, também as propagandas, posso ter sido cativada por essa imagem de um gato tão grande e de outro tão pequeno, que nesse caso teria funcionado como um pequena brecha adiada. Refiro-me ao fato de que as coisas vão e vem e se misturam, se hibridizam e se contagiam de muitas maneiras. O olhar histórico é útil, explica as transformações, torna o poder menos opaco, mais visível e liga os livros à vida da sociedade.

A última questão que poderia ser iluminada, pelo menos um pouco, com essa ideia da oportunidade: administrar livros, fazê-los circular, editá-los, colocá-los ao alcance, recomendá-los, é administrar oportunidades. Não incluo na lista escrever livros porque acredito realmente que o escritor é nesse aspecto muito menos livre e muito mais egoísta. Mas um bibliotecário, por exemplo, é um extraordinário distribuidor de oportunidades. Em um número da revista *La Mancha* – que também foi uma oportunidade e tomara que se sustente – há uma reportagem feita em segredo com minha mãe, onde ela conta sobre suas experiências na biblioteca em Barracas, e sobretudo seu inesquecível vínculo com a "senhorita González", que, de forma muito discreta, mas também irresistível, disse: "olha, Sarita, por que não lê isso?". Tenho uma amiga, María Belén, que dá aulas em uma escola

---

* Trata-se do título de um livro para crianças da própria Graciela Montes, *Mas chiquito que una arveja, mas grande que una ballena*, ainda não publicado no Brasil (N. do E.)

secundária para adultos em Gregorio de Laferrere. Quando ela escolhe um romance para os alunos lerem, nunca para na dificuldade, no grau de exigência, mas no grau de significação que aquele romance pode ter para eles, e os manda navegar em águas abertas. Ela está convencida de que a força da oportunidade vai suprir a falta de preparação técnica, acredita firmemente nesses alunos, em seu desejo. O espantoso é que eles se dão muito bem com esse jeito de fazer as coisas. Um distribuidor de oportunidades tem um papel muito importante nesta sociedade sangrenta, ele deveria tirar proveito disso.

Cheguei até aqui. O tempo continuou passando enquanto falava sobre as oportunidades e eu, enquanto isso, apenas queria ser isso, uma oportunidade, uma brecha.

Tempo, espaço, história*

Palestra apresentada na Feira do Livro Infantil e Juvenil de Buenos Aires, 2003. Publicada em: *Bitácora para lectores intrépidos. Viajes en el tiempo y en el espacio. Relatos de aventuras.* Buenos Aires, 2003.

OLHANDO PARA O PROGRAMA das jornadas, fiquei me perguntando o que poderia acrescentar, no último dia, às vésperas da conclusão, que já não tivesse sido dito antes nas mesas anteriores. Ocorreu-me, não sei se me enganei, que talvez pudessem ter deixado de fora, por serem elementares, primárias, as operações com o espaço e com o tempo – de certo modo as "viagens" – que acontecem em todo relato, mesmo que isso se limite ao instantâneo, não se mova para além da superfície desta mesa e esteja muito longe de ser o que se chama de um relato de viagens e aventuras, uma vez que essas operações são típicas do narrar e do desnarrar, da escrita e da leitura de um relato, independentemente de seu conteúdo. Se esse tema geral já foi tratado antes, queiram me desculpar e aproveitar isso simplesmente para reforçar a trama.

Qualquer um que se proponha a contar uma história, mesmo que tenha querido dar conta, de maneira simples, de um acontecimento vivido, sabe que há uma série de tarefas e pequenos dilemas que o "pôr-se a contar" gera. Questões como o ponto de

---

* *Tiempo, espacio, cuento* no original. Aqui preferimos traduzir "*cuento*" por "história", não como de "ciência que estuda eventos passados", mas no sentido de uma "narração de eventos fictícios (ou não) de cunho popular e tradicional", que é um dos sentidos que *cuento* apresenta em espanhol e utilizado pela autora (N. do T.)

vista – de que perspectiva contar o que se conta – ou como o gesto do narrador, o tom. Questões de abastecimento, como o excesso ou a economia de detalhes, a verbosidade ou o laconismo. E sobretudo, que é o que nos interessa aqui, questões relacionadas ao espaço e ao tempo, que são, sempre e para qualquer narrador, cruciais. Algumas das questões e decisões relacionadas ao tempo e ao espaço que qualquer narrador deve enfrentar são aquelas que se apresentam no próprio limiar da história. Elas têm a ver, justamente, com o trânsito, a travessia, do mundo "real" do narrador e do narratário, o mundo da enunciação, o do "aqui vou contar...", para esse outro mundo do "narrado", do enunciado. Há outras questões, com suas decisões correspondentes, que vão aparecendo depois, à medida que o relato avança. Elas têm a ver com a dosagem de informação, a tensão, o ritmo, os tempos verbais e, em geral, o fluxo e a projeção da história. Todas essas questões, as do limiar e as internas, podem ser resolvidas de maneira mais ou menos espontânea, por meio de fórmulas narrativas (a fórmula mais famosa do limiar é o " era uma vez", de efeito inigualável), ou podem ser enfrentadas uma a uma, experimentalmente, como um problema novo, como se nunca tivessem sido apresentadas antes. Os gêneros literários estabelecidos, como o gênero da aventura (ao qual vou me referir depois mais especialmente), têm suas formas de manejar o tempo e o espaço para facilitar o translado de um tempo a outro e o habitar do tempo alternativo do relato.

E. M. Forster, em uma série de palestras para os estudantes do Trinity College de Cambridge, que foram reunidas sob o título geral de *Aspectos do romance*,[31] diz que a narração está irremediavelmente atada ao tempo, que ela tem em suas entranhas a "lombriga do tempo". Isso acontecia quando se tratava de pessoas simples reunidas ao redor da fogueira, cansadas de caçar mamutes e que só se mantinham acordadas graças à "tensão do tempo", à ansiedade em seguir adiante, pessoas que se perguntavam, à medida que a narração se desenvolvia: "E aí? ", "E depois?". E isso também acontece em formas narrativas mais sofisticadas, até mesmo as ultrassofisticadas e experimentais. Sempre, de alguma forma, há um empurrão, algo que mantém a corda esticada. Essa corda esticada é o tempo.

Não há exemplo em que a questão do tempo (e do espaço) na narrativa tenha sido encenada com mais força e precisão do que no *Livro das mil e uma noites*.[32] Qualquer discurso ficaria aquém dessa memorável imagem literária de uma menina prisioneira de um destino (um tirano, a morte, ou como se quiser dizer) que "ganha tempo", centímetro a centímetro, por meio da fabricação de enredos (isto é, ganha tempo construindo espaço, ganha tempo ganhando terreno com o relato). Sherazade especula com o tempo do relato (que tem suas próprias regras) para prolongar o próprio tempo, o "tempo real" (que tem outras). São dois tempos que se enfrentam, e isso é algo de que ela sabe.

Relatar consiste justamente nisso: em estabelecer "outro tempo" "neste tempo". Quando alguém entra em um mundo imaginário (o de um quadro, de um espetáculo, de um jogo ou brincadeira) quebra, de alguma forma – excepcional – o tempo real, sai de casa, por assim dizer, e vai explorar. Há uma sensação de dupla dimensão temporal que na imaginação toma forma, dependendo de como se vê, de uma ausência ou de uma viagem. Essa é a ideia que se tem de "estar em outro lado", também a sensação de que "o tempo passou sem se perceber", ou, ao contrário, como em *O perseguidor*,[33] de Cortázar, de que muitas coisas aconteceram em uma fração ínfima de tempo. Mas se, além disso, esse mundo imaginário for a narrativa verbal (oral ou escrita), palavra por palavra, de uma história, vai-se ter contato com o tempo em estado selvagem, o tempo cru do qual Forster fala, que é uma experiência crucial, dramática para o ser humano. A exigência muito comum nas crianças de que a mesma pessoa e em situação idêntica (ritual) lhes repita, palavra por palavra, a mesma história repetidas vezes, poderia ter algo a ver com essa ânsia em domesticar de algum modo essa profunda experiência temporal, muito comovente. Mediante a repetição ritual, aquele que escuta consegue duas formas de garantias: assegura-se a persistência do corpo que conta (que provavelmente é vivida como uma âncora contra a deriva implacável do ato de contar) e o retorno à história conhecida que, graças à repetição, torna-se cíclica e, dessa forma, embora ainda continue sendo algo que vai e vai, irremediavelmente, algo fatal de certo modo, que assim como começa termina, arrastando consigo, uma viagem sem retorno, também se transforma em algo que se tem, que se possui e se conhece, como um talismã, uma chave.

Já disse que não é só na narrativa, literária ou cinematográfica, que esse estabelecimento de um tempo dentro do outro se produz. De alguma forma, pode-se pensar que há também um "outro tempo", um tempo alternativo quando se brinca, se dança, se representa, se ouve música, se assiste a um recital, a um ritual, a uma festa. E quando se elucubra, se pensa intensamente na solução de um problema, se investiga e se trabalha com um sentido (de forma não mecânica). Mas quando se trata de uma narrativa verbal, de língua, de um discurso, uma série de palavras, o caráter linear do dizer, que é pura temporalidade, sempre, indefectivelmente, ressalta a comparação entre os dois tempos. Porque uma história é tempo, é feita de tempo, de sucederes, por isso é possível "contá-la", para desfiar as contas. O modo como "se ganha tempo", se ganha espaço para o tempo geral, é, justamente, "fazendo tempo", tramando histórias, como Sherazade. Em um filme, onde também há narrativa, duração e sequências, sente-se menos claramente o centímetro a centímetro. O arrebatamento pode ser maior, mas a situação de duplo, de espelho, é menos clara. Só na narrativa há esse tipo de queda de braço, esse acerto de contas, entre o tempo do narrador e o tempo do narrado.

A ficção confere máximas possibilidades para este duelo entre tempos que a narração propõe. Porque, embora, como vimos, as operações com o tempo sejam naturais em toda forma de relato (também a notícia ou a fofoca), é na ficção que elas foram mais bem exploradas. E em que é possível ver o duelo de frente, tematizado, como no *Livro das mil e uma noites* ou como no conto "Tlön, Uqbar, Orbis Tertius",[34] de Borges, por exemplo. A ficção permite não apenas manobrar o tempo, mas também pensar sobre ele e, de alguma forma, colocá-lo à distância, dividi-lo em muitos tempos alternativos, muitas conjecturas, com os quais ele perde a virulência.

No entanto, e embora reservemos o nome de ficção para os universos de significado puramente construídos, que não reivindicam um referente, vale a pena lembrar que há muita construção, ou seja, muita ficção, em qualquer relato. Pode-se ter a intenção de contar a história como ela foi. Mas a história é uma convenção, não existe no nível dos acontecimentos em si. A história é sempre uma leitura, mesmo em suas formas mais elementares. Dar conta de algo – contar – já é "ler" aquilo que se conta. Até mesmo o esqueleto mais neutro de um conteúdo, que se resume a dados, o que chamamos de "eventos", ações das personagens etc., são sempre um discurso também. Cada tempo verbal, cada opção de vocabulário, cada omissão, cada redundância vai configurando algo, é uma construção. E embora possa ser útil distinguir história de discurso – e não tenho certeza de que seja sempre – é preciso saber que essa é uma distinção teórica. História e discurso vêm juntos. Qualquer coisa que eu diga que "aconteceu comigo" ou que "aconteceu" já tem uma estrutura, uma série de escolhas, é uma construção. E não só isso: ela tem, por baixo (e isso acontece com um relato literário, mas também com um relato qualquer, com uma anedota que é contada), outros relatos prévios, outras cenas, outros enredos que servem ao narrador de moldes, guias, quadros ou fantasmas nos quais se esparrama esse "tempo", em estado natural, esse tempo "não lido", esse suceder-se de instantes que na memória e no relato, ambos estruturantes, construtores, se transformarão em um passado. Não há história que não tenha uma montagem, um ritmo, um ponto de vista e um "movimento", uma deriva. O discurso transborda sobre a história. Borges brinca com isso, com isso brincava com Bioy Casares. Encontrado o "gênero", a maneira, o artefato com o qual tratar uma biografia, uma nota bibliográfica, um artigo de enciclopédia, é impossível determinar o grau de realidade dessa biografia, dessa nota bibliográfica ou desse artigo de enciclopédia. Eles são apenas espelhos. Outros tempos.

Passado o limiar, o relato maneja o tempo a seu modo, de acordo com suas próprias regras, com uma dose de liberdade que supõe também uma libertação do fatal, da tirania. Muitas vezes há alterações na ordem (antecipações, *flashbacks*, até mesmo tempos invertidos como em *Viagem à semente*,[35] de Carpentier ou *A seta do tempo*,[36] de Martin Amis), na duração – elipses, condensações, demoras narrativas –, na frequência (repetições, diferentes pontos de vista etc.). Por meio de sutis manejos de tempos verbais (que alargam as camadas de tempo), remissões, conexões, laços e nós, o tempo fica a serviço desse espaço conjectural, da cidade fictícia que o relato funda. Então pode-se dizer que existe um "mundo" novo.

A linguagem, que é uma fundação cultural muito antiga, desenvolveu muitas habilidades e muitas artimanhas para operar com o tempo e, de certa forma, domesticá-lo. A literatura, que se vale da linguagem para fabricar, por sua vez, outros mundos, foi ainda mais longe. Um gênero de raiz popular, bem consolidado, como o da aventura: peripécias (aventuras e desventuras) de um herói que inicia uma viagem perigosa ou se mete em apuros para resgatar uma donzela, ou vai em busca de algum tesouro, ou quer revelar um mistério, vingar uma afronta, ganhar um território etc., são geralmente universos de espaço-tempo muito bem arredondados que costumam enfatizar esse translado de um tempo para outro com um translado no espaço, geralmente para o exotismo, as "terras estranhas" onde acontecerão as peripécias, ou os "outros mundos" (como em *Star Wars*) e que mantêm sempre estendida a corda temporal, a ponto de parecerem estar sempre lançados para frente, sempre apontando para o "e depois?" dos caçadores de mamutes, como disse Forster.

De que maneira esses romancistas, que não recorrem mais ao "era uma vez", conseguem o traspasso de um tempo a outro? É interessante observar isso. Às vezes, basta que mencionem, nas primeiras linhas, certos termos. Palavras que pertencem a um domínio, geralmente algo exótico ou muito técnico, e que colocarão o leitor em outra dimensão de imediato. Salgari por exemplo. Em *La rivincita di Yanez*,[37] o capítulo um se chama "O guru" e a primeira página acumula os termos *"rajaputra"*, *"sahib"* e *"maharata"*, os nomes Kammamuri, Sadha e Sindhia, e há cavalos selvagens, florestas, elefantes e um pagode. *Sandokán* começa com uma declaração de tempo: é 20 de dezembro de 1849 e há um furacão no mar da Malásia. A paisagem é sinistra: negras massas de nuvens, florestas sombrias, ondas enormes, escuridão, penhascos íngremes, labirintos de trincheiras, armas quebradas, ossos humanos, uma bandeira vermelha. Em *Os dois tigres*,[38] são termos náuticos: veleiro, casco, convés, esboço, parau, popa, velame, gávea, além dos mais exóticos *"attap"*, *"sarong"* e *"sabay"*. Em *O Capitão Tormenta*[39] tudo começa com um jogo de dados, o zara, em que se perdem e se ganham cequins, em que se fala de turcos, dálmatas e poloneses, de Famagusta, Perpignan, Laczinki e Veneza, e alude-se a cimitarras, colubrinas, esquartejamentos, mercenários e ao tilintar do aço dentro de suas bainhas. Tudo isso em menos de uma página.

Há, dessa forma, que pode se tornar típica e "de gênero", uma espécie de rapto do leitor, que é imediatamente transportado para outro espaço e outro tempo sem que questione esse translado. O efeito produz no raptado uma grande satisfação, uma sensação de consumação e de viagem, de ser transportado para outro espaço e outro tempo. Então as peripécias, que no romance de aventura nunca cessam, e a força do herói, com quem é tão fácil se identificar, o manterão em suspense, exilado voluntária e gostosamente nesse "outro tempo" e "outro espaço" que se escolheu. E apesar de o romance de aventura, os livros de viagem e os ciclos heroicos não serem necessariamente as formas literárias que manejam com mais audácia o tempo, é certo que operam nele, ainda que não seja mais pelo simples fato de produzir essa espécie de milagre do rapto e do retorno, da entrada e da saída do mundo construído. Eles supõem sempre um "sair de casa", e esse simples exercício já implica um grau de independência, menos submissão à tirania.

Mas, repito, grandes, máximos acontecimentos em relação ao tempo e ao espaço ocorrem em relatos em que apenas alguns segundos transcorreram e não houve deslocamentos. À sua maneira, todo relato é aventura e desventura, é conquista, tempo que se ganha. Há algo fatal em contar uma história, porque a história é o tempo em si mesmo, e escapa irremissivelmente para o fim. Essa é uma das faces da experiência. Mas também há algo de refúgio na história, porque uma história é um mundo. Ela nos fez experimentar o tempo enquanto a narrávamos ou a escutávamos-líamos ser narrada, mas entrou na memória em forma de tempo cifrado e capturado, isto é, como uma pequena bagagem de modesta "eternidade". Ela obrigou nossa consciência a aceitar o tempo, coisa inédita, e, ao mesmo tempo, nos deu liberdade e recursos para dominá-lo.

Sozinha na balsa, desenhando o rio

Palestra apresentada na Feira do Livro de Buenos Aires, 2006.

O QUE VEM A SEGUIR é um exercício de memória e também um experimento. Refere-se a um acontecimento particular de minha história como leitora: o encontro que tive com *As aventuras de Huckleberry Finn*,[40] de Mark Twain, em 1956, ou talvez no início de 1957, em todo caso durante os meses de verão. Um acontecimento ínfimo se for colocado dentro do grande contexto dos leitores e das leituras... que, como se suspeita, é infinito, porque é preciso pensar que, assim como eu, cada leitor carrega sua história, que é a soma de todas e cada uma de suas leituras, e que cada livro, cada texto, cada assunto que se oferece à sua leitura – em circunstâncias e modalidades múltiplas que, aliás, de forma alguma podem ser dadas como estabelecidas – também tem uma história, e traz incorporadas todas e cada uma das leituras que foram feitas desse livro, desse texto ou desse assunto, e aquelas que serão feitas também... o que supõe miríades de mapas vivos, de trajetórias, de percursos de leitores – sempre únicos, pessoais, históricos e provisórios – que vão e vêm, se cruzam, se juntam, se sobrepõem, se rejeitam, mudam, se bifurcam, formando labirintos, constelações de uma sutileza e de uma complexidade quase insuportáveis... No âmbito dessa infinitude, dessa pasmosa complexidade, tem sentido pegar entre os dedos um pequeno evento, aliás, um evento antigo, de uns cinquenta anos atrás, que se refere a um romance sobre o qual tudo provavelmente já foi escrito? Não sei, mas faço uma tentativa. Se conseguir entender algo sobre por que essa leitura me deixou tão marcada, suponho que fará algum sentido... Se não, será outra homenagem – uma homenagem a mais – a um livro que merece todas elas.

Tenho a impressão – talvez exagerada – de que a leitura de *As aventuras de Huckleberry Finn*, de Mark Twain, aos nove anos de idade, em uma edição da Peuser que ainda guardo, me mudou como leitora, me transformou em outro tipo de leitora, diferente da que havia sido até então. Por quê? O que havia nesse livro que perturbava de alguma forma, punha entre parênteses ou até mesmo refutava minhas convicções de leitura de então, e por que "mudei de lado" em vez de me retrair ao lugar conhecido? Vá saber... é difícil recuperar essas decisões. O que posso tentar fazer é lembrar, na medida do possível, até que ponto era "novo" o jogo que este livro me propunha e de que maneira ele me obrigava a realizar manobras e travessias – no meu então bastante perigoso modo de ver – em troca do privilégio de ocupar meu lugar na balsa.

Poderia ser útil fazer uma recontagem mínima do que eu havia lido até então. Não era muito, claro. Livros infantis ilustrados, dos modestos e populares *Bolsillitos* (os mais íntimos, eu os chamava de "meus livrinhos") até os alaranjados "*Cuentos de Vigil*",* que costumavam ser dados indefectivelmente como presente de aniversário, passando por diversas adaptações de contos de fadas ou de episódios do *Livro das mil e uma noites* (apenas adaptações e em textos muito resumidos), dos quais me lembro pontualmente de *Os três cabelos de ouro do Diabo* e de *Ali Babá e os quarenta ladrões* da editora Molino, embora tivesse outros e tivesse ouvido a história de muitos mais da boca de minha avó.

---

* Coleção de contos infantis publicados na Argentina e assinados por Constancio C. Vigil. Nos anos 1940, milhares de cópias em capa dura alaranjadas foram publicadas na *Biblioteca Infantil Atlántida* e difundidas por toda a América Latina (N. do T.)

A revista *Billiken*, que recebia todas as segundas-feiras, e que incluía às vezes, além de histórias em quadrinhos, informações científicas, efemérides etc., resumos de histórias e romances famosos. Uma enciclopédia para jovens com um ambicioso título – *Universitas* (que chamava, claro, de "*Universítas*") – na qual havia um pouco de tudo, e também resumos de histórias e romances famosos, e que eu adorava consultar aleatoriamente. E o que eu, aos nove anos, chamava propriamente de "meus livros": os da coleção Robin Hood (muitos), alguns da Biblioteca Billiken e alguns da Peuser, da Kraft ou de alguma editora espanhola, como a Juventud. Os Robin Hood eram a leitura principal e a que eu considerava, de certa forma, natural. Tinha nessa altura (1956) cerca de trinta ou talvez quarenta títulos, muitos relidos. Uma boa quantidade, talvez sete ou oito, eram de Louise May Alcott, de *Mulherzinhas* a *Os oito primos*,[41] passando por *Uma garota à moda antiga*, *Sob os lilás...* etc. E muitos outros de Salgari, sobretudo de sua série antilhana (embora também tivesse o Sandokan): *O Corsário Negro*,[42] *A rainha dos caraíbas*[43] (com o "retrato" na capa de Honorata de Van Gould), *Iolanda, a filha do Corsário Negro*[44] e *A capitã do Yucatán*. Estes não eram só naturais para mim e os tinha lido mais de uma vez, mas também me serviam para brincar. Nas mesmas poltronas de ferro do pátio onde tive que sentar e ler *As aventuras de Huckleberry Finn* brincava de ser Yolanda, a filha do Corsário Negro, e, alternadamente, Morgan, seu amado, que – por meio de uma manobra (geralmente brincava sozinha) – vinha resgatá-la, vindo da cadeira ao lado. A linguagem desses livros, ultraconhecida por mim naquele momento, mas ao mesmo tempo muito distante da linguagem usada no meu bairro, funcionava como um código de jogo muito útil. Em particular os diálogos exclamativos, que era o que preponderava, porque incitavam à ação, como o mais famoso de todos "A bordo, meus valentes!" (menciono esses detalhes porque eles vêm a calhar para o evento de hoje). No restante dos livros estavam aqueles que lia com gosto uma vez, mas esquecia rapidamente, como a série de *O príncipe valente*,[45] *Ivanhoé*,[46] ou o próprio *Robin Hood*,[47] os que lembrava sobretudo como livros que me haviam feito chorar como *Coração* ou *A cabana do Pai Tomás*,[48] e os que, como *Narrativas da Alhambra*,[49] de Washington Irving ou o imenso *As mais belas histórias da Antiguidade clássica*,[50] de Gustav Schwab, para mim (assim eu sentia então) faziam parte de "outro" mundo, um mundo à parte, mais fantástico, mais primitivo e muito sedutor, ao qual voltava em determinados momentos mais "selvagens" de minha avidez como leitora... Tenho a sensação de que Dumas, autor que li muito, e Stevenson – *Raptado*,[51] *Ilha do Tesouro*[52] e *As aventuras de David Balfour*[53] – vieram depois. E seguramente ainda não tinha lido *David Copperfield*[54] ou *Moby Dick*[55] ou *Jane Eyre*.[56] Naquele momento também não havia televisão em minha casa, nem uma presença importante da história em quadrinhos (embora quando mais nova tivesse lido os *Gatito* na casa dos Zuccotti, e *Patoruzito* na casa de minha tia Elisa, e começavam a aparecer as chamadas "revistas mexicanas"), e as idas ao cinema eram muito poucas. Sim, tinha lido o *Tom Sawyer*,* que provavelmente motivou a compra de *As aventuras de Huckleberry Finn*. E conhecia muito bem as histórias bíblicas e as parábolas do Evangelho porque recebia ensino religioso na escola. No que diz respeito aos livros escolares, não me lembro de ter encontrado neles, até então, leituras de interesse, talvez porque eram livros mais instrutivos, muito deliberados do ponto de vista político (estudei os primeiros anos do primário durante a última parte do segundo governo de Perón), e minha família era antiperonista.

---

* Os trechos citados foram extraídos do volume *As aventuras de Tom Sawyer* de Mark Twain. Tradução: Márcia Soares Guimarães. São Paulo: Autêntica Infantil e Juvenil, 2017, arquivo Kindle. (N. do T.)

Essa enumeração que a memória me permite – e que certamente é incompleta e inexata – não tem nenhum valor especial (essas leituras eram um lugar-comum em meu tempo), mas serve para tentar entender o efeito que teve o encontro fortuito com um livro um pouco "estranho", que parecia jogar outro jogo, propor outro tipo de leitura.

No esforço de evocar, artificialmente, essa antiga experiência, retomei, cinquenta anos depois, minha antiga edição da Peuser. Que efeito terá produzido então em mim ter esse livro nas mãos? Um grande livro, de cerca de quatrocentas páginas... Certamente, demorei um pouco na capa e espiei as ilustrações. Não acho que tenha lido o "Samuel Langhorne Clemens" que aparecia embaixo do "Mark Twain" na capa, porque não costumava prestar atenção nessas coisas... Creio que sequer sabia que se tratava de um pseudônimo... Será que li a advertência? "As pessoas que tentarem encontrar uma razão para esta narrativa serão processadas; as pessoas que tentarem encontrar uma moral serão banidas; as pessoas que tentarem encontrar um enredo serão fuziladas. Por ordem do autor...". Acho que não. Ou se li, li por cima, os prólogos e tudo aquilo que me impedia de chegar à primeira frase do livro ou ao nome do primeiro capítulo me incomodava muito. Deve ter chamado minha atenção o mapa, que aparece na página par ao lado do começo, porque era muito parecido com os mapas que desenhávamos na escola, e eu adorava desenhar mapas. Naquela época, eles eram "calcados" pessoalmente do original por meio de uma técnica muito eficaz que agora caiu no esquecimento, e depois se desenhava os rios, as montanhas, as vacas, as torres de petróleo... Gostava especialmente de desenhar rios, sobretudo os sinuosos de planícies, que davam tantas voltas e se ligavam uns com os outros (também desenhávamos os principais afluentes). Cada um despejava nesse mapa seu próprio temperamento artístico, porque o azul ou o verde que se escolhia para a água, o tipo de traço que se usava, os modos de apontar o mar, o esfumado dos limites políticos... ficavam a critério de cada um, e isso deixava uma certa margem para a fantasia. Esse mapa sim, com certeza eu vi; pelo menos, sem dúvida, voltei a ele muitas vezes ao longo da narrativa.

Mas tudo isso – a capa, a edição, as ilustrações, o mapa, e até mesmo os nomes dos capítulos, que possivelmente espiei, como fiz com as ilustrações – eram elementos conhecidos e reconfortantes... A primeira surpresa, a primeira grande preocupação, deve ter sido a voz que me falava a partir do texto, e que me falava em primeira pessoa (a voz de Huck, que no começo não tem nome), e essa frase inaugural que ao mesmo tempo reconhecia e negava meus saberes: "Você não sabe nada de mim se não leu um livro com o nome *As aventuras de Tom Sawyer*, mas pouco importa...". Onde ficamos? Eu tinha ou não uma vantagem por ter lido *Tom Sawyer* antes? Esta era uma continuação ou era outro tipo de coisa? Imediatamente depois o texto me dava, de certa maneira, uma resposta, mas incerta, e muito inovadora: "O Sr. Mark Twain" tinha contado as coisas mais ou menos como haviam sido, ainda que com alguns exageros, por isso era necessário voltar a contar o final com mais precisão. Mas quem estava falando comigo? Quem ia contar? Devo ter feito essa pergunta a mim mesma porque essa voz que falava comigo era absolutamente diferente das de meus outros livros. Não só porque falava em primeira pessoa, porque se tratava de um "eu", e essa era uma presença à qual eu não estava acostumada, mas porque esse eu era um eu estranho, escorço, torcido, divergente (o de alguém "solto", estranhamente solto, que preferia um barril a uma cama), com o qual talvez não fosse tão fácil me identificar, e que, contudo, se permitia colocar entre parênteses, comentar e, portanto, pôr em perigo a "verdade natural" da narrativa tal como eu a havia conhecido.

Como se isso não bastasse, esse novo tipo de relato que a voz me propunha não era simples e direto, mas parecia acometido por uma persistente duplicidade: muitas vezes parecia querer dizer o oposto do que dizia, ou dizia duas coisas ao mesmo tempo. Conhecia algumas formas de ironia na vida cotidiana, para minha família elas eram comuns, pode-se até dizer que em minha casa a ironia no comentário era bastante cultivada, desde "ah, que bonito!" quando algo estava realmente ruim e feio, aos mais sofisticados comentários políticos, que geralmente me ultrapassavam, mas dos quais eu registrava o tom... A ironia era um jogo e, para uma criança, podia ser uma arma temível, e nessa idade eu era incapaz de empunhá-la. Agora, de repente, podia reconhecê-la naquele livro surpreendente. Ela não era inteiramente nova, mas, unida a essa primeira pessoa, tinha uma força especial e me obrigava a ficar muito alerta.

Este é o segundo ponto que acho interessante destacar: o alerta. Algo me dizia, desde o princípio, que eu não podia deslizar por aquele texto como fazia com outros, saltando descrições, por exemplo, se elas me entediassem, indo direto para os diálogos-ação. Nesse livro era preciso ficar alerta. A primeira pessoa, a duplicidade ou a ironia, seja qual for o nome que se quiser chamar, e também o ritmo, que ia se tornando perceptível para mim à medida que o romance avançava (a respiração muito particular que a narração tem no romance) me obrigavam a demorar mais nas palavras do que habitualmente demorava. O texto, aquele que tinha concretamente diante dos olhos, adquiria corpo e chamava a atenção sobre si mesmo, em vez de se apagar para deixar transparecer naturalmente o referido, como acontecia com os livros de aventura. E, para melhor ou para pior, isso estava me modificando.

Um contraponto estava sendo estabelecido, uma comparação, uma luta entre minhas leituras anteriores (anteriores para mim, em minha história como leitora, e típicas de uma pessoa da minha idade, de minha condição, de meu bairro) e este livro inovador. Ao mesmo tempo, dentro deste livro, eram feitas referências constantes a outras leituras (basicamente as de uma das personagens, Tom Sawyer), que também eram motivo de ironia. "Tá nos livros...", essa frase de Tom, muito recorrente na primeira e na última seção do romance, que é quando a velha personagem retorna, também poderia ter sido minha... Não por coincidência, Quixote é citado várias vezes... O mundo literário de Tom, rico em aventuras, prazeroso, mas também rígido e previsível de certa forma, quase sempre inapropriado, em permanente contradição com o mundo objetivo, é uma fonte de comicidade permanente. "Todo menino devia ter uma família ou alguém pra matar, senão não ia ser justo com os outros", ele raciocina ao organizar seu bando de ladrões. Terei eu me lembrado, ao ler isso, da promessa feita pelo Corsário Negro ao enterrar seus irmãos, a de matar cada um dos membros da família Van Gould...? Em Salgari, essa promessa havia sido a causa do desfecho dramático: o amor com Honorata estava condenado a morrer; aqui, produz um descompasso nas regras, um absurdo: Huck, que não tem família, é simplesmente descartado, está impossibilitado de poder jogar... Nessa forma enviesada de ver as coisas, da margem, com aparente ingenuidade, havia algo escandaloso e engraçado ao mesmo tempo, me fazia rir e minava meus costumes, meus gêneros literários... Já não conseguiria voltar a ler Salgari com a convicção do verão anterior... Isto é, havia acontecido, em minha diminuta história como leitora, uma espécie de batalha literária. Absolutamente pessoal e desvinculada da história literária que se conhece e estuda, a partir de então... É preciso pensar que eu estava lendo traduções, às vezes boas, outras nem tanto, e que nessas traduções se alterava muito o que havia nas versões originais (por exemplo, aqui, em *Huckleberry*, as várias nuances da fala dos diferentes grupos sociais com os quais Mark Twain gostava de brincar se perdiam). Por outro lado, todos esses textos do século XIX chegavam a mim muito tarde, em meados do século XX, e já fazendo parte de um "cânone juvenil", sem que nada distinguisse formalmente – já que compartilhavam as marcas editoriais, a cor da capa, o desenho etc. – *Bomba, o filho das selvas*[57] de *Moby Dick*. Isso tornava minha pequena batalha Salgari-Twain bastante anacrônica. De fato, dos dois escritores, ambos da segunda metade do século XIX, Twain havia chegado primeiro (*Huckleberry* foi publicado em 1885) e depois Salgari (*O corsário negro* é de 1898). Os livros a que o próprio Twain alude, aqueles que Tom havia lido, eram provavelmente de Dumas (sobretudo *O Conde de Monte Cristo*[58]), Stevenson, os livros de cavalaria... Mark Twain me ensinava como caçoar deles, como ele caçoa de todas as formas literárias estabelecidas, sobretudo as mais solenes e prestigiosas, as odes aos mortos, os sermões religiosos, as arengas políticas e até mesmo o monólogo de Hamlet e a cena da varanda de Romeu e Julieta quando são usados para ganhar prestígio, mas não eram exatamente os que eu tinha lido... A única que pensava em Salgari aqui era eu, porque eu, modestamente e como acontece com todos os leitores, lia tendo o pano de fundo de minhas leituras anteriores, esse era o meu passado. E colocado contra esse pano de fundo, o de minhas leituras, convicções, regras de jogo e mandatos anteriores, este livro que me fazia rir acabava sendo inovador, estranho, irreverente, e me trazia outros problemas.

Mas havia algo mais, algo mais dramático e deslumbrante. O romance não apenas era irreverente e irônico. Era mais, em geral. Transbordava e inundava para todos os lados. Não era previsível.

Para começar, a sociedade que intervinha era tremendamente variada, muito específica e não estava catalogada de antemão. Um menino que fuma, que usa rapé... um pai bêbado que costumava se deitar entre os porcos e não suporta a ideia de que o filho tenha aprendido a ler... escravos que fogem... burgueses risíveis ou hipócritas... proprietários de terra que defendem seus feudos a tiros... sectários de todos os tipos... racistas acérrimos... crápulas e mascates... imbecis aos montes... *écuyères* [cavaleiros] de circo...

Nem sempre podia dar conta de tudo isso, às vezes, eu ficava de fora. Não havia mal e bem, e as coisas nem sempre eram razoáveis, mas pareciam impulsionadas pelos preconceitos, pela ambição, pelas debilidades... Esses não eram os motores aos quais estava acostumada. Na fraternidade da Ilha da Tartaruga, os ódios e os amores eram muito claros e ninguém tinha dúvidas. Na realidade, ninguém duvidava nunca, isso dava uma grande confiança à leitura, sabia-se para onde se estava indo. Também no mundo de Alcott tudo estava em seu lugar, cada classe social, os modestos planos, a caridade com os pobres... Aqui, em contrapartida, tudo é tão preciso, e se anda com os olhos tão abertos! Veem-se os mínimos detalhes, o interior da casa dos proprietários de terras WASP,* a técnica para pegar um bocado de tabaco emprestado em um povoado sulino... O racismo... As contradições da sociedade, os dilemas "morais" de Huck... Tudo é complexo, cheio de nuances, muito preciso, honesto... Ao relê-lo, me pergunto como suportei isso aos nove anos... como suportei toda essa informação... Esses interiores da casa dos Grangerford devem ter me parecido algo excessivo, a cena dos homens pedindo seu bocado de tabaco e talhando madeira com seu canivete, o duelo de rua e o linchamento também devem ter me deixado impaciente... No entanto, tenho algumas lembranças precisas que me dizem que não os pulei, talvez não os tenha compreendido, ou os compreendi mais ou menos, mas não os pulei: por exemplo, muitos anos depois, quando li Carson McCullers, lembrei-me exatamente deste povoado e do quanto fiquei impressionada com a frase "mas basta que a metade de um homem..." no discurso contra a falsa "valentia" das multidões...

Por outro lado, não se trata apenas de um mundo demasiado amplo, variado e preciso, mas também um mundo enganoso,

---

* A sigla WASP é usada para designar *White Anglo-Saxon Protestant* (protestantes brancos de origem anglo-saxã), nome quase sempre pejorativo que se dá, nos EUA, aos brancos ricos de origem inglesa (N. do E.)

onde as coisas não são o que parecem. Dentro de algumas coisas e algumas pessoas que parecem ser de certa forma há outras coisas e outras pessoas muito diferentes. Nunca se sabe o que um bárbaro gigante pode conter em seu interior... Pessoas que alguns acreditam estarem mortas estão, na realidade, vivas... As mulheres se vestem como homens e os homens como mulheres. Às vezes eles são reconhecidos por um detalhe, porque quando se afogam, flutuam de costas em vez de flutuar de barriga para baixo, porque juntam as pernas em vez de abri-las para pegar o novelo de linha atirado neles, como acontece com o próprio Huck, que interpreta muito mal seu papel de menina... É preciso pintar o negro Jim de azul e disfarçá-lo de "árabe doente" para salvar sua vida... Os atores do Camelopardo do Rei se disfarçam de senhores ingleses para cobrar uma herança. Os mesmos que interpretam papéis para enganar, no dia seguinte são enganados pelos papéis que outros interpretam... Huck finge ser Tom e Tom, ser Huck... Até o céu pode acabar enganando: é tido como um lugar cobiçado, mas talvez não seja, se lá estiver a viúva, mas, por outro lado, falta Tom... Talvez não haja nada melhor para compreender esse movimento constante de engano e desengano do romance do que essa memorável cena marginal, a do bêbado que se enfia sem permissão na pista do circo para fazer um número de equilíbrio no cavalo: quando parece que ele vai sucumbir e todos o imaginam atropelado pelas patas do cavalo, ele se revela como realmente é, um grande equilibrista que estava vestido de bêbado... As coisas, às vezes, se revelam melhor quando estão travestidas... Os preconceitos nos enganam (e meu mundo era tão preconceituoso!)... É bom estar atento para não cometer injustiças, como a de Jim com sua filhinha surda...

Para me mover nesse mundo tão diferente, não contava com o saber de Tom, especialista em artifícios e aventuras, mas apenas com a voz de Huck e com a cena fundamental: a dos dois em uma balsa. Tom acabava não me ajudando muito. A esse mundo, Tom podia chegar, como chega ao final do livro, de visita, para me tranquilizar e me fazer rir com suas picardias, mas sabia que ele não pertencia àquele lugar. Este é o mundo de Huck, mais obscuro, mais denso, mais triste e mais belo, um mundo em que as leituras anteriores me serviam pouco, um mundo que não entrava em nenhum livro além daquele que eu estava lendo, e que me pedia outra ordem, outro tipo de leitura.

"Eu tava me sentindo tão só que o que eu mais queria era tá morto". A frase aparece bem no começo, nas páginas iniciais. Hoje o leio de novo e volto a sentir essa solidão de Huck, a de desejar estar morto, "o peso no meio do peito...", algo que o acompanha sempre (exceto, talvez, em momentos em que brinca com Tom, em que dobra-se com lealdade às regras fantásticas do amigo porque, como ele bem diz, *fingir não custa nada*). Havia personagens tristes em meus livros, por exemplo, as mulherzinhas quando percebem que "Natal não será Natal sem presentes...", mas esse tipo de tristeza, a de querer estar morto, era nova... e, surpreendentemente, não era alheia, eu podia experimentá-la. Tratava-se de um limite perigoso, do qual Huck sempre parecia estar perto. Muitas vezes é apenas o registro de um instante que parece muito quieto...

> (...) e a gente escutava aqueles zumbidos leves de besouros e moscas no ar que fazem tudo parecer tão solitário, como se todo mundo tivesse morto e sumido.[59]

... ou a consciência da fugacidade.

> (...) Mas por fim bem quando eu tava passando pela frente [da casa], *cintila* uma luz na janela de Mary Jane! E meu coração inchou de repente, como pra rebentar, e no mesmo segundo a casa e tudo já tava atrás de mim no escuro, e nunca mais ia aparecer diante de mim neste mundo.[60]

Neste livro, que mesmo assim me fazia rir, a morte estava ali presente o tempo todo, ao alcance da mão. A própria "morte" de Huck (várias mortes desde essa primeira noite em que ele "queria era tá morto": morte forjada para fugir do pai – *eu tava me divertindo bastante vendo eles à caça dos meus restos..*), as que Jim imagina, primeiro a do nevoeiro, depois a dos Grangerford, mortes muito possíveis, por outro lado, as de que escapa por pouco... A morte do homem afogado – *ele tinha ficado na água por tanto tempo que não era mais como um rosto* –, a da casinha na água, a do naufrágio, a do bêbado Boggs, a do cadáver Peter Wilks em seu caixão... Como eu pude aguentar isso? Tinha muito medo da corrupção da carne (os afogados, os leprosos, os mortos-vivos...). Essa familiaridade com a morte era tremenda e incomum para mim. Não porque não houvesse mortos e cadáveres nos livros de aventura, mas pelo tratamento que recebiam aqui, tão perto, tão íntimo, tão cru. Na cena em que Huck esconde o dinheiro das órfãs dentro do caixão, ele toca as mãos do morto. Posso dizer que foi a primeira vez que toquei nas mãos de um morto. A primeira vez que me atrevi.

Como podia ser que eu, uma leitora que tinha tanto medo da morte, continuasse lendo? Não só continuaria lendo, mas queria continuar ali dentro, que o romance não terminasse nunca... Creio que graças ao fato de ter encontrado um lugar na balsa. Eu confiava na voz. Minha sensação era a seguinte: algo estava transbordando, o que era perturbador, mas ao transbordar, tornava-se rio e desenhava um mapa. Era preciso aproveitar esse novo mapa para fugir. Primeiro a canoa e depois a balsa se transformaram em meu lugar natural. Ali eu me refugiava para suportar tudo o que podia vir daquele estranho romance. Desse lugar em que me acomodava, as outras histórias de aventura ficavam um pouco para trás, pareciam papelão pintado. Página 14:*

(...) e então me deitei no fundo da canoa e deixei ela flutuar. Fiquei por ali, e descansei bem e fumei o meu cachimbo, olhando para longe no céu, nenhuma nuvem à vista. O céu parece sempre muito profundo quando a gente tá deitado de costas embaixo do luar, eu não sabia disso antes. E como a gente consegue ouvir longe sobre a água nessas noites! Escutei pessoas conversando no desembarcadouro. Escutei também o que diziam – todas as suas palavras. Um homem dizia que agora tavam chegando os dias longos e as noites curtas.

Lembro-me de estar lendo isso, há cinquenta anos, e de como isso me fazia recordar a paisagem do Tigre, a casinha que meu tio Alberto tinha no rio Capitán... essa quietude do rio, a maneira como os sons viajavam, a passagem das lanchas coletivas... E depois, quando Huck e Jim fazem suas rotinas e viajam durante a noite, e atracam, quando chega o amanhecer, e esses amanheceres, que a voz registra com espantosa morosidade, passo a passo, luz a luz, até que tudo se vê bonito, novo e fresco "e pela frente tínhamos o dia todo", e havia coisas para fazer e coisas para contemplar, e pequenas surpresas e acontecimentos, e muito tempo livre e aquela bela amizade... E nada mais que pudesse ser previsto... Enquanto lia isso também sentia que tinha o dia todo pela frente.

O rio tinha uma presença imensa, e eu aceitava isso. Muito poucos romances para crianças ou jovens têm uma presença tão grande do mundo natural. Huck estava ligado a esse rio, a essa paisagem, ele a olhava constantemente, mas não como o faziam

---

* As citações aqui foram extraídas da edição da L&PM. Todavia, mantivemos a paginação citada pela autora, da edição publicada pela Peuser (N. do T.)

os outros personagens que eu tinha conhecido... também estava ligada ao rio... Huck e Jim estavam nus, aliás, com os pés na água, e eu desejava aprender a estar nua... Essa forma de "suspensão" era muito nova para mim. Eles têm seus corpos, quase sempre corpos felizes, têm sua balsa e têm seu rio... O resto da geografia era para os viajantes – e também para mim, leitora – enganosa... O mapa da página 10, ao final, já não nos serve... Não reconhecemos os povoados que vão passando... ou não os reconhecemos a tempo... Temos um plano, ir do Mississipi ao Ohio ao chegarmos à cidade do Cairo para nos dirigirmos dali para o norte, para os estados livres, mas a neblina nos engana, e o plano fracassa. É fácil se perder, e pode-se chegar a ter muito medo: "Se você não acha que não é sinistro e solitário ficar assim num nevoeiro, sozinho, de noite, experimenta uma vez – você vai ver" (aí, página 117 de minha edição do Peuser...).

Mas eu me sentia disposta a me perder, a ficar envolta no nevoeiro, a não entender tudo o que estava lendo também. Fazia parte de minha nova identidade leitora. Nem todos os momentos eram felizes na balsa, mas ela continuava sendo o melhor lugar. Instável, mas ampla e forte, na medida do rio. A balsa no rio – um rio lamacento, "o velho barrento de costume", como o chama a voz, tão parecido com o que eu conhecia – era o meu ritmo, minha respiração. Ler, continuar lendo... Com, de tempos em tempos, o "golpe de remo" de uma peripécia, e depois de volta ao rio, à balsa... Em outros romances, corria em direção à peripécia, aqui eu gostava de ficar, estar... Quando em diferentes episódios a balsa quebrava, ou se perdia, não tinha escolha a não ser aceitar o *impasse*, mas ansiava por voltar. Estava um pouco sozinha, longe de meus velhos hábitos, mas me sentia dona de mim mesma, audaciosa, como se tivesse quebrado as amarras. E isso de algum modo, que nunca conseguirei entender completamente, tinha a ver com o fato de eu estar lendo naquele momento aquele romance – aquele romance –, ao qual hoje presto minha homenagem.

As cidades invisíveis
e seus construtores agremiados

Palestra apresentada nas "Jornadas Docentes da Faculdade de Humanidades da Universidade Nacional de La Plata, Argentina, junho 2001.

embora haja uma crise de confiança e desentendimentos ("Por que enganar-se com essas fábulas consolatórias?" – o imperador repreende Marco Polo, um dia em que se sente dominado pela hipocondria e duvida que tenha sentido construir cidades invisíveis –; "sei perfeitamente que o meu império apodrece como um cadáver no pântano"), poder-se-ia dizer que esses dois homens já constituíram uma sociedade firme, e que estão ligados entre si por alguma forma de pacto ou contrato, o que, ao mesmo tempo, os iguala e os torna solitários.

Pareceu-me que essa cena emblemática, tão delicadamente explorada por Calvino, entre duas pessoas dispostas a construir – ou reconstruir, ou visitar e habitar provisoriamente – cidades invisíveis, na convicção de que essa construção – ou reconstrução, ou visita e habitação provisória – vale a pena, podia servir para chamar a atenção para um certo contrato societário que vincula entre si os leitores, muito pouco divulgado e raramente levado em conta quando se fala explícita, oficialmente de "formação de leitores" ou "ensino da literatura". Esta sociedade a que me refiro carece de um rótulo contundente, com aspecto de uma peça de maquinaria; é, antes, um tanto fantasmagórica e evanescente, difícil de captar, como esses dois fantasmas, o do imperador e o do mercador viajante que Calvino põe em cena. Mas não é menos eficaz do que ela. Teríamos muito a ganhar se a levássemos em conta.

Os leitores se engrenzam nos leitores, se enlaçam e se conectam com eles. Os leitores são solidários entre si, os leitores

---

ma de poesia improvisada encontrada na Argentina, no Uruguai, no Chile e no sul do Brasil. Em geral, é octossílaba, apresenta a estrutura A-BB-AA-CC-DD-C, com o acompanhamento do violão. Pode ser cantada em duetos, e quando isso ocorre, é chamada de *"contrapunto"* [contraponto], adquirindo a forma de um duelo cantado, em que cada *payador* deve responder às perguntas do oponente, passando em seguida ele mesmo a perguntar (N. do T.)

parecem pessoas interessantes para os leitores, estão dispostos a entregar-lhes seu tempo, a compartilhar lembranças e até mesmo a emprestar-lhes seus livros. Os leitores, às vezes de forma casual, outras mais deliberadamente, constituem uma espécie de agremiação, um grêmio regido por estatutos implícitos, secretos e sutis, como certas cidades. Os vínculos entre os leitores – muitos deles, a maioria talvez, anônimos para sempre – formam uma grande, invisível e resistente teia, como a que sustenta a cidade de Otávia, diz Marco Polo-Calvino, e lhe impede de cair no abismo

No livro de Calvino, parece possível capturar o momento iniciático em que um recém-chegado é incorporado ao grêmio dos leitores. Marco Polo, o estrangeiro, aquele que vem de outro lado, o "visitante", "leitor" de cidades desconhecidas, dará conta de sua leitura a Kublai Khan, de início imperador enfastiado e depois atento aspirante a leitor, que, a longo prazo e na medida em que sua aspiração se solidifica, irá se apoderando do relato. Ele não será o único a ganhar. Ganham os dois. As fortes disparidades do começo: o imperador vs. mercador, estrangeiro vs. local, narrador vs. ouvinte, acabarão se equiparando no tabuleiro de xadrez: enxadrista vs. enxadrista, leitor, construtores em tensão, mas agremiados. Graças a essa sociedade, a construção de cidades invisíveis, empreitada em si mesma bastante rara, em vez de quebrar, prospera.

As cidades invisíveis de Italo Calvino nos fala dos diversos e sucessivos contratos que construtores e visitantes de cidades invisíveis, mundos imaginários e universos conjeturais vão firmando uns com os outros. E nos deixa claro que, sem esses contratos, os mundos imaginários (e os textos) sucumbiriam.

Talvez fosse suficiente o que acabei de dizer, evocando Calvino e tendo plantado em vocês essa cena. No fundo, creio que nada do que puder dizer a partir daqui terá a força dessa cena. Contudo, me pareceu interessante incluir uma breve glosa organizada em torno de duas perguntas: o que é um leitor no final das contas e que papel desempenha o grêmio dos leitores ou o contrato entre eles na esfera privada e na esfera pública da leitura?

O que é um leitor?

Linda pergunta... Talvez não de todo ociosa.

Em uma reportagem, que originalmente apareceu em 1993 no semanário *Brecha*, de Montevideo, mas que li reproduzida em um número da revista de poesia *Último Reino*, de 1998, Roberto Juárroz assim explica o momento em que se inicia esse movimento inverso, essa "lei da gravidade invertida", que logo se condensará em sua ideia de "poesia vertical":

> Senti-me atraído em primeiro lugar pelos elementos da natureza. Nasci em uma aldeia às margens do campo. Meu pai era chefe da estação ferroviária e tínhamos o horizonte aberto à nossa frente. Nessa pequena cidade de Coronel Dorrego, me acostumei desde muito jovem aos silêncios. Aquelas noites abertas em que se viam as estrelas, a lua clara, os ventos, a água, a árvore que para mim é uma protagonista da vida.

Eis o começo do leitor, do leitor incipiente: o vazio.

A primeira charada, nosso primeiro texto, esse enigma silencioso do que está ali, essas presenças incompreensíveis que nos mergulham alternadamente na perplexidade e no deslumbramento, e que em seguida, ao se ausentarem, nos lançam na maior das aflições. Esses vazios são aqueles que nos levam a fabricar, a construir sentido, a colonizar os limites, a fronteira. Ler é, antes de tudo, isso: construir sentido. Uma pirueta para extinguir o vazio. Assim que chegamos ao mundo, começamos a ler e continuamos lendo até o fim, incansáveis.

É claro que não nos será dado nos dedicarmos exclusivamente à leitura, sermos puros contempladores do enigma, como aquele pequeno Juárroz vertical frente a seu horizonte em Coronel Dorrego. As condições do mundo nos obrigarão a funcionar. De imediato, nos serão atribuídas tarefas, deveres, lealdades, pertencimentos e aprenderemos a desempenhar nosso papel com alguma destreza. Horizontais quase sempre e verticais apenas em alguns momentos. Em alguns momentos livres, mas quase sempre obedientes. De vez em quando, outra vez, leitores. A atividade de leitura – essa leitura "iletrada", mas fundamental – seguirá adiante à sua maneira. Na brincadeira, na observação muda do mundo, na fabricação das histórias e pequenas conjecturas e no intercâmbio cada vez mais nutrido com outras leituras doadas: imaginários, histórias, ritos, telas, tradições.

Com a incorporação do código escrito, a leitura incorpora uma dimensão de habilidade, de destreza, que antes não parecia tão clara. Embora sempre tivesse existido, por um lado, desconcerto, perplexidade e desejo de extinguir o vazio, e por outro, astúcia e inteligência, ou engenhosidade, para interpretar sinais e encarar construções. A verdade é que, com o aparecimento do código escrito, a ênfase se desloca francamente para a habilidade. A leitura é vista como uma aquisição. Ler "se aprende" ou não se aprende. Ensina-se a ler. É-se letrado ou iletrado. A condição de leitor é algo que se tem ou não tem.

O difícil código escrito, sobre o qual nosso universo cultural está assentado, acaba concentrando em si todas as ideias de leitura. A leitura está na letra. A letra também incorpora o tempo, as camadas, os mundos herdados, ao menos em teoria, como patrimônio, o acervo. Explorar essa letra decantada exigirá, ao mesmo tempo, outras aquisições, outras destrezas. Com a letra entram os livros, os cadernos, a escola, os diários e as revistas, as cartas, os formulários, a páginas de internet, as receitas de cozinha, os cartazes indicadores. A letra, inscrita em papel, em bronze ou em *pixel*, também se torna mercadoria. Os textos não são apenas lidos, mas consumidos, fazem parte do fluxo de bens e dinheiro da sociedade em que vivemos, e participam, de alguma forma – hegemônica ou divergente –, do poder instituído; aqueles que fabricaram esses textos e esses suportes de texto muitas vezes fazem parte de instituições, de pequenos ou grandes grupos de influência, têm suas convenções e tradições, seus projetos.

A questão da leitura torna-se, assim, cada vez mais complexa, um emaranhado também, e é cada vez mais difícil encontrar a ponta, talvez porque ela tenha muitas. Lembrar que os primórdios da leitura são dramáticos e arriscados, e que remontam à cena primordial, quando estivemos sozinhos diante do enigma, pode servir para embaralhar e redistribuir as cartas.

Segunda parte da glosa

Que papel desempenha o grêmio dos leitores ou o contrato entre eles na esfera privada e na esfera pública da leitura?

A confraria, o grêmio, o contrato social dos leitores sustenta o leitor e a leitura, faz com que cada um, com que cada leitor, se sinta menos só, torna coeso o campo da leitura e nele desenha mapas. Os vínculos entre leitores formam redes que impedem que se despenque.

Na vida cotidiana isso é fácil de perceber, sobretudo nos primeiros anos. Aquele que narra uma história para alguém, compartilha uma ideia, olha para o horizonte ou para as estrelas, brinca, descobre algum segredo, deixa um livro ao alcance, dá de presente uma reprodução de imagem ou uma música, ou palavras engraçadas para afugentar o medo, vai acolhendo-o no grêmio. Também o está acolhendo, enigmático, aquele que, envolto em sua própria leitura, alheio a tudo, nos dá a entender que está em um lugar que deve valer a pena visitar. O vizinho que empresta livros, aquele que narra com prazer uma anedota ou os detalhes de uma viagem, descreve a vida de um dinossauro, evoca uma cena, um personagem, lembra de um poema em voz alta, canta uma música, faz bonequinhos com migalhas de pão ou aviõezinhos de papel, oferece um pátio, uma cozinha ou um corredor onde seja possível se refugiar para brincar, está acolhendo em um grêmio. O amigo que discute com alguém mundos possíveis, ouve nossas conjecturas e devolve outras, compartilha um filme, um imaginário, um plano, ou se deixa um livro esquecido em nossa mesa, é um companheiro de leitura. O professor que abre um livro e presenteia seus alunos com um trecho delicado, e depois fala da obra quase como se estivesse sozinho, encadeando as imagens que esta suscita nele, está convidando a entrar no grêmio e fazer dupla com ele. Em qualquer desses momentos, tanto nos iletrados quanto nos letrados, os laços entre leitores, os contratos secretos para sustentar cidades invisíveis, a teia sutil, fazem uma diferença. De leitor a leitor, não há outro caminho. As leituras tocam-se entre si, tiram faíscas umas das outras ou se acariciam.

Os leitores manam leitura, sempre estão repartindo. Emprestam ou recomendam livros, os dão de presente, mostram um quadro a alguém, chamam a atenção para a forma como a luz cai sobre uma paisagem, não querem que percamos um filme e nos pedem que, ao vê-lo, não deixemos de reparar nesta ou naquela sequência imperdível. Se se tratar de um livro em outro idioma, eles muitas vezes se encarregam pessoalmente de traduzi-lo, a tal ponto que desejam que esse livro seja lido e, ao mesmo tempo, se sentir parte de sua leitura. Se forem editores, o editam; se tiverem boa voz, o leem em voz alta; se forem bibliotecários, sugerem aos usuários da biblioteca que o peguem emprestado. Um leitor visitou as cidades invisíveis e acredita que elas valem a pena. Ele está convencido disso, como os companheiros desse soldado moribundo na história de Peniakoff que Borges e Bioy incluem em *Cuentos breves y extraordinários*,[62] que, ao ver um esplêndido casal de oryx, brancos e imensos, com grandes chifres, pastando nas matas de odor adocicado, no meio do deserto, param o caminhão e ajudam o moribundo a se levantar, porque parece importante que ele veja esses oryx antes de morrer. Teimosos assim são os leitores.

Os leitores, enquanto leitores, gostam das relações a dois, desconfiam dos paternalismos e apreciam as comparações. Sabem que ser um leitor supõe uma independência, já que se trata de desmontar um texto para construir outro para si, tal como Kublai Khan fazia com o relato de Marco Polo, assim que começou a tomar confiança. Às vezes, partem de uma disparidade em que, por idade, por experiência, por leituras, são os mais advertidos. Não é a relação em que se sentem mais à vontade. Se fossem dominadores ou imperadores como Kublai Khan antes de se tornar leitor, talvez aproveitassem a situação para manipular, dirigir e modelar o inexperiente. Mas são leitores, de modo que aspiram a extinguir a diferença o quanto antes. Nós, os escritores, que somos apenas uma variante da raça dos leitores, colocamos nossa leitura por escrito com a esperança de que venha outro leitor não menos astuto do que acreditamos ser e a resgate, reconstruindo-a.

> Marco Polo descreve uma ponte, pedra por pedra.
> – Mas qual é a pedra que sustenta a ponte? – pergunta Kublai Khan.
> – A ponte não é sustentada por esta ou aquela pedra – responde Marco –, mas pela curva do arco que estas formam.
> Kublai Khan permanece em silêncio, refletindo. Depois acrescenta:
> – Por que falar das pedras? Só o arco me interessa.
> Polo responde:
> – Sem pedras o arco não existe.[63]

Recolhidos à sombra de nossas pálpebras

Palestra apresentada no "I Congresso Internacional de Literatura Infantil e Juvenil", setembro de 2001. Universidad Nacional de Comahue. Cipolletti, Río Negro, Argentina. Publicada em: *Encuentros 15 años del Ce.Pro. Pa.LIJ*. Cipolletti, Río Negro, 2005; em *LIJ y Manuscritos Libros*; e em CASTRILLÓN, Silvia (org.). *Por qué leer y escribir*. Bogotá, Instituto Distrital de Cultura y Turismo, 2006. Coleção Libro al Viento.

MARCO POLO, o mercador, diz a Kublai Khan, o imperador dos Tártaros:

> Talvez este jardim só exista à sombra das nossas pálpebras cerradas e nunca tenhamos parado: você, de levantar poeira nos campos de batalha, e eu, de negociar sacas de pimenta em mercados distantes, mas, cada vez que fechamos os olhos no meio do alvoroço ou da multidão, podemos nos refugiar aqui vestidos com quimonos de seda para avaliar aquilo que estamos vivendo, fazer as contas, contemplar a distância.[64]

Vou me abrigar sob esta citação de Italo Calvino, que são as palavras que um fantasmagórico Marco Polo – uma personagem, uma construção de Calvino – diz a outro fantasma, Kublai Khan, também construído por ele, nesse livro, construído evidentemente, que fala, justamente, de esplêndidas construções fantasmagóricas e que se chama *As cidades invisíveis*.

Somente com essa citação eu me animo a lhes apresentar minha pequena reflexão, que, embora muito mais longa, é menos contundente e clara do que as palavras que lhe servem de teto.

Não é uma reflexão de todo nova, porque, no fundo (vou me dando conta à medida que envelheço), não faço nada além de dar voltas ao redor de algumas poucas coisas que me parecem importantes encruzilhadas, a minha vida inteira estive fazendo a mesma coisa. Mas como não deixo de dar voltas, às vezes encontro uma forma ou outra de entrar. Esta que segue é a forma de entrar que encontro agora. Talvez amanhã se desfaça e com os restos eu construa uma outra reflexão, que veja as coisas de outro lugar. Sendo assim, peço-lhes que a considerem como aquilo que ela é, uma conjectura.

Hoje venho disposta abordar esses tópicos já bastante cristalizados – escola, literatura, "literatura e escola", leitura, ficção etc. – do lugar que minha reflexão escolhe para olhá-los. Isto é, que o que vem a seguir é o que hoje, recolhida à sombra de minhas pálpebras e vestida com um quimono de seda (gosto muito desse detalhe), posso dizer. Tomara que, de alguma maneira, isso lhes seja útil.

Tenho que falar de literatura e escola, fiquei de falar de literatura e escola, mas vou me permitir falar sobre outras coisas. Não porque os temas propostos não sejam interessantes, eles são, e também fazem parte do meu ofício, mas porque me parece que é preciso começar um pouco mais para trás para evitar ficar trancada entre cristais. Dessa forma, vou eliminar, por ora, alguns conceitos que aparecem em forma de dicotomias. Por exemplo, deixarei de lado a oposição, que geralmente é feita, entre arte e ciência, ou entre literatura e filosofia. E deixarei de lado a oposição entre prazer e trabalho. Nesse ponto de partida muito primário, elas não me servem.

O ponto de onde vou partir é a leitura. A leitura e os leitores. Meu excerto de Calvino fala de leitura e de leitores, e o sutil vínculo entre leitores, e aqui, nesta pequena reflexão, vou falar de leitura, de leitores e de vínculos entre leitores. E quando falar de literatura e escola, estarei me referindo à leitura e aos leitores e seus vínculos, que são, creio eu, a grande questão, ou ao menos a única questão profissional que, neste momento, me motiva.

No entanto, preciso esclarecer um pouco o que entendo por leitura e leitores para que vocês possam me acompanhar em minha conjectura, nesta espécie de reflexão flutuante. O tema da leitura também está saturado de discursos cristalizados – alguns técnicos, na maior parte míticos, mas todos cristalizados –, e não deveríamos considerar nada como fato consumado.

Minha concepção de leitura, que é ao mesmo tempo muito simples, pesada e dramática, pode não coincidir com a de outros.

Muito simples, porque proponho partir de uma espécie de "grau zero" da leitura, ou talvez de grau um, uma "postura ou posição de leitor" básica, que é anterior à letra.

Pesada e dramática também porque, dado esse começo (que quase, como se verá, se confunde com "a condição humana"), a "postura ou posição de leitor" tem suas consequências, bastante dramáticas no fundo. Vista assim, a leitura se destrivializa, torna-se uma grande aposta e talvez a única posição verdadeiramente revolucionária que nos é permitida em um mundo com características tão opressivas como este.

Esta minha conjectura não tem intenção de desmerecer as considerações técnicas, os conteúdos, os acervos, as habilidades que vão sendo adquiridas, os saberes e as reflexões e experiências específicas, que continuam tendo seu espaço. A única coisa que ela procura é restabelecer o olhar sobre o tema.

"Ler" é, neste grau zero, simplesmente, coletar indícios e construir sentido. Ou melhor, começando um pouco antes: sentir-se perplexo, desconcertado, colocado diante de um enigma (esse seria o grau zero) e, então, instado pelo enigma, coletar indícios e construir sentido (esse seria o grau um). Talvez tenhamos que refinar um pouco essa frase "construir sentido", que poderia ser facilmente mal interpretada. Quando digo "construir sentido", não quero dizer "interpretar tudo" ou "procurar significações objetivas", tampouco alegorias, ou destinos, quero dizer "construir sentido", isto é, retirar-se um pouco e fabricar algum tipo de desenho, de mapa (que será sempre um mapa provisório), encontrar para si um lugar significativo diante desse desconcertante enigma em que se está embutido, algo que, provisoriamente, repito, o torne habitável. Semeá-lo com conjecturas. "Culturizá-lo" com o olhar. Desse ponto de vista, pode-se dizer que "ler" é uma atividade "natural" ou, ao menos, ligada à sobrevivência, mas que seus resultados se tornam imediatamente "culturais", "sociais", justamente porque são "construídos". A leitura constrói. Constrói sentido, ou melhor, sentidos, no plural, uma vez que se trata de uma atividade sempre dinâmica, nunca congelada.

Começa-se, então, a ler desde o aparecimento de alguma forma de consciência. E se termina de ler quando a consciência se apaga. Logo, só podemos ser a leitura de outros.

Desta forma elementar de leitura, deste grau zero da posição de leitor, há algumas lições a serem extraídas. Lições úteis para se referir a outras formas mais complexas e estruturadas de leitura (como, por exemplo, a leitura de literatura na escola).

PRIMEIRA LIÇÃO: é o vazio de sentido, o sem sentido, que gera leitura. É a perplexidade diante do caos que nos leva à construção de cosmos. É a intriga que desperta a atividade de coleta de indícios. É a consciência de não saber o que gera a produção de conhecimento. O vazio é o ponto de partida. O silêncio habilita a palavra. Como com a respiração. O ar não entra abrindo caminho a todo o custo nos pulmões, pressionando-os, mas primeiro teve-se que abrir o tórax e feito o vazio esponjoso, só então o ar flui para cobrir essas células vazias. A leitura também tem sua respiração, e o enigma vem antes da leitura.

SEGUNDA LIÇÃO: a leitura atua de alguma maneira sobre o enigma, criando formas, um desenho, um pequeno cosmos, que o tornam mais habitável. Uma leitura é uma construção pessoal. Um recém-nascido "lê" quando interpreta, ou invalida, à sua maneira, os sinais da ausência da mãe ou da constelação de indícios que compõem o possível bem-estar: há indícios (a porta se abre, ouve-se uma voz, o ar entra pela porta e faz ressoar o móbile que está pendurado sobre o berço), e com esses indícios ele constitui seu desenho, sua composição de lugar, cria suas expectativas. Um camponês "lê" quando observa o entardecer do campo para planejar as tarefas do dia seguinte. Lê-se um mapa, um rosto, um ritmo. Lê-se uma cidade quando a percorremos, mesmo quando nos perdemos nela e, à medida que a lemos, a tornamos mais habitável, mais própria; o percurso deixará sua marca na memória.

TERCEIRA LIÇÃO: ler é interessante, até mesmo urgente. O leitor básico tem um interesse máximo em sua leitura, a posição do leitor de grau zero ao grau um é ativa, sempre, intensamente protagonista sempre, sempre pessoal, única, nunca passiva ou apática. É um gesto próprio. Construir um sentido é conseguir um lugar neste ponto do mundo, neste momento, neste instante.

QUARTA E ÚLTIMA LIÇÃO: a leitura é sempre provisória, como uma cidade que estivesse sempre em obras. As conjecturas, os sentidos que vão sendo construídos (à sua maneira, pequenas "ordens") são sempre provisórios, e só se congelam em ordens perduráveis quando se deixa de ler.

Passo para a "leitura da letra", que é, até agora, a única capaz de motivar congressos de professores e bibliotecários.

Faz muito tempo que a palavra "leitor" – que, em seu sentido primário, significava "coletor de sinais" – ficou definitivamente ligada à letra, à escrita. Em um determinado momento da história (momentos diferentes para sociedades diferentes, e em algumas sociedades, nunca) aparece um código, que é um pacto social, arbitrário, histórico (como nos explicou Saussure), que permite deixar marcas, registro, constância das "leituras", dos sentidos, dos discursos, das ordens. As leituras tornam-se objeto, encarnam em uma matéria, se objetivam.

Antes do aparecimento da letra, de toda maneira já havia formas invisíveis, instalações, que se interpunham e "filtravam", por assim dizer, a leitura que os membros de uma sociedade podiam fazer daquilo que os rodeava. Havia tradições, mitos, discursos, provérbios, cerimônias, instituições, protocolos, "modos de fazer, de dizer e de entender". Poder-se-ia até dizer que esse "grau zero" da posição do leitor nunca ocorre de forma crua, sem esses componentes já herdados, essa espécie de patrimônio de leitura que se manifesta em tudo desde que nascemos, no modo como nos pegam nos braços, nos alimentam, nos vestem e conversam conosco, na distribuição dos móveis na casa, ou no idioma em que estamos submersos. O mundo que rodeia o recém-nascido é sempre um enigma, um mundo a ser "lido", mas é também um discurso, um mundo, em parte, "já lido".

Mesmo assim, contudo, mesmo reconhecendo que as sociedades têm múltiplas formas de ir acumulando "leituras", é preciso insistir que o aparecimento da letra supôs algumas mudanças extraordinárias. Supôs uma fixação maior, por um lado, mas, ao mesmo tempo, ao facilitar a acumulação, o acervo, favoreceu a diversidade, a extensão (no tempo e no espaço) do intercâmbio de leituras e, então, também, a mudança.

Com o aparecimento da escrita surgiu um grau dois dos leitores. Os "indícios" que o leitor colhia eram certas chaves que, convenientemente decodificadas, lhe permitiriam "reconstruir" um sentido – cifrado – que o texto já continha. Isso quer dizer que era uma leitura de uma leitura, ou mesmo uma leitura de uma leitura de uma leitura, já que o próprio código (a língua) já é, em si, uma leitura do mundo.

Esse passo para um grau dois da leitura supôs uma sofisticação muito maior. O código – por exemplo, o silábico, que é o nosso – era uma técnica complexa, difícil de adquirir e, sobretudo, difícil de dominar, e essa complexidade e dificuldade acabaram ocupando toda a palavra "leitura". Nem todos se tornavam "leitores". Havia uma disparidade entre aqueles que dominavam a técnica e aqueles que só sabiam dela por intermédio de outros. A propriedade desse código era um bem, como qualquer outro bem, era uma "propriedade" e estabelecia a diferença. E o poder.

Havia pequenos âmbitos em que todos os membros sabiam ler e escrever, por exemplo, os monastérios na Idade Média. Havia pessoas tão poderosas que não precisavam saber ler e escrever, que era uma técnica difícil (muitos imperadores eram analfabetos), mas tinham escravos que liam e escreviam por eles. E havia imensas maiorias iletradas para as quais a letra era um verdadeiro mistério. Os "escribas" e "leitores" populares – dos quais o filme *Central do Brasil** dá um exemplo de sobrevivência – agiam como intermediários (geralmente paternalistas) entre essas massas e o arcano da letra. O horizonte daqueles que não possuíam a letra era muito mais limitado, mais doméstico, menos amplo. Como os saberes iam se tornando mais complexos (também em virtude da letra), aqueles que não o possuíam iam ficando de fora deles: a ciência, a tecnologia, a filosofia, a literatura.

É importante lembrar que a letra é histórica, que ela aparece em um dado momento e que é uma construção social, não um fenômeno da natureza. Há culturas sem letra e houve culturas sem letra. No entanto, o aparecimento da letra (ou, em outras culturas, do ideograma, a cunha ou qualquer outra marca de escrita) sempre supôs uma mudança fenomenal. Porque a escrita permitia a memória e o acúmulo de conhecimento. Uma enorme quantidade de significações, sentidos, explorações da realidade e conjecturas foram cifradas e preservadas nesse código.

Desde muito cedo exerceu-se o controle sobre essa técnica sofisticada que era o código escrito. Durante muitíssimo tempo, a leitura e a escrita (nesse sentido específico de leitura e escrita

---

* Dirigido por Walter Salles, escrito por João Emanuel Carneiro e Marcos Bernstein, e estrelado por Fernanda Montenegro e Vinícius de Oliveira, *Central do Brasil* (1998) conta a história de Dora, uma professora aposentada que trabalha como escritora de cartas para pessoas analfabetas na Estação Central do Brasil, que ajuda Josué, um garoto cuja mãe morrera atropelada, a encontrar seu pai no Nordeste (N. do T.)

da letra) foram privilégio de um grupo muito reduzido de pessoas, as mesmas que coletavam impostos e decidiam as guerras.

Embora tenha havido muitas mudanças ao longo da história e, ao menos no Ocidente, a leitura da letra tenha sido secularizada e estendida (mediante a invenção da imprensa, a ascensão da burguesia, as controvérsias religiosas, a urbanização etc.) a muito mais gente do que nos momentos de máximo privilégio, continuou sendo sempre um poder que era outorgado ou negado, e que, bem ou mal, sempre se buscava controlar.

Essa dimensão histórica e social é algo importante de se ter em mente porque, se não, muitos mitos que obscurecem seu real funcionamento começam a se acumular ao redor da leitura.

Por outro lado, essa dimensão histórica pode nos ajudar a desmistificar essa questão da leitura e da escrita, a quebrar esses discursos cristalizados que se interpõem em nossa atividade de "leitores do mundo e da letra" que deveríamos continuar sendo.

Por exemplo, pode ocorrer a alguém fazer a seguinte pergunta: serão leitores (quer dizer, se terão essa postura de leitor à qual me referi antes, a do zero ao um) todos aqueles que sabem ler e escrever? "Saber ler e escrever" (no sentido que se encontra nos formulários públicos: "lê e escreve") será suficiente para ser chamado de leitor?

Parece que não. Parece que se pode ser um decodificador mais ou menos aceitável sem ser um leitor, entendido este como um coletor de indícios e um construtor de sentido. Sendo assim, essa condição não é suficiente, embora, sem dúvida, seja uma condição. Não porque aqueles que não possuem a letra sejam incapazes de leitura (já demos exemplos de leitores "iletrados"), mas porque nosso mundo (o que chamamos de nosso mundo no Ocidente) é um mundo muito escrito. Estamos imersos na letra, de modo que é impensável se dispor a "ler" esse mundo, esse enigma, se, além disso, não se tiver o domínio da letra. O analfabetismo, em um mundo tão escrito como o nosso, sempre vai acompanhado pela pobreza. O analfabeto "pode" menos, o alfabetizado "pode" mais, é mais poderoso.

No entanto, concretizarmos o velho sonho do analfabetismo zero não parece ser uma garantia para o surgimento de uma geração de leitores. Solucionar, tecnicamente, o analfabetismo é, sem dúvida, uma condição, mas não uma condição suficiente para dotar a leitura de significação. Para que haveriam de ler aqueles que agora não leem? Basta o argumento de que dessa forma eles poderão ler os cartazes indicadores e as bulas dos medicamentos?

Ou seja, "saber ler e escrever" não é sinônimo de "leitura".

A "leitura" será sinônimo de "livros"? Também não. De forma alguma é isso. Já vimos que o surgimento histórico da letra trouxe consigo novas e reforçou antigas questões de poder. A letra serviu para acumular conhecimento, para acumular "leitura", conjecturas e desenhos do mundo, livros de ciência, histórias, poemas, filosofias, leis, códigos, cartas. Mas também serviu para exercer o controle. Houve livros (muitos) destinados a submeter, cartilhas que deviam ser memorizadas e repetidas sem falhas, correndo-se o risco de ser acusado de dissidente, livros encarregados de difundir a ideologia dominante, biografias que exaltavam tiranos, mentiras históricas de todo tipo. E claro, livros dissidentes também, livros proibidos, livros queimados. Um controle de leitura e um controle de escrita que justamente aqueles que detinham o poder sempre consideraram necessário, dado o poder ativo, rebelde, da leitura e da escrita em si mesmos.

Livro não é sinônimo de pensamento ou pensamento livre, mas a leitura, sim, é. Há muitos livros que não se "lê", no sentido original que demos à palavra "ler", como curiosa e intrigante construção de sentido, que, antes, são aprendidos ou gravados, que funcionam como marcas mais do que como alternativas. Dessa maneira, poder-se-ia dizer que, às vezes, lê-se um livro como leitor, enquanto leitor, e em outras, lê-se como um não leitor.

Petrucci fala de uma "ordem de leitura"[65] própria do Ocidente que se apoiava em três estruturas institucionais e ideológicas básicas: escola (e seus textos escolásticos), a Igreja (o catecismo e o discurso moral) e o Estado (o discurso cidadão da democracia progressista), ou seja, diz Petrucci, discurso escolástico, discurso eclesiástico e discurso laico-progressista. Isso não significa que eles coincidiram (de fato, por exemplo, o Renascimento tinha significado um abalo forte, sobretudo na "ordem da escola", ou a Revolução Francesa na "ordem eclesiástica", que perdeu ante a ordem do Estado etc.). O que significa que, de uma forma ou de outra, essas instituições (que também são ordens à sua maneira, leituras cristalizadas) exerciam um controle sobre a leitura da letra, e, claro, sobre a leitura do mundo.

Este ponto é interessante para refletir sobre o papel da escola em relação com a leitura (também a leitura da literatura). Quer dizer, se se trata de reproduzir uma "ordem", que é, por exemplo, o que Bourdieu, ou ao menos o cerne de seu ensaio *A reprodução*, diz:[66] a escola existiria para reproduzir as estruturas sociais, portanto as injustiças também, para transmitir a "leitura oficial".

Isso parece ser bastante visível na tradição educacional da Europa (a da Itália segundo Petrucci, ou da França como Bourdieu a vê), mas não é visto da mesma maneira na América. Na Argentina, por exemplo, a escola (a escola de educação universal, pública e gratuita da Lei 1420) esteve ligada à constituição do Estado (e à integração dos imigrantes recém-chegados à "nação") e ao acesso dos estratos populares ao "poder" da leitura, escrita e o conhecimento, o que lhe confere, sem dúvida, outra tonalidade, muito diferente daquela da tradição secular europeia. Em seu estabelecimento social, a escola esteve ligada a um movimento social de tipo democrático, expansivo e inclusivo. No entanto, isso não impede que persista a questão de saber se a escola existe para transmitir uma ordem de leitura ou para gerar leitores, o que, de forma alguma, como vimos, é a mesma coisa. Em toda referência à literatura e à escola, teremos que responder a essa pergunta primeiro.

Este ponto da "ordem da leitura" é interessante, porque introduz a tradição, a convenção e as listas canônicas, o cânone.

O cânone sempre foi um forte elemento de coesão social, ele faz com que algo ou alguém "pertença" ou "não pertença", com que alguém seja "informado" ou "não informado", com que seja incluído ou deixado de fora. A sociedade tem todo tipo de cânones, locais e planetários, tradicionais e mais ou menos vanguardistas. Algumas obras que estiveram no cânone (e até muito em evidência) de repente são postas para fora dele, outras, marginais ou esquecidas, de repente são reivindicadas como parte dele. Não há um único cânone, mas cânones, que se definem por oposições e que marcam diferenças. Houve uma época em que os cânones eram um índice implacável (na Inquisição, por exemplo). Em outras, houve escolas literárias que comparavam e se enfrentavam umas às outras com seus cânones (um exemplo interessante dessas lutas pode ser visto nos escritos do grupo *Martín Fierro* ou no grupo da *Florida*, quando enfrentava o grupo da *Boedo**). Há cânones de prestígio, ou "cultos", e cânones populares. Em nosso tempo, talvez tenhamos que começar a refletir sobre o estabelecimento de cânones mercantis e planetários, cânones de *mass media*, cânones publicitários. Por fim, uma reflexão sobre a leitura (e sobre a leitura da literatura) não pode deixar de fora o tema central do exercício de controle que é o cânone.

---

* *Florida* e *Boedo* foi a forma como ficaram conhecidos os grupos que formaram as vanguardas argentinas na década de 1920. Tratava-se de designações topográficas, posto que se referiam a ruas de Buenos Aires. Aspectos ideológicos, todavia, também opunham esses dois grupos: "*Florida*, mirava a Europa e as novidades estéticas do pós-guerra; *Boedo* mirava a Rússia e se inflamava com o sonho da revolução universal" (N. do T.)

É interessante também porque fala da passagem, bastante oculta no geral, sorrateira, da "postura de leitor" (que, repito porque não quero se esqueça, parte da perplexidade e consiste em construir sentido a partir dos indícios) para a "postura de guardião das leituras". O guardião das leituras, ao contrário do leitor, não tem perplexidade alguma, "já sabe", "já tem", cerrado em seu punho e cristalizado, um sentido, se aferra a suas ordens e não precisa buscar indícios ou construir nada. O leitor, em contrapartida, não pode parar de ler, em sua leitura ele consegue apenas posições instáveis, precárias, porque sua própria postura lhe indica que novos indícios e novos motivos de perplexidade aparecem constantemente. E como ele está sempre disposto à perplexidade, volta a ler, continua lendo. O guardião das leituras, por outro lado, lê muito pouco, mas tem um cânone e muitos discursos cristalizados, é afirmativo, não duvida, está, digamos, bem "estabelecido" perdeu o desassossego, que é tão típico do leitor.

O modo como se passa de um leitor a um guardião da leitura é, como dizia antes, bastante sorrateiro. É uma transformação, um deslize, ao qual todos estamos propensos. São próprias do leitor a curiosidade, a dúvida, a iconoclastia, a exploração dos limites. São próprios do guardião a severidade, o cânone, a convenção, a cartilha. Como a leitura (dissemos antes em nossa lição número quatro) é uma cidade sempre em obras, ele deixou de ler, agora vigia.

Este é um ponto em que também gostaria de fazer uma pequena pausa, porque sei que apresentar a leitura tal como estou fazendo parece tirar a segurança, privar de garantias. De que servirá ler, então, se de qualquer forma é preciso continuar lendo?

O leitor vive entre o cosmos e o caos, ou melhor, entre o caos e o cosmos. Caos desconcertante, cosmos reconfortante e, em seguida, novamente o caos. Essa alternância entre ordem e caos e nova ordem e novo caos é a mais natural para a atividade de leitura. E muito próprio da história do pensamento, da história da literatura, da história da arte e da história da ciência. Há cânones, tradições, convenções, *curricula* e manuais, pompa também, uma certa oficialização solene, e então, de repente, às vezes de forma brutal, às vezes de forma mais sutil, quebras, fragmentações, dessolenizações, paródias, reformulações, que cedo ou tarde se cristalizam em novos cânones, novas tradições etc. Os momentos de desconcerto são mais propícios à leitura, os momentos do cosmos fixo são mais propícios à reprodução e à vigilância.

No entanto, não é que sempre se comece de novo, como se nada tivesse sido lido. É verdade que tudo sempre volta a ser enigmático, mas tem-se cada vez uma maior habilitação, um horizonte mais amplo, mais camadas de manobra de leitura, ou, para lembrar uma metáfora, mais fronteira. Passa-se a ser mais leitor, mais ágil, mais astuto, mais experiente em conjecturas, mais habilidoso na detecção de sinais, mais ousado no andamento dos desenhos. Agora, dizer que o enigma se esgote, isso não: o enigma não se esgota.

Bem, toda essa introdução para chegar aos dias de hoje, o que está acontecendo conosco, em nosso mundo, nossa vida aqui neste país do mundo, nesta sala onde essas pessoas, nós, pensamos que valia a pena se reunir para falar de algumas coisas relacionadas ao nosso ofício e nossos campos, enquanto anunciam guerra e perdemos o trabalho, cortam nosso salário e tudo parece cada vez mais estreito, com menos espaço e tempo para se recolher à sombra das pálpebras, e menos ainda de entrar em nossos quimonos de seda para ponderar sobre aquilo que nos rodeia.

Mas, bem, façamos um esforço e comecemos a pensar onde estamos parados.

Façamos como os leitores, entremos em alguma conjectura.

Vivemos em um mundo globalizado no que diz respeito aos intercâmbios comerciais e altamente desigual quanto à concentração econômica e à distribuição de bens. Muitíssimo desigual e muitíssimo concentrado. De acordo com o *Report Development* da ONU de 1996, as 358 pessoas mais ricas têm uma soma de bens equivalente à dos 2.500.000.000 mais pobres (em um mundo de 6.100.000.000 no total).*

Nesse mundo ao mesmo tempo globalizado e profundamente cindido, o discurso é dominado pelos meios de comunicação de massa, que são hoje o principal agente culturalizador (sem dúvida, muitíssimo mais influentes do que a escola) e neles são depositadas as leituras oficiais bastante homogêneas neste momento, já que os meios de comunicação também foram globalizados.

Nesta situação, os filtros de leitura são mais poderosos do que nunca. E já se pode falar de um "pensamento hegemônico", com um grau excepcional de coesão. E isso ocorre porque os meios de comunicação de massa, que significam ao mesmo tempo uma extraordinária democratização da informação e da culturalização, têm, entretanto, uma qualidade particularmente antidemocrática: são unilaterais. A mensagem (ao contrário do que acontece com a mensagem oral, ou com a mensagem escrita) não é de ida e volta, mas apenas de ida. É verdade que há programas de rádio que pedem a participação dos ouvintes e que muita gente vai aos *talk shows* televisivos para expor seus dramas pessoais, mas todos percebemos que se trata de uma relação profunda e irremediavelmente desigual nas quais esses "participantes", como são chamados, são, antes, devorados ou consumidos pelo meio em que caem.

---

* Mais de 20 depois, a situação parece não ter se alterado tanto: segundo o último relatório da OXFAM (ONG que integra uma confederação global cujo objetivo é o combate à pobreza, às desigualdades e às injustiças no planeta), "de toda a riqueza gerada no mundo em 2017, 82% foi parar nas mãos do 1% mais rico do planeta. Enquanto isso, a metade mais pobre da população global – 3,7 bilhões de pessoas – não ficou com nada". Disponível em: https://www.oxfam.org.br/assim-nao-davos [Acesso: 18/07/2019] (N. do T.).

A unilateralidade vem acompanhada de dois fenômenos que também contribuem: a fragmentação e a espetacularização. Isto é, um emissor gigantesco – pensemos, por exemplo, no canal CNN no decorrer da semana que acabamos de viver[**] – que se especializa em mensagens curtas, fragmentadas e, além disso, redundantes, e que as apresenta em forma de espetáculo. A unilateralidade, a fragmentação e a espetacularização nos colocam mais na posição de espectadores voláteis e passivos do que na posição dos leitores.

A situação geral tem um efeito de "desativação" da leitura, que não digo que seja irreversível, mas que é, sem dúvida, difícil de reverter. Nosso protagonismo diminui à medida que a concentração de poder aumenta, nos sentimos pouco, nos sentimos prisioneiros e nos sentimos anônimos. Por sorte, a televisão nos consola com sua quermesse perpétua, o *show*, a farândola e "a notícia".

Dentro desse quadro geral, lemos e escrevemos a letra, ensinamos a ler e escrever a letra, lemos e fazemos circular os textos, os livros, a literatura. Fazemos isso com alguma convicção, porque temos claro que a letra é necessária, uma vez que vivemos em um mundo letrado, e ser analfabeto é sinônimo de ser excluído. Mas com menos convicção talvez do que se fazia em outros tempos. Às vezes, até parecemos estar prestes a nos perguntar: realmente vale a pena todo esse esforço?

A velha ideia de leitura, a velha ideia de se tornar leitor, entrou em crise. Como tantas outras coisas que pareciam eternas.

[**] Este texto foi pronunciado durante o I Congreso Internacional de Literatura Infantil y Juvenil (em Cipolletti, Río Negro, na Argentina), realizado de 19 a 22 de setembro de 2001, ou seja, uma semana após os atentados de 11 de setembro (uma série de ataques terroristas contra os Estados Unidos coordenados pela organização fundamentalista islâmica al-Qaeda, ocorridos em 11 de setembro de 2001), que teve ampla e massiva cobertura da CNN, à qual a autora faz menção (N. do T.)

O que fazemos? Vamos começar a chorar? Vamos fingir que, na realidade, nada aconteceu?

Para mim não, nem chorar nem se fazer de desentendido. Ler. Um leitor está sempre disposto a voltar a ler tudo. A crise inclui a violação de muitas coisas, mas nem todas são coisas que chamaria de desejáveis. É verdade que, em uma época tão feroz no aspecto social, sente-se uma certa nostalgia por esses leitores entusiastas das primeiras décadas do século xx, por esse otimismo leitor que fazia da leitura uma empreitada pessoal sem limites, capaz de levar alguém a saltar as barreiras sociais, a se tornar filho de suas leituras, ou de sua leitura. Mas é preciso reconhecer que, entre as coisas que foram quebradas, há muitos cânones vetustos, muitos preconceitos e muita rigidez também. Que apareceram novas formas, novos textos, novos vínculos, novas percepções, novas maneiras de ler, e também que o grau de extensão – ou de democratização –, ao menos potencial, da leitura é máximo (para alguém, para mim, por exemplo, pode dar uma pontada lancinante ver alguns poucos títulos nas gôndolas do supermercado em vez de muitos títulos em uma pequena e deliciosa livraria, mas é preciso aceitar que esses poucos títulos estão ao alcance de muitíssimas pessoas). E embora o fato de tudo ter se tornado espetáculo às vezes pareça aterrador, e em grande medida paralisante, também tem como consequência que as coisas se tornaram muito visíveis, para todos, de modo que, se alguém se coloca em posição de leitor, há oportunidades para ler, muitíssimas oportunidades.

A questão é dar o salto. Ou dar o passo para trás. Como se recolher à sombra das pálpebras cerradas para refletir e ler. Já foi dito que, nesta sociedade, a posição da leitura não é fácil nem estimulada. Como fazer para voltar a "se questionar", voltar a se sentir perplexo, permitir-se abrir às perguntas sem dá-las por fechadas de antemão com discursos que fluem sobre todos, como grandes massas de água, molhando-nos até o tutano? "Questionar-se" supõe não aceitar o pensamento hegemônico que diz "é assim que as coisas são, e é natural que sejam assim". Um leitor sempre lê, busca indícios, constrói sentido, faz suas conjecturas.

Aqui entra a escola. Esta pode ser sua tarefa nestes novos tempos.

Será preciso escolher. Das duas uma: ou a escola serve para transmitir a leitura oficial e reproduzir as estruturas (com o que lhe basta ensinar a decodificação e ajustar um pouquinho seus conteúdos), ou ela serve para formar leitores (ou melhor, formar o que chamamos de formar o leitor, porque este vai se formando sozinho), para incentivar a formação de leitores. E não vou aceitar que me digam que primeiro é preciso dar de comer. Não que eu acredite que as execráveis condições sociais não precisem mudar urgentemente (a pobreza e o desamparo são o escândalo mais vergonhoso que já existiu, porque agora, inclusive, é visível, ninguém pode ignorá-lo), mas sim porque as coisas não vêm antes, mas junto. Sem gente disposta a adotar a incômoda, arriscada e aventureira posição de leitor, nada vai mudar. Vão nos dizer que tudo o que acontece conosco é parte da "natureza das coisas", como se o que acontece na sociedade fosse o equivalente a um terremoto ou furacão que, subitamente – ó, que desgraça! –, caiu sobre nós, e vamos acabar acreditando. Se renunciarmos à leitura, acreditaremos nisso e em muitas outras coisas. Um leitor não, um leitor se permite a perplexidade, um leitor se pergunta. Começar a ler é urgente.

Pode a escola nesta fase se lançar em uma empreitada como essa, uma empreitada tão enorme, de tamanha envergadura? Espero que sim, e seria melhor se o fizesse, porque, se não, deixará de ter uma razão de ser, um lugar.

A partir daí, seria preciso começar a discutir como fazer isso, se se está disposto a fazê-lo, como começar. O que, obviamente, não tem por que ocorrer de uma forma única, mas de muitas e muito variadas.

Deixarei propostas apenas duas ou três ideias que, acredito, possam servir:

PRIMEIRO, a perplexidade é boa, pensar é bom, discutir é bom, nos questionarmos, ficarmos desconcertados é bom. É verdade que não é "seguro" (um argumento fatal numa época em que o discurso da "segurança" ganhou todos), mas é a única coisa que nos mantém vivos. Questionarmo-nos e continuar nos questionando, incansavelmente. Todos temos nossos enigmas. Será necessário habilitá-los, não escondê-los. De que ponto de vista quero ler, procuro ler, que forma de leitura e que leitura serve ao meu desassossego?

SEGUNDO, os leitores constituem a si mesmos com leitura, leituras do mundo, leituras de eventos, de entornos, de circunstâncias, de pessoas, de gestos, de paisagens e leituras de letra. A riqueza, a variedade, a intensidade e a generosidade das leituras de outros que as abordam contribuirão, de forma indubitável, para a construção da própria leitura (desde que o primeiro ponto, do vazio, do oco, não tenha sido esquecido, e não se pretenda pressioná-las contra eles a todo custo). As leituras abertas e estimulantes costumam ser muito mais fecundas que as cartilhas, que tendem a fechar o pensamento. A ficção, a boa ficção, a poesia, a literatura, podem ser especialmente ricas em gerar alternativas, aberturas, mundos conjecturais e liberação do pensamento hegemônico.

TERCEIRO, tão importante quanto os textos ou enigmas a serem lidos, é a figura do "outro leitor". Às vezes parceiro, às vezes mediador, às vezes sinalizador. O encontro leitor-leitor é um vínculo de grande transcendência. É mais que isso, creio que o vínculo entre professor e aluno deverá ir se transformando em um encontro leitor-leitor. É claro que isso pressupõe mudar muitas coisas, sobretudo coisas outrora hegemônicas, como a de ser alguém que já sabe e aprendeu e que vai transmitir, a alguém que não sabe e não aprendeu ainda, coisas úteis, habilidades e conteúdos. O vínculo leitor-leitor (mesmo se for um vínculo leitor avezado-leitor incipiente) tira a questão do âmbito do poder, coloca-a no campo da exploração e da leitura, porque o leitor avezado não acredita que já sabe e já aprendeu, mas que, como bom leitor, continua questionando tudo, continua se perguntando, ficando perplexo, construindo sentidos e conjecturas novas e debruçando-se sobre as que outros fizeram, lendo até o fim, lendo para todo o sempre. Isso faz com que a relação seja horizontal ou aspire cada vez mais a uma horizontalidade.

Claro que tudo isso que proponho, ou imagino, talvez um pouco utopicamente, é mais fácil dizer do que pôr em prática. Já foi dito que o leitor tem que deixar de lado os discursos estabelecidos e seguros, tem que estar sempre disposto à mudança, à charada. E sei bem que existem muitos professores, bibliotecários e professores universitários que não aspiram a ser leitores, e que veem a si mesmos mais como empregados. Não pensem que tenho muitas ilusões a esse respeito. Pode parecer que sim, mas não, não tenho. Em todo caso, falo para aqueles que estejam dispostos a dar o salto.

Falo para aqueles que estão dispostos a se recolher com as pálpebras baixas, vestidos com quimonos de seda (um detalhe importante), semicerrando os olhos em meio ao estrondo e à multidão, dos rigores e das armadilhas, dos simulacros e das quermesses, e refletir sobre o que estamos vendo e vivendo, tirar conclusões, contemplar de longe. Uma vez adotada essa posição, difícil, mas deliciosa, trabalho e prazer, tudo junto, poderemos começar a pensar na literatura e na escola.

Leitura e poder

Palestra apresentada no "VIII Fórum Internacional pelo Fomento do Livro y da Leitura". Resistência, Argentina, agosto de 2003, e nas "Jornadas de Leitura", Córdoba, setembro de 2003.

POR ALGUM TEMPO, ganhei a vida dando aulas particulares. Durante o ano, preparava estudantes para admissão,* e em novembro e fevereiro, para aqueles que tinham ficado de exame em algumas matérias. Foi assim que conheci Cristina. Suas unhas eram muito compridas e bem cuidadas, ela era preguiçosa, distraía-se facilmente e planejava se casar o quanto antes, porque dessa forma – explicava –, ia poder passar o dia vendo televisão sem que ninguém lhe dissesse nada. Cristina teve que melhorar suas notas, entre outras matérias, em história. Precisava estudar história medieval e tinha um livro, acho que de Ibáñez.[67] Os "tempos obscuros", como o manual os chamava, eram para Cristina impenetráveis. A única coisa de que ela se lembrava era um fato que aparecia em letras pequenas em seu livro, ao lado da foto em preto e branco de um códice, e era que "os monges escreviam os livros com tinta cinza e os amarravam com correntes". Só se lembrava disso, mas muito bem e indefectivelmente trazia o assunto à baila.

Do meu lado, aprendendo por agora com Cristina, que a esta altura seguramente tem filhos grandes e, se se casou jovem como

---

* Graciela Montes provavelmente está se referindo ao período em que na Argentina – como Brasil da década de 1960 – havia exames seletivos para o ingresso na escola secundária (da 7ª série em diante). Hoje esse acesso é permitido a todos os estudantes (N. do E.)

prometia, talvez até mesmo netos, vou começar aqui com essas reflexões sobre a leitura e o poder. Para Cristina, a tinta cinza possivelmente cheirava a segredo, dissimulação, "tinta invisível" (talvez tédio também), e a corrente, a vigilância, controle, propriedade – propriedade privada e exclusão. Em todo caso, tratava-se de uma imagem muito reveladora da qual gostaria de partir.

A leitura tem a ver com o poder, sempre foi assim, lembra-nos Cristina; não só no que diz respeito aos costumes de arquivamento dos monges medievais, mas também com relação à própria Cristina, que se considerava completamente estranha ao livro, alheia a qualquer interesse leitor, perdida, no que diz respeito à leitura, no mais ermo dos desertos. Esquecer que a leitura está ligada ao poder seria uma forma de desativá-la, torná-la inócua, de transformá-la em adorno, em artigo sumptuário ou "bom hábito". Esse não é um bom caminho. Pode-se dizer àqueles que se recusam a ler que seria conveniente fazê-lo porque ler é "prazeroso", "divertido" ou "genial", mas se forem como Cristina, argumentarão que assistir televisão o dia todo é ainda mais prazeroso, divertido e genial para eles, e que não entendem por que insistir na leitura, que, aliás, sem dúvida, implica muito mais trabalho. E isso revela que há uma falha no lugar onde a questão se instalou. Ninguém nunca precisou que se dissesse que fazer um churrasco, passear, tomar sol, cantarolar uma música ou fazer amor é prazeroso, e que então era conveniente não esquecer de fazê-lo...

Se acreditarmos que a leitura vale a pena (eu acredito) e que restabelecê-la e redefini-la é algo útil, algo que poderia levar a supor, para todos, alguma forma de libertação do peso do mundo e de suas condições, é importante recuperar o quanto antes o laço da leitura com o poder, seu rosto vivaz, indômito, urticante e até perigoso. E refiro-me tanto ao poder que a leitura significa para quem lê (o que tentarei definir mais adiante) quanto o poder exercido por uma determinada ordem social (penso em sociedades como a nossa, em que há uma apropriação muito desigual dos bens, materiais e simbólicos) sobre a leitura em geral, o modo como ela é administrada, como os circuitos são organizados, os acervos e os cânones são criados, o fluxo de informação é liberado ou controlado, o imaginário é moldado etc. Controle que não seria necessário se não fosse o fato de que a leitura, por si só, é poderosa, dissidente e audaciosa.

O que Cristina lembrava à sua maneira e com essa imagem pitoresca – a da concentração do conhecimento e da letra dentro dos mosteiros durante os primeiros séculos da Idade Média, e o extraordinário valor dos códices manuscritos – reflete muito bem essa situação de disparidade e de controle. A letra escrita supõe sempre uma autoridade, muito mais ainda nesses tempos tão escassos em letras. Os discursos, as organizações de sentido, os universos simbólicos, o conhecimento, cifrados na letra – perduráveis, então – supõem um poder, fazem parte da organização do poder, servem como referentes e moldam o universo simbólico. O "sequestro" dos códices, seu entesouramento e o controle estrito que exercem sobre eles os monges medievais eram ao mesmo tempo uma maneira de "salvá-los" das guerras e das incursões das hordas iletradas, que os monges talvez supusessem tão hostis à letra quanto nossa Cristina, e, por outro, uma maneira de garantir a administração desse saber, que, segundo o pensamento da época, não era "para qualquer um", mas apenas para doutos e bem pensantes. Os camponeses, os rústicos, os servos tinham seus saberes práticos, formados pela experiência, e também suas histórias, suas canções, suas tradições (que supunham, claro, uma leitura do mundo), mas o saber institucionalizado, que havia se tornado letra e bem simbólico, os escritos do dogma, os *thesauri*, as fisiologias, as filosofias, as astronomias, tudo o que moldava a configuração simbólica da sociedade e constituía o saber científico da época, tudo o que estava guardado nos códices cifrados, era para muito poucos e transmitido com parcimônia, sob controle, em pequenas doses. O resto era cultura popular.

Mas o interessante reside no fato de que a sociedade nunca é lisa, pura e uniforme, sempre há lacunas, fissuras, rugosidades, contradições. E leitores desobedientes. E, dessa forma, a história é empurrada para a frente. Como nos mitos. Prometeu roubou o fogo e o saber dos deuses para dá-lo aos humanos e foi condenado a ter seu fígado desfeito com bicadas por uma águia. O mesmo aconteceu com muitos heróis civilizadores, se tinham que lidar com deuses ciumentos como os monges. Em *O nome da rosa*,[68] ler o livro proibido supõe a morte. Da mesma forma, ler a Bíblia diretamente, sem um intérprete, em idioma vulgar, como propunha Lutero, supôs uma rebelião contra a ordem da Igreja que acabou em uma cisão. E não preciso lembrar-lhes a rara fé que nossos ditadores tiveram no poder dos livros, e de que maneira obstinada atacavam e queimavam aqueles que lhes pareciam perigosos, subvertores da ordem.

É interessante notar a persistência dos controles. E como, tão logo a leitura inovadora, fresca, deixa de ser uma leitura viva e se congela em uma ordem, uma ordem qualquer, volta a se estabelecer o dogma, a clausura, o controle, a austeridade. Lutero e Calvino propunham, no início de seu sermão, que todos os fiéis lessem a Bíblia diretamente na língua vulgar, sem intérpretes, mas, em seguida, temerosos das divergências, propuseram uma cartilha, um catecismo em vez dos textos completos. Dessa forma, protegeram a nova ordem. Quando Henrique VIII da Inglaterra autorizou a tradução da Bíblia, um passo que havia se recusado a dar durante muito tempo, instituiu ao mesmo tempo os controles e fixou, conta Gilmont em *História da leitura no mundo ocidental*,[69] três categorias de leitores: aqueles que podiam ler diretamente e fazer ler a Bíblia em voz alta em inglês (homens nobres e fidalgos), aqueles que podiam lê-la para si mesmos, mas não para outros (burgueses e mulheres nobres) e aqueles que não podiam lê-la (o restante das mulheres, os artesãos e aprendizes, os servos, os camponeses e peões); e isso era lei. Até pouco tempo atrás, os livros para crianças tinham um selo que dizia "com a devida licença", o que significava que estavam sob controle: não havia neles conteúdos contrários ao dogma da Igreja. Um livro não era algo que pudesse ser deixado solto.

 A leitura é um poder e deve ser mantida sob controle, isso parece querer dizer. Por quê? Qual é o perigo? Por que esse medo que "quem não está preparado para ler" leia? Trata-se do medo da interpretação caprichosa, do desvio do sentido previsto? Pensa-se que esse sentido, contido na letra, pode descarrilhar o leitor, levá-lo longe demais de sua casa, em direção aos pensamentos ruins, às zonas proibidas, aos comportamentos antissociais? Ou pensa-se que aquilo que o leitor pretende ler é muito difícil, que ele não compreenderia e que, portanto, a semente estaria sendo desperdiçada? A verdade é que muitas vezes, muitíssimas vezes, a leitura é vista como uma atividade perigosa, e o leitor selvagem (não controlado) como um macaco com uma navalha.

 Essa face inquietante, não controlável da leitura é a que mais deveria nos interessar. A leitura é um poder, ou um contrapoder: o poder de sair para pescar por conta própria, sem permissão. O leitor existe para contrariar o inquestionável, o dogmático, o fixado, o previsível. O simples fato de "começar a ler" – como uma atitude, e muito antes de ter lido algo – supõe colocar-se à margem do funcionamento, sair da máquina por um momento. Quando alguém lê, está se rebelando de alguma forma, porque se distancia do estabelecido, e a distância liberta da adesão. Quem lê não "está apegado" às coisas, se desapegou delas. Quem lê se "desnaturaliza" de alguma forma, dá o salto, desacredita do automático, sente perplexidade, curiosidade, intriga, depois olha, procura, decifra. Por um momento, enquanto está lendo, não "funciona", deixa de estar engrenado ao mecanismo, "e passa a ser 'aquele que lê', 'aquela que lê'...". Procura indícios e, ao encontrá-los, tem a audácia de construir pequenas cidades de sentido, pequenos universos que habita por um tempo, sem se enraizar definitivamente neles porque terá que continuar lendo. O leitor é ágil e está sempre insatisfeito.

É interessante, parece-me, essa dupla condição da leitura: de um lado, a leitura viva, a disposição, a atitude, a práxis; de outro, a leitura institucionalizada, a ordem de leitura estabelecida. A leitura viva é incessante, está sempre em reconstrução, recomeçada a cada momento, nunca solidificada em certezas. Continuará sendo uma leitura viva enquanto estiver disposta a ler a si mesma. Se não se torna, como vimos com o caso das cartilhas, leitura "feita", ordem de leitura, que é outra coisa. Um leitor lê, mas não perde tempo em se congratular pelo sentido alcançado, sabe bem que isso é precário, que o tabuleiro está sempre em movimento. Quando termina de ler, volta a ficar desconcertado, a sentir fome de sentido e precisa ler novamente. Quando está demasiadamente convencido de que "é assim que as coisas são", de que "este é o significado deste livro", ou de que "o que se tem que ler é isto e somente isto", e se torna dogmático, inapelável, é, certamente, porque deixou de ler. Uma ordem de leitura é algo diferente da leitura viva. Ela é, antes, uma bagagem, uma tradição, um cânone, uma legislação, uma série de certezas bem estabelecidas.

Ao longo da história daquilo que chamamos de Ocidente, desses monges de Cristina em diante, em que a letra esteve cada vez mais onipresente, o surgimento das contradições, os saltos que foram modificando o curso das coisas, estiveram associados à leitura viva, a esse momento de desconcerto, de perplexidade e de mudança do leitor, quando os universos simbólicos que são dados como garantidos começam a parecer estranhos, ou estranhados, e é preciso voltar a ler, "ler de outra forma". Um "ler de outra forma" que supunha, como é natural, luta. A ordem de leitura, por outro lado, foi associada à escolástica, à perpetuação dos cânones, e também dos grupos de poder na cultura, à reprodução de significações e hierarquias. A leitura viva e a ordem da leitura são modos, instâncias que se complementam.

Os monges de Cristina explicam várias coisas, mas, é claro, não a indústria cultural na qual estamos imersos agora. Eles tinham um saber redondo e, como imaginavam, completo, um saber sob controle, mas não podiam prever o que aconteceria quando os livros se multiplicassem como os pães, ficassem mais baratos (graças à invenção da imprensa, mas, sobretudo, à ampliação do público leitor) e a indústria cultural aparecesse, e depois a indústria cultural globalizada. Um processo que, dos imensos códices, que tinham que ser lidos em um atril, passaria pelos livros manejáveis, que poderiam ser transportados na mochila, passar de um lugar para outro, e chegaria aos pequenos livros "de mão", que seriam lidos no jardim, precursores dos livros de bolso, e aos panfletos (religiosos, políticos, artísticos) que voariam nas praças e nos cruzamentos, o que, claro, suporia um número muito maior de pessoas alfabetizadas, de gente capaz de ler e escrever, com as quais esses monges sequer poderiam sonhar. Como prever o que aconteceria quando a letra se tornasse popular e os livros estivessem simplesmente por aí, disseminados, quase "em qualquer lugar"? Eles – os monges – conheciam um mundo de letras parcimoniosas, nas mãos de muito poucos: os doutos e, de vez em quando, algum rei, algum nobre, redator de códigos e patrono das artes. Só depois a leitura se difundiria entre os cortesãos e, sobretudo, as cortesãs, que dispunham de tempo livre, gostavam de uma boa história e haviam se juntado aos burgueses ricos, que imitavam os cortesãos. Naqueles tempos, os livros eram escassos, muito caros e limitadíssimo o universo das obras que eram consideradas valiosas o suficiente para merecer o esforço do manuscrito. Mas, com a propagação dos artesãos primeiro, e depois com a franca industrialização do livro, haviam ocorrido mudanças muito grandes. Na circulação, na apresentação, nos conteúdos. Canções de menestréis, relatos escatológicos, de aparições, eventos, anedotas, romances épicos, bufonarias, peças de teatro, jogos, que haviam circulado oralmente durante séculos foram capturados na letra por essa indústria incipiente, junto com as cartilhas, os catecismos, os textos instrutivos, os abecedários, as folhas de imagens e, vice-versa, muitos textos do mundo erudito, do mundo "culto", foram "roubados" para o povo e adaptados aos montes. Havia edições muito cuidadosas, mas também muitos livros baratos que eram vendidos nos mercados.

Os missionários que vieram para a América, em particular os franciscanos e os jesuítas, já tinham uma ideia muito diferente da circulação da cultura que havia prevalecido entre os monges que tanto comoviam Cristina. Eles usavam as imagens para popularizar o dogma e as ideias, apressaram-se em fazer catecismos, cartilhas, glossários. Eram partidários da adaptação, da popularização e, em geral, da hibridização cultural, típica desses novos tempos.

Dessa forma, um público foi sendo criado. Começou-se a falar de leitor a partir desse momento, não antes. A ideia do leitor que ainda preservamos e valorizamos é a que corresponde à grande expansão social da leitura, que foi um processo lento, desigual obviamente, mas ininterrupto. Teve um marco muito importante no século XVIII e no começo do século XIX. Ali a imagem do leitor político ou filosófico, de ideias românticas tomou forma. Em *O século das luzes*,[70] de Alejo Carpentier, estão muito bem marcados estes jovens filhos de comerciantes, leitores insatisfeitos, críticos da ordem, que rondam a casa acomodando-a aos livros. Filhos de comerciantes como Belgrano, Alberdi... No final do século XIX, não só os filhos de comerciantes, mas também os operários das cidades tiveram bibliotecas, e mulheres e crianças ingressaram em massa no universo dos leitores. Em nosso país, a ideia do leitor mais popular, mais difundida, foi essa, a que se solidificou no início do século XX, simultaneamente à grande imigração e à crescente urbanização.* A época das bibliotecas populares de bairro ou de sindicato, das edições baratas, as conferências de divulgação, os debates, as companhias filodramáticas, os recitadores. Algumas dessas bibliotecas receberam doações de republicanos espanhóis, emigrados da Guerra Civil, que viajavam muitas vezes com baús cheios de livros e até, ocasionalmente, com seus selos editoriais, que se mudaram para a Argentina. Foi assim que a Editorial Losada** foi fundada, por exemplo. A Abril*** foi fundada, pouco depois, por judeus italianos que haviam emigrado da perseguição nazista. Dados que convém levar em conta quando

---

* Graciela se refere à influência positiva que a urbanização precoce e a emigração europeia exerceram sobre a expansão da educação pública, da alfabetização e, consequentemente, do crescimento do número de leitores ocorrido na Argentina no final do século XIX e início do XX. Isso se refletiu na criação de bibliotecas populares já no século XIX, no final do qual esse país era o terceiro do mundo em número de jornais impressos por habitante. Em 1901, o jornal *La Nación* criou uma coleção, a "Biblioteca de la Nación", cujos livros eram vendidos em bancas, a preços baratos. Um estudo comparativo entre a história da leitura no Brasil e na Argentina foi feito por Gabriela Pellegrino Soares, em sua tese de doutorado *A semear horizontes: leituras literárias na formação da infância, Argentina e Brasil (1915-1954)*, apresentada ao Programa de Pós-Graduação em História Social da USP, em 2002. Graciela volta a esse tema no último ensaio deste livro, "O espaço social da leitura" (N. do E.)

** A Editorial Losada é uma tradicional editora argentina fundada em 1938, responsável pela publicação de importantes escritores latino-americanos (N. do T.)

*** A Editorial Abril foi fundada por Alberto Levi, Leone Amati, Manuel Diena, Pablo Terni e César Civita, com a ajuda de Boris Spivacow, no início dos anos 1940. Cesare era irmão de Víctor Civita, que fundaria a Editora Primavera em 1950 (mais tarde Grupo Abril) no Brasil (N. do T.)

se trata de retirar a questão da leitura do terreno da nostalgia e da melancolia para restaurar seu poder, sua virulência.

Foi uma época de fervor. Continuava havendo, claro, muita gente alheia a esse movimento, mas nas cidades, que era onde essas transformações geralmente ocorriam e onde a sociedade era mais fluida, tinha-se a sensação de que qualquer um que quisesse ler poderia se tornar um leitor e, assim, não apenas "se entreter" mas, sobretudo, se apropriar, de uma maneira simples – talvez também desleixada e errática – de alguns fragmentos de saber geral (a "cultura geral", como costumava ser denominada) e devorar universos simbólicos de todo tipo. Ler, ademais, era uma chave para a ascensão social, supunha poder social, mudar de categoria. Foi nesse momento em que o circuito do livro tal como o conhecemos até alguns anos atrás se constituiu. Todos aqueles que faziam parte desse circuito (escritores, tradutores, editores, revisores, bibliotecários, professores, intelectuais, livreiros, tipógrafos e impressores) eram, e se consideravam, leitores. Muitos eram filhos de imigrantes de origem modesta, possivelmente netos de analfabetos.

Nesse momento de expansão também não teria sido necessário falar tanto de leitura, nem preconizar as vantagens de ler. A leitura estava disponível, ou bastante disponível, ao menos nas cidades. Havia muitíssimas publicações baratas que incluíam manifestações populares, histórias em quadrinhos, fofocas, caricaturas, adaptações, junto com debates de ideias e passagens da literatura mais prestigiosa, que tinha aval e comentário acadêmico em edições mais prestigiosas.

Seria preciso, então, pensar que não havia uma ordem de leitura, que não se exercia administração, controle? Não, não é assim. Na literatura para crianças e jovens, em que as regras do jogo são sempre muito visíveis, basta percorrer as contracapas das edições mais populares dos anos 1940 ou 1950 para notar que os títulos e autores se repetem, e que há uma ordem de leituras, um cânone bem constituído. Não se saía muito dessa estrutura. Mas acontecia, sim, algo importante: o exercício da leitura era bem visto, por considerarem-no formativo, parte da formação individual e social (a palavra "formação" era muito utilizada então). Isso era algo que estava muito bem estabelecido no estado de ânimo geral, fazia parte do espírito da época. E só esse exercício estimulado da leitura produzia suas rupturas, suas rebeliões e suas mudanças. Com a leitura de folhetins, saciava-se a fome de ficção, como ela será saciada mais tarde com o drama radiofônico e o teleteatro. Entre esses folhetins havia produtos de gênero, banais e pouco interessantes, mas também apareciam Balzac, Dickens, Zola, Tchekhov, Turgueniev... Nas revistas para o público geral, como *El Hogar*, surgiam os contos de Borges. Quiroga publicou dezenas de histórias em *Billiken*.

De todo modo, é importante salientar que se tratava de uma "liberdade" delimitada e que havia trilhos, expectativas prévias, gêneros muito estabelecidos etc. Não era que os leitores, esses pelos quais se anseia, os "nós sim líamos", fossem tremendamente audaciosos e estivessem sempre dispostos à perplexidade. Eles tinham sua avidez, sim, mas também uma área delimitada. Podiam forçá-la, mas nem sempre o fizeram. E também não eram muitos, e certamente nem todos. Digo isto porque, se não, a geração jovem de agora parece sempre correr em desvantagem, passar por indiferente e abúlica, e seria um erro pensar isso.

Mas mesmo que houvesse regras, controles e trilhos, essa abrupta extensão do universo de leitores que a industrialização – e educação pública – produziu era, à sua maneira, revolucionária. A mera multiplicação dos livros e dos leitores supõe uma mudança, uma alteração na ordem da leitura que não deve ser desconsiderada. E mesmo que seja justo diferenciar uns livros de outros, ver que alguns propõem somente entretenimento, outros, disciplina, é importante sublinhar essa força da quantidade e da profusão, que produz transformações.

Quais? Por um lado, uma dessacralização da letra, dessa convicção, que os monges justificadamente tinham, de que os livros eram únicos, muito valiosos, continham tesouros e, portanto, precisavam ser protegidos com correntes. O modo de manusear os livrinhos pendurados de um cordel, ou os livros empilhados em uma mesa de ofertas de feira ou de livraria, ou na gôndola de um supermercado supõe seguramente uma atitude muito diferente da veneração. Livros existem muitos. Muitas pessoas, inclusive, nem sabem o que fazer com os livros que não querem mais, muitas editoras trituram aqueles que ficaram muito tempo no depósito e não há mais nenhuma esperança de vender. É tanto o que se edita... Sem dúvida a aura, como disse Benjamin, a unicidade do livro, foi se perdendo.

Por outro lado, não é apenas um livro que é oferecido ao consumo cultural. Há também o cinema, a televisão, o rádio, a indústria fonográfica, as locadoras de vídeo, os DVDs, a internet. A mesma história, algum clássico, como *Tom Sawyer*, de Mark Twain, pode ser lido, por inteiro ou de forma resumida, em quarenta ou cinquenta edições diferentes, adaptado para os quadrinhos, transformado em filme, série de televisão, desenho animado, quebra-cabeça e – completo, resumido, comentado, ilustrado – na tela da internet. Talvez haja também – não sei – algum jogo eletrônico que aproveite seu cachimbo, seu chapéu de palha e seu famoso truque para pintar a cerca. Multiplicado desta forma, pode ser que *Tom Sawyer* fique um pouco desfocado para nós, mas, de qualquer forma, há uma expansão, e isso é algo que também está vivo, que deve ser levado em conta, que seria bobagem não levar em conta porque é marca de nosso tempo. Será indispensável introduzir essa hibridização das mídias na questão da leitura; mantê-las de fora é absurdo e pouco eficaz. E isso não vai contra a leitura da letra, da história, da poesia, da informação, que tem, do lugar da linguagem, um papel único, uma zona própria. Vai em favor de colocar o leitor na possibilidade, que deve ser lícita, explícita e estimulada, de aproveitar tudo o que seu tempo lhe oferece, de se infiltrar, com atitude de leitura, por toda parte.

Já deixamos para trás os monges, os revolucionários românticos e Madame Bovary. É hora de ver onde estamos parados agora. O que significa ler hoje e aqui, onde estamos? Há uma ordem de leitura? Há uma margem para o contrapoder do leitor, daquele que procura insatisfeito? Em que pode consistir hoje a leitura viva? A realidade tornou-se muito complexa e opaca demais, nebulosa em virtude de discursos: é difícil ver onde estamos. Qual é a margem de poder de leitura que um leitor tem hoje e qual é a ordem que controla, canaliza, administra ou cerceia sua leitura?

Quero lembrar mais uma vez que a atitude de leitura (intriga, perplexidade, busca de indícios, construção de sentido) é natural em seres conscientes. Certamente também foi natural em Cristina. Escrutar o céu, o voo das aves, o rosto de uma pessoa, a textura que a casca de um tronco adota, a deriva do rio é algo muito natural. É natural tentar entender como funciona um motor, uma máquina. A leitura da letra nada mais é do que uma sofisticação dessa outra leitura. A primeira coisa a se ler é aquilo que está aí, o enigma, o mundo. Algum vislumbre dessa leitura que todos nós tivemos. Obviamente, interpuseram-se imediatamente as leituras já forjadas antes de nossa chegada ao mundo, aquelas que são recebidas como legado, as que, já compostas, esperam por nós quando chegamos: formas culturais, instituições, costumes, vestidos, crenças, histórias e, sobretudo, uma linguagem. É claro que se lerá através desse filtro, dentro dessa trama. Mas, contudo, sempre haverá vislumbres de uma experiência quase direta, às vezes situações dramáticas, vazias, ocos, em que alguém se sentirá perplexo, como se coubesse a ele fazer sentido por conta própria. É possível que isso aconteça menos no mundo contemporâneo do que no antigo. A tecnologia se interpõe fortemente à experiência, como explica Agamben.* As ações tendem a se tornar mais automáticas. Funciona-se dentro da máquina e é cada vez mais difícil colocar-se à margem dela. Talvez o catador de papel que sobe a montanha de lixo onde há, certamente, restos de eletrodomésticos, embalagens, comida, escritos, tenha uma experiência direta mais intensa "do que está aí" do que possa ter qualquer um de nós, que baixamos o interruptor e acendemos a luz, giramos o botão e fazemos fogo, ligamos a lavadora de roupas, ligamos as telas. Talvez, a partir dessa experiência do catador de papel, que percebe, em forma de enigma, de fora do funcionamento, os restos da cultura, uma contracultura possa ser construída, quem sabe. Em todo caso, a tecnologia está ali, é um fato, e ninguém parece disposto a voltar atrás. Macedonio Fernández fez essa proposta de voltar atrás em um lindo conto, *El bobo inteligente*.** "A única salvação para a presente humanidade é retroceder quatro ou seis mil anos", dizia o inteligente Bobo, mas ninguém prestou atenção nele. Quem quer voltar a esfregar pauzinhos ou lavar roupas na água da fonte, que, quando fazia frio, causava frieiras? A tecnologia supõe progresso, ganha-se tempo. E sempre se pode aproveitar o tempo ganho para trabalhar um pouco mais, comprar uma nova máquina de lavar roupas, ou desfrutar do tempo livre aproveitando a ampla oferta da indústria cultural.

---

* Trata-se, provavelmente, do filósofo italiano Giorgio Agamben. Infelizmente, Graciela não indica no texto original a fonte de sua referência (N. do E.)

** FERNÁNDEZ, M. El Bobo inteligente. In: *Obras completas*, v. IV. Buenos Aires: Editorial Corregidor, 1989. p. 117-118. Macedonio Fernández (1874-1952) foi um escritor, advogado e filósofo argentino, autor de romances, contos, poemas, artigos de jornais, ensaios filosóficos e textos de caráter inclassificável. Exerceu grande influência sobre a literatura argentina posterior, especialmente em Jorge Luis Borges, Julio Cortázar e Ricardo Piglia. É famoso por seu romance *Museo de la novela de la eterna*, publicado postumamente, em 1967 (N. do T.)

Com o que sempre voltamos ao nosso tema. Porque pertencemos aos tempos da indústria cultural e de uma indústria cultural muito concentrada e globalizada. Qualquer coisa que dissermos com relação à leitura tem que levar isso em conta. Toda leitura será feita dentro dessas regras de jogo.

A indústria cultural, como toda indústria, é marcada pela quantidade. Quanto mais se produz, mais bem-sucedido se será, mais o capital investido será multiplicado. De que forma produzir mais, fazer tiragens de cem mil em vez de mil exemplares, é o sonho de qualquer empresa editorial, assim como ter dez milhões de espectadores em vez de cinco mil é o sonho de *rating* de todo produtor de programa de televisão. A indústria se orgulha da quantidade e geralmente aponta seus sucessos com números. A reprodução em série das obras supõe, como dissemos, a perda da unicidade, da aura, a obra se transforma em um objeto intercambiável por outro, mas, em troca, é-lhe concedida uma expansão, e essa expansão produz, em princípio, um efeito de democratização.

Mas o que temos hoje não é apenas a indústria, é uma indústria altamente concentrada, nunca tão concentrada quanto agora, e transnacional, global, universal, como se quiser chamá-la. A propriedade dos meios de produção cultural (editoras, empresas jornalísticas, gravadoras, estúdios cinematográficos, canais de televisão, fabricantes de *software*) está em muito poucas mãos. Houve fusões, negócios foram organizados, houve partilhas. Muitas vezes os empórios culturais mais importantes estão ligados a outras indústrias (de papel, combustível, telecomunicações), a bancos e financeiras... Isso confere um poder de expansão e onipresença até então desconhecidos, mas, ao mesmo tempo, conspira contra o poder de escolha, digamos que desdemocratiza. Pode acontecer de o mesmo programa de televisão ser visto simultaneamente por várias centenas de milhões de espectadores, uma mesma série produzida em Hollywood consumida semanalmente em cinquenta países, vinte ou trinta milhões de cópias do mesmo CD vendidas em uma semana. Quantas pessoas acompanharam a invasão do Iraque pela CNN? É impossível que coisas como essas não tenham consequências.

    Agora, os grandes empórios só se sustentam se venderem mais, sempre mais. Será possível continuar ampliando o mercado? Para quem vão vender e o que vão vender? Talvez não seja tão simples. A concentração econômica supõe desemprego, exclusão, fome e também marginalização do consumo. Menos consumidores, coisa que não convém à indústria. De modo que o que a indústria faz é renovar a oferta. Os livros saem, vão a serviço de novidades nas livrarias, são testados, se não resultarem em venda massiva, passam às mesas de ofertas das livrarias de livros usados, e o restante nos depósitos é triturado, para dar lugar aos novos livros. De certa forma, isso é natural porque há um excesso, uma saturação de papel impresso. Todo o esforço da indústria editorial é colocado na novidade, na mudança, na oferta (é o que – pensa-se – vai induzir o comprador a comprar, ou voltar a comprar, já que sem esse estímulo extra da "novidade" o comprador provavelmente não compraria). Em uma filial da Ateneo* entram, segundo dados que coletei na semana passada, cerca de quinze novos títulos por semana. Eles duram menos de duas semanas nas mesas. As mesas que estão na entrada estão saturadas de livros de autoajuda e do que os livreiros chamam de *new age* (como ler as folhas de chá, florais de Bach etc.), que são os que mais se editam (esses títulos representam quase 50% dos livros do estoque de livraria). Como o circuito é tão vertiginoso, o livreiro, até mesmo um livreiro experiente, acostumado a saber o que vende, esquece rapidamente os títulos. Se alguém

---

* Rede tradicional de livrarias de Buenos Aires cuja sede, El Ateneo Grand Splendid, foi eleita pelo jornal britânico *The Guardian* como a segunda livraria mais linda do mundo (N. do E.)

buscar um título recomendado há um mês em um suplemento cultural, é possível que não haja memória da passagem desse livro pela livraria. Ainda mais impiedoso é o circuito da gôndola de supermercado.

Essa perseguição frenética pela novidade não supõe uma renovação real, nem novos temas, nem novas apresentações gráficas, nem novos autores, nem novas linguagens, em geral. Pelo contrário, no esforço para "acertar na mosca", costuma-se apostar naquilo que é seguro, de forma que tudo tende a se repetir. Na televisão também há uma tendência à reprodução. As piadas das séries, as propostas básicas, a linguagem das telenovelas tendem a se parecer. Há segundas, terceiras e quintas partes por todos os lados. Às vezes, algo novo de verdade aparece, é claro, mas nem sempre consegue se sustentar.

É como se estivéssemos no extremo oposto da ordem dos monges de tinta cinza e com correntes que a imaginação de Cristina capturou. A ordem contemporânea de leitura parece marcada pela profusão e pela ausência de parâmetros, pelo anódino ou pelo anárquico. Não parece haver, como em outros momentos da cultura que chamamos de ocidental, temas tabu, assuntos que não sejam tratados, livros cancelados, retirados de vista, perigosos, mesmo que apareçam de tempos em tempos gestos anacrônicos. Talvez isso se deva ao fato de que nenhum texto, nenhuma imagem parece capaz de pôr em xeque a ordem do dinheiro. Tampouco parece predominar, em geral, o dogmático. Nota-se, antes, um certo cansaço, uma indiferença. Desta maneira, é mais difícil para o leitor organizar sua resistência. A ordem acaba sendo inapreensível, resvala, se metamorfoseia com base na fugacidade, na profusão, na acomodação, nas modas, no entretenimento e nas ofertas. Em uma coisa apenas, a ordem medieval e a ordem contemporânea de leitura se parecem: na altíssima concentração dos bens. No resto, divergem. Em vez de um *corpus* de leituras organizado como um todo, muito compacto e resguardado, que não tolera a heresia, há um monte de pequenos fragmentos de informação que vão caindo em cima nós. Eles não são suficientes para compor sentido. São como chuva. Somam-se. São esquecidos. Fazem parte de uma espécie de purê cultural comum a todos. É interessante isso. Nestes tempos tão irregulares, em que a vida de um rico nada se parece com a de um pobre, acontece, no entanto, que o cidadão das margens que viaja a caminho de casa, localizada ao lado de um depósito de lixo ou embaixo da rodovia, poderia chegar a ver, através da vitrine do bar no centro ou da janela iluminada do luxuoso chalé do *country*, a mesma cena de televisão, a mesma partida de futebol que ele vai sintonizar assim que chegar em seu barraco. Pobre arremedo de democracia, mas, de qualquer forma, uma questão que não pode deixar de ser levada em conta.

O que o leitor faz em meio a essa tempestade de areia? Como faz para adotar uma posição independente, para ir pescar por conta própria? Adotar a posição de leitor diante da realidade, como vimos, não é nada fácil. A realidade é muito complexa e se tornou muito opaca, envolvendo-nos como uma névoa. Se alguém tem suas necessidades básicas satisfeitas, o mais fácil é funcionar, abrigar-se nas engrenagens da máquina e usar o tempo livre para se entreter. Se se pertence aos pelo menos dois terços da população que não tem suas necessidades básicas atendidas, tentar-se-á sobreviver, conseguir comida para mais um dia e se recuperar o suficiente para dormir.

Mas dissemos que ler vale a pena, e permito-me voltar a dizer: vale a pena, é um poder prazeroso, um contrapoder que faz com que alguém se descole da tirania das coisas, das condições pesadas, do implacável e do fatal. A questão é como. O que nos falta é resolver a charada. Qual é o sentido da leitura hoje, neste mundo, tal como estão as coisas? Por onde começar para refundar a leitura viva, criar uma leitura nova? Porque basta já de ficar nostálgico por aquilo que já foi, de ficar na nostalgia, na melancolia. A melancolia é doce e há um certo vício nela, mas não servirá aos jovens, essa nostalgia é apenas para os velhos. A leitura é um poder vivo, e é preciso aprender a exercê-lo novamente. Serão outros leitores, leitores à sua maneira. Talvez não seja um leitor como Proust ou como Sarmiento. Talvez não sejam leitores como foram aqueles que fizeram a leitura há quarenta ou cinquenta anos. Mas outros leitores.

O que segue, que é o final daquilo que eu queria dizer hoje, são alguns poucos apontamentos para o esboço de um plano que teremos que criar juntos. Algumas atitudes úteis para o estabelecimento da leitura. Algumas sugestões de como voltar a contradizer o estabelecido. Vocês verão se lhes servem, assim espero, em seu trabalho, seu trasfego diário.

No fundo, trata-se de voltar a desejar. De superar a indiferença e voltar a escolher, de ser capaz de fazer um desenhinho, um caminho. Como no poema-canção tão lindo que, mais tarde, nos anos 1970, o possivelmente patafísico* Federico Manuel Peralta Ramos popularizou no programa dominical de Tato Bores:** *O vermezinho vai passeando / e no pastinho / vai desenhando um desenhinho...**** Como fazer para – vermezinhos todos – deixar nosso desenho no pasto, nossa pequena escolha, nosso traço? Certamente sendo teimosos. Isto é, nos animando a fazer como o vermezinho. O que supõe se permitir fazer algumas concessões.

---

* A *patafísica* é a "ciência das soluções imaginárias e das leis que regulam as exceções", criada pelo dramaturgo francês Alfred Jarry (N. do T.)

** Mauricio Borensztein (1927-1996), mais conhecido como Tato Bores, foi um ator e comediante argentino. Embora tenha atuado no cinema, teatro e televisão, é neste último meio em que seu humor político marcou gerações de argentinos (N. do T.)

*** Referência à música *El gusanito*, de Jorge de la Vega. "El gusanito / va paseando/ y en el pastito/ va dibujando un dibujito" (N. do T.)

Em uma sociedade que nos obriga à vertigem e à mudança constante, voltar a experimentar o tempo – demorar-se na leitura, voltar atrás, reler, saborear uma palavra, e até mesmo ler em voz alta – podem ser comportamentos quase revolucionários.

Também é revolucionário – em uma sociedade que se propõe a entreter, divertir e pensar o mínimo possível – recolher-se a si mesmo, permanecer em silêncio por um momento, refletir.

O mesmo no que diz respeito à resistência. Dizer não pode ser algo revolucionário se tal atitude servir para conquistar um lugar para si, para empurrar para trás a linha de saturação, rejeitar a oferta, manter à distância o bombardeio, não comprando, trocando de canal ou desligando a transmissão quando necessário.

Outra sugestão útil, parece-me: exercitar o estranhamento. Olhar de vez em quando como um estrangeiro, como um recém-chegado, para se distanciar daquilo que está estabelecido, lê-lo, em vez de dá-lo por certo, deixar de ser automático, de funcionar. Brecht falava disso em sua teoria teatral, a atitude revolucionária do artista supõe um estranhamento. Com um pouco de prática, pode ser um exercício muito revigorante.

Outra, e muito importante: recuperar a intrepidez, o afã exploratório. Sair para pescar. Aceitar todas as linguagens, todas as experiências de leitura. Aceitar também a hibridação, a miscigenação, nossos tempos não são tempos de puristas. Ler na tela de um computador pode ser difícil no começo para quem está acostumado com a permanência do corpo do livro, mas é preciso pensar que se vai ler de outra maneira, e que haverá uma surpreendente expansão da leitura. Para os jovens habituados a ler na tela pode parecer um excesso de permanência do livro, um esforço de atenção exagerado, mas eles têm que pensar que aprofundar vale a pena, e que isso lhes trará prazeres inesperados. Essa expansão das experiências e dos textos (nem todos feitos de letras) é uma forma de se contrapor às garras da expansão concentrada do mercado. É necessário aproveitar aquilo que o tempo dá e beber até a última gota. Qualquer cerceamento, qualquer medo, qualquer sectarismo estaria funcionando à maneira das famosas correntes. Tudo aquilo que outorga mais escolha, alternativas, vai em favor do próprio desenho. E tudo aquilo que outorga protagonismo – um teclado, um lápis, o olho de uma câmera fotográfica – deverá ser bem-vindo. Escrever e ler vêm sempre juntos.

Algo mais: um ponto fundamental que atravessa todos os itens anteriores. Deverá se resolver o quanto antes se esta refundação da leitura é uma empreitada de todos e para todos ou apenas de alguns e para alguns: os escolhidos. Tenho certeza, absoluta, de que todos podem ser leitores – e escritores –, não tenho a menor dúvida. Mas há muita gente que pensa que não, que a disparidade é inevitável, que de algum modo é natural que ela se consolide, que está tudo bem que alguns funcionem, aspirem à eficácia simplesmente, e outros, os menos numerosos, pensem, leiam, se eduquem "na excelência" e se libertem das correntes. Soa muito medieval, mas é um pensamento mais difundido do que se pensa.

Recuperar o tempo, o silêncio, o recolhimento, resistir, ajudam a se distanciar das condições do mundo. No entanto, ainda assim, ainda que cada um esteja fazendo seu trabalho da melhor forma possível, demorando-se quando é preciso, traçando um círculo mágico ao seu redor e daqueles por quem se sente responsável, onde faça sentido a busca do próprio desenho no pastinho, ainda assim, a empreitada seria muito difícil, se não fosse pelo fato de que os leitores tendem a se agremiar, a formar redes, cidades de leitura que os fazem se sentir menos sozinhos. Isso também terá que tornar propícios os acordos entre leitores. O bom conselho do leitor mais avezado, o comentário do parceiro, a polêmica. Em princípio de forma artesanal, nas pequenas áreas propícias (a biblioteca ainda é a melhor invenção) e depois, com prudência e astúcia, em formas culturais mais complexas.

Pensando hoje no esforço que certamente vocês fizeram para participar desse encontro, porque as coisas não são fáceis, todos sabemos disso, dizia a mim mesma que, talvez, melhor teria sido contar-lhes uma história. Em vez disso, comecei a pensar em voz alta. Trouxe-lhes minhas próprias dúvidas, minhas contradições, as rugosidades nas quais eu mesma vou me agarrando para não escorregar. Vocês têm que saber que fiz isso porque respeito o que fazem. E porque me pareceu que a melhor maneira de agradecer este generoso convite para inaugurar as jornadas era contar-lhes por que acho que temos que mudar de discurso, descartar todo o miserabilismo, evitar todo choro e simplesmente voltar ao poder. Recuperar o poder vivo da leitura, que, esse sim, nos torna todos iguais.

Nunca cheguei a dizer nada disso para Cristina. Minha única esperança é que talvez, em uma dessas maratonas televisivas que prometia a si mesma para depois do casamento, ela tenha sintonizado o programa de Tato Bores e escutado a música do vermezinho. Era uma boa leitura. Ele continuava dizendo "... *e o desenhinho / vai passeando / e no pastinho / um vermezinho vai verminando...*"*

---

* "(...) *y el dibujito / va paseando / y en el pastito / va gusaneando un gusanito*" (N. do T.)

A formação de leitores e o pranto do crocodilo

Texto publicado originalmente em: *La Maga, Revista Literaria*. Buenos Aires, agosto de 1992; e em *Hojas de Lectura* nº 46, p. 6. Bogotá, Fundalectura, junho de 1997.

A ANGÚSTIA IRROMPEU em algum momento do século e borbulhou largamente em estudos teóricos, métodos infalíveis, recursos didáticos, grupos de estudo, planos de pesquisa, mesas redondas, artigos jornalísticos e demais gestos em que se destacava o tom escandalizado, o alarme. Não havia dúvida: a pitoresca espécie dos leitores estava inexoravelmente em extinção.

"Lê-se pouco". "Não se lê". "As pessoas já não leem como antigamente". E, claro, o que não podia faltar: "as crianças não leem". É tão notável e generalizado é esse gesto da sociedade batendo no peito, arrancando os cabelos e gemendo pelo fim dos leitores, que talvez possa ser útil ventilar um pouco a questão, para que não seja algo em que fiquemos submersos, como a pobre Alice em uma poça de lágrimas... de crocodilo.

O melhor é esvaziar o balão das grandes generalizações e colocar algumas coisas em seu devido lugar:

Algumas pessoas não leem porque ninguém as ensinou a ler.

Algumas pessoas não leem porque não têm livros.

Algumas pessoas não leem porque – dizem – "não gostam de ler". (Convém lembrar que os dois primeiros grupos são excessivamente grandes na América Latina.)

Para todos esses que não são leitores, a sociedade deve algo. Reconheçamos que eles não estavam condenados desde seus cromossomos a não serem leitores, mas, de um modo ou de outro, os mediadores sociais falharam, a sociedade falhou com eles. A todos eles faltou algo que não deveria ter faltado. Em algum momento, deram-lhes uma rasteira. Assim sendo, é bom que a sociedade se encarregue e admita, por mais que isso a desagrade, que não se trata de uma fatalidade do destino, mas de uma consequência de atos históricos e concretos das quais ela não pode se declarar inocente.

A sociedade fabrica não leitores e, quando vê seu produto, não consegue fazer nada além de colocar as mãos na própria cabeça, escandalizada. Primeiro, provoca o incêndio e depois sai correndo para chamar os bombeiros.

Com esse comportamento, nada mais faz do que projetar suas ambiguidades e hipocrisias com relação à leitura, aos livros, ao pensamento crítico, à educação e, de maneira mais geral, ao que chama de "cultura". De um lado, no palco, declamações inflamadas em defesa dos livros e da leitura, exageradas e até absurdas, fetichizantes. Por trás, nos bastidores, comportamentos muito concretos e muito pouco explícitos que tendem a fomentar a não leitura, ou ao menos a condenar gigantescas massas populacionais do planeta à irremediável iliteralidade.

Quase no mesmo momento e num segundo gesto teatral, que também lhe é muito característico, essa mesma sociedade escandalizada estende a mão e, como que de forma descuidada, deposita o conflito nas crianças. São as crianças que não leem. A crianças, mais uma vez e como sempre. As crianças, esses pequenos recipientes onde, no entanto, tudo pode ser despejado; os eternos, sagrados e indispensáveis bodes expiatórios. É aí que fico irritada e sinto vontade de sacudir o tabuleiro de nossa (dos adultos) amável preocupação. Que tal tentarmos alfabetizar (mas alfabetizar de verdade), sem mesquinhezes, todas as nossas crianças, dar-lhes escolas, professores bem remunerados, livros? Que tal darmos a eles bibliotecas suculentas, muitas bibliotecas – de escola, de sala de aula, de sindicato, de clube – transbordando de livros excitantes e desejáveis? Que tal doarmos um pouco de nosso tempo, de nossa voz, de nossa companhia junto com os livros? Que tal pensarmos e estimularmos o ato de pensar, de criticar, de discutir, de informar sobre a própria vida? Que tal voltarmos a falar com nossos filhos das coisas cotidianas, das coisas de antes e de agora, de nossas fantasias? Que tal tentarmos recuperar nós mesmos a avidez pelo livro, o tempo livre e privado, a reflexão, o olhar penetrante, o prazer pelas palavras? Se, depois disso, as crianças ainda estiverem determinadas a se afastar irremediavelmente da leitura, poderemos mexer pesarosamente nossas cabeças e sentar para discutir o amanhã; até não tivermos feito isso, nos limitaremos a choramingar e continuaremos patinhando em nossas lágrimas de crocodilo.

Mover a história
Leitura, sentido e sociedade

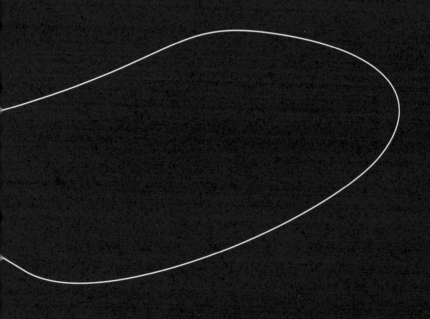

Palestra apresentada no "Simpósio de Lectura.
Fundación Germán Sánchez Ruipérez", Madri,
novembro de 2001.

A QUESTÃO DA LEITURA já está saturada de discursos. Por isso, tentarei ser breve, não ser demasiadamente redundante e propor uma mudança de cenário, um movimento da história para a frente.

Algo se rompeu, sem dúvida. Mas não foi a leitura, e sim uma certa ordem de leitura, à qual tentarei me referir mais pontualmente. Não parece certo que as gerações mais novas, em geral, leiam menos que as gerações mais velhas, em geral. Talvez meus filhos tenham lido neste ponto mais do que li. Mas são seguramente outras leituras e outros modos de ler. A leitura muda, se modifica, deverá ser refundada novamente, mas seria um erro dá-la por morta. Não é tão fácil se livrar da insatisfação humana, do olhar consciente, e Prometeu não chora sobre seu fígado dilacerado, mas começa imediatamente a gerar um novo.

Para mover a história – e para dar por encerrada a cena do lamento – é útil esclarecer alguns mal-entendidos. Para começar, proponho que nos coloquemos de acordo sobre determinados pontos – por exemplo, do que falamos quando falamos de leitura, qual é a diferença entre leitura e uma ordem particular de leitura e em que, exatamente, consistiu a famosa crise – e que revisemos em seguida, com olhar crítico, nossa práxis diária (que também é um discurso, e de graves consequências no decorrer da história).

Do que falamos quando falamos de leitura

Ler é basicamente – em seu "grau zero", digamos – adotar a posição de leitor. Isto é, retirar-se um pouco diante daquilo que nos intriga, nos provoca e nos desconcerta, e a partir daí, desse retiro, recolher indícios e construir sentido, fazer uma conjectura, um sentido mais ou menos habitável, que torne "o que está aí", sempre enigmático e mudo, mais compreensível, mais acolhedor, mais tolerável ou mais próprio. Não podemos lidar com o outro ou com nós mesmos sem construir significações.

Não penso em grandes sentidos, em sentidos absolutos, imutáveis e eternos. Os grandes discursos caducaram, como todos sabemos. Estamos muito longe hoje da fé nas teorias que pretendiam explicar tudo. Até mesmo nos dizemos que talvez, eventualmente, as coisas não signifiquem nada, e que o que tomamos como indícios sejam indícios de nada, do sem sentido, da indiferença universal, do vazio. Nosso mundo é desencantado, todos sabemos disso. Contudo, mesmo assim, continuaremos a cobiçar o sentido, necessariamente, sempre. Com menos confiança nos deuses do que o *Popol Vuh*,[*] menos fé em nós mesmos do que Descartes, mas com uma fome semelhante.

Cabem milhares, milhões de pequenas leituras privadas, às vezes efêmeras, quase sempre secretas, na vida de uma pessoa. A posição de leitor – o "grau zero" de leitura – feita, repito, de perplexidade e distância, seleção de indícios e conjectura, é muito precoce e, claro, muito anterior à irrupção da letra.

---

[*] Trata-se de um registro documental da cultura maia, produzido no século XVI e que tem como tema a criação do mundo segundo os maias. *Popol*, em língua quiché, significa "comunidade" ou "conselho", e implica a noção "propriedade comum"; *vuh* ou *wuj*, por sua vez, significa "livro" (N. do T.)

A posição de leitor supõe uma certa forma de rebeldia, um cruzar a linha, esse é o outro ponto que gostaria de marcar. Creio que a insistência em equiparar leitura e "hábito", leitura e "entretenimento" e leitura e "prazer" acabou nos distraindo desta questão primeira da leitura como insubordinação e desejo. A leitura é anseio por significado e, portanto, um "apartar-se" da ordem, distância e rebeldia. Lúcifer cobiçava o que Deus tinha, o Logos, a chave, o sentido, devemos pensar, então, que Lúcifer lia. Adão e Eva, consequentemente, leram. Prometeu leu. Os heróis fundadores que se rebelaram contra a ordem e desviaram rios, entregaram os poderes e o fogo aos humanos leram. Todas essas são formas de inaugurar a história.

Recolher-se, tomar distância, ficar desconcertado diante do enigmático e enfrentá-lo (olhá-lo de frente) são atos que requerem uma certa insubordinação, ou livre arbítrio, uma forma de rebeldia. Prática de risco em nossos tempos, quando a ordem que nos contém e determina é tão complexa, tão vasta e tão alheia, quando a experiência vem "já feita", como diz Agamben, quando o logos, ou ao menos os conhecimentos decantados, se tornaram impossíveis de abarcar, e a tecnologia – tão útil, tão proveitosa e prática – nos afasta da possibilidade de apreendê-los.

Leitura vs. ordens de leitura

As leituras – individuais, tribais, sociais – se solidificam em ordens de leitura, se consolidam em teorias, opiniões, cultura, *Weltanschung*,** modelos, que formam uma espécie de "leitura de base" que cada leitor recém-nascido recebe como legado junto com a linguagem. As ordens de leitura, ou as culturas, são mais

---

** Conceito filosófico que poderia ser traduzido como "visão de mundo" ou "cosmovisão" (N. do E.)

ou menos duradouras, até agora não houve nenhuma que fosse, comprovadamente, imutável e eterna. Se as ordens de leitura perduram no tempo, multiplicam-se os símbolos, os cânones, certa pompa. Nos casos mais graves, o que começou sendo uma conjectura, um sentido construído diante do enigma, um risco, torna-se poder, dogma ou preconceito. Uma ordem de leitura muito consolidada não supõe necessariamente a existência de bons leitores, leitores em posição de leitor, dispostos à perplexidade e à conjectura.

Embora aqui eu vá me concentrar nas ordens de leitura da linguagem, por serem as mais ricas e também as mais propensas à mudança, não se pode esquecer que questões como a organização familiar, tribal ou nacional, o modo de construir moradia e cidades, as tradições universitárias, a rotação dos cultivos, a decoração dos vasos, os utensílios, a tecnologia ou a moda também são, à sua maneira, uma ordem de leitura.

Fico na linguagem porque ela, ao mesmo tempo, é um sentido construído e o espaço onde podemos construir, com maior ou menor sutileza, outros sentidos. E tentarei salientar alguns momentos em que esse motor da leitura, a rebeldia, ficou em evidência e a história se moveu.

A primeira grande construção da linguagem foi o mito, mitos como o de Prometeu. Uma constelação de sentido feita de palavras, de linguagem, que serviu para "lidar com o divino" (ou com o enigmático). O mito veio antes da filosofia, e, consequentemente, antes da ciência. Só então a razão e a história apareceram.

A passagem do mito (divino) para a história (secular, humana) também foi um grande acontecimento. Na história, aquele que conta (e aquele que escuta) não se limita a lidar com o divino, mas se torna o próprio deus, possuidor, enfim, da máquina de criar universos. Universos pequenos, pequenos cosmos de sentido.

O outro marco que me interessa ressaltar pertence já à ordem da letra (uma instância à qual algumas culturas, não todas, chegaram, e que teve um impacto muito grande nos modos de ler e, sobretudo, na possibilidade de valorizar e comparar sentidos, e constituir e preservar ordens de leitura elaboradas e completas). A letra também começou sendo divina. Os chineses inscreviam caligramas no fundo dos vasos quando eles ainda estavam pela metade. Uma vez feitos, nenhum ser humano poderia mais ler a mensagem. Isso realmente não importava, já que as "marcas divinas" eram dedicadas aos deuses. A letra é venerada, beijada, tocada ou transportada em andores, mesmo por aqueles que não sabem ler. A letra é um arcano, um mistério. Nos primórdios, apenas alguns, os sacerdotes, os notários, possuíam a chave dessas marcas mudas que, no entanto, "falavam". Nesses momentos, a escrita era usada para o ritual – litúrgico e legal – (ou o contável, outra forma da lei). Somente mais tarde, com aparecimento do ócio (o vazio, a disponibilidade, o ser humano sozinho ou em companhia tomando conta de sua humanidade), surgem a ciência escrita e a literatura.

A literatura – para ficarmos sentados em um galho que talvez, para aqueles que estão aqui dentro, seja mais confortável do que outros – também teve seus marcos, suas ordens e suas rebeliões. Tinha sido dividida, quase que imediatamente, em duas: a de prestígio e a "menor", ou desprestigiada. A primeira era integrada pelas histórias consagradas pelos doutos. E foi a primeira a passar do oral para o escrito. No Ocidente medieval, ela ficava limitada ao circuito dos monastérios, depois das universidades e, por último, das cortes. Nada facilitava a extensão dessa leitura aos não iniciados (os textos eram duplamente cifrados, não apenas em código de letra – que poucos dominavam – mas também escritos em latim, quando já se usava o vernáculo, repletos de abreviaturas e alusões que apenas os iniciados conheciam). Além disso, os insumos, os materiais (a tinta, o papel e o ofício do escriba) eram suficientemente caros para que somente os senhores, ou os teimosos, a possuíssem. A literatura menor, a do povo, menos coesa, flutuante, local, resistente também, continuava sendo transmitida de boca em boca.

Quando a imprensa* aparece, o universo do escrito se modifica radicalmente. E a maior transformação é a que se produz justamente no terreno do popular, que agora também disporia, apesar dos pesares, e já vamos ver por que e para que, da letra. O molde "barateia" a letra. E só então, com a "letra barata", e muito lentamente, se poderá começar a falar de uma literatura popular feita objeto, corporificada em papel e tinta. Embora – e esse é um ponto de interesse – a "letra barata" não fosse usada tanto para o "registro do popular" (que é mais algo que os românticos empreendem de forma sistemática, e muito depois), mas o da "comunicação massiva com o povo". A literatura "culta" também se transforma com a revolução: como se escrevia e se lia muito mais, os papéis começam a ser definidos com mais clareza: o autor, o editor, o divulgador e, claro, o "público leitor".

Foi uma grande mudança. A imprensa vem associada, como sabemos, às lutas religiosas, e em seguida à revolução burguesa, ao racionalismo e ao Iluminismo. O livro popular não era alheio à "leitura oficial" da época, e se integrava a ela. Proliferaram, sobretudo, os catecismos e as cartilhas, muitos em imagens, a literatura de cordel também, os primeiros jornais sensacionalistas, as histórias de santos, os folhetins escabrosos, as aventuras extraordinárias, as curiosidades de viajantes e filosofias "populares" escarnecedoras, tudo geralmente "Ilustrado", facilitado de algum modo, e muito barato. Isto é: prédica e doutrinação, sensacionalismo, imagens. E pouco a pouco também, algo muito importante para o Iluminismo, a divulgação do "legado" da civilização, o erudito.

---

* A palavra "imprensa" está sendo usada aqui para designar os efeitos da invenção de Joahannes Gutenberg, a "prensa" com tipos móveis, que permitiu o surgimento do livro impresso tal qual o conhecemos hoje (N. do E.)

"O erudito" e "o popular" continuavam sendo ordens separadas. Os doutos "estudavam" os antigos ou "cultivavam" as vanguardas, o povo "entretinham-se" com as folhas dobradas com imagens e as histórias de monstros e milagres. A divisão entre o erudito e o popular era clara (embora houvesse interessantes transvazamentos, especialmente férteis, entre os quais o trabalho de "erudização" dos contos maravilhosos que Charles Perrault empreendeu é um dos mais interessantes).

No entanto, a história sempre se move. E, neste caso também, ela continuou se movendo.

Para o século XVIII, o século das luzes, das revoluções e da Enciclopédia, já se havia consolidado um saber, uma cultura, que todo europeu reconhecia como específica, um "legado". A princípio, havia ficado apenas nas mãos de poucos e agora a imprensa, e também o Iluminismo igualitarista, permitiram que ele se difundisse. Era algo como "a leitura consolidada e fixada" de toda uma sociedade. Assim é o mundo, estes são os discursos de que valem a pena se encarregar, este é o cânone, estes são os significados, e estes somos nós. Fora da civilização ocidental, no trato com os muitos outros povos do mundo que naqueles anos tinham vínculos coloniais ou de protetorado com o Ocidente (em particular na América e na África; a Ásia às vezes apresentava uma resistência cultural menos permeável), o "legado" era a civilização, a marca dominante. Aos olhos da população, de cada indivíduo, o legado era muito cobiçado, já que era visto como associado ao "poder", ao "saber" e, sobretudo, ao "êxito social". Tratava-se de escolher entre "civilização" e "barbárie". Se se escolhesse "bem", podia-se apanhar o grande legado, o grande coágulo de sentido, a leitura geral herdada. Como todos os seres humanos possuem razão, todos podem chegar a alcançar o "saber" (não devemos esquecer que o racionalismo iluminista também vinha acompanhado do igualitarismo, um igualitarismo "de cátedra" talvez, mais que "de fato", mas igualitarismo no fim das contas).

A escola, como instituição, origina-se nesses tempos de dicotomia entre o erudito e o popular. Um pouco como "educação do príncipe" (transmissão de saberes dos quais não podiam carecer aqueles que estavam destinados a governar) e outro pouco como "educação do povo", que surgiu com a ideia política da república igualitária (o "educar o soberano" de Sarmiento).* Em ambos os casos, em um mais instrumental e sofisticado e no outro mais massivo e preceptivo, estava a ideia de que havia um logos a se comunicar. Se o educando passasse por essa prova (a da educação), se tornava um membro pleno e "culto" de sua sociedade. (Agora, quando precisamos nos perguntar onde estamos em cada passo, parece curioso que tenha havido épocas em que não havia dúvidas sobre o que ensinar. Podia haver dúvidas sobre a quem ensinar o que devia ser ensinado, ou até mesmo como ensinar, mas não em relação ao que deveria se saber).

A escola tinha seus saberes a serem transmitidos e devia fazê-lo para cumprir com seu papel socializador, de coesão e "inclusivo". Bourdieu diz, com toda razão, que isso serviu para reproduzir as hierarquias e arbitrariedades, o *status quo*, mas também serviu, convém lembrar, para estender a cidadania leitora a uma imensa camada da população que, uma vez em posse da "leitura" oficial "(basicamente reprodutora) bem podia – e, de fato, pôde – questionar, isto é, "continuar lendo". A leitura, uma vez habilitada, não é tão fácil de manter sob o controle do poder.

Certo é que, tanto em termos de literatura quanto em termos de leitura em geral, a escola transmitia um cânone, e isso

---

* *Educar al soberano* é uma frase que se atribui ao educador e político argentino Domingo Faustino Sarmiento (1811-1888), que dedicou parte de sua vida à tarefa de ensinar, entendendo que a educação é fundamental para o desenvolvimento dos povos e formadora de cidadania, em uma sociedade democrática em que o povo tem a incumbência de eleger seus governantes e, portanto, deve fazê-lo com conhecimento, responsabilidade e privilegiando os valores fundamentais (N. do T.)

proporcionava à criança, ao jovem, uma "cultura" ou um verniz cultural que serviria de aval para a sua promoção, que lhe daria uma identidade civilizada, que o incluiria em sua sociedade de maneira definitiva.

Que significados circulavam pela escola? Em geral, todos os que conhecemos, aqueles que ficaram estampados nos programas de estudo, e que, no decorrer do tempo, decantaram em algumas sínteses extremas e simplificadas, lugares-comuns que se transformam em muletas. Que textos de ficção deviam circular na escola? De um lado, os "clássicos" – que não eram nada além do que os canônicos, recortados e adaptados ao uso da sala de aula, com variantes de acordo com as comunidades e os países – e, de outro lado, os textos *ad hoc*, pensados para transmitir melhor esse "legado", que proliferaram à medida que o aparato editorial escolar se especializava.

A escola existia para incluir na sociedade. Não se tratava de fazer grandes e pungentes perguntas, ou de arrebatar o segredo dos deuses. Nem de "ser feliz" lendo-se o que se lia. Tratava-se de se adestrar no uso da linguagem, de aprender a técnica da lecto-escrita, o código, e adquirir os conhecimentos que todo membro "culto" da sociedade devia ter. E como havia, na base, um certo sonho igualitarista, desenvolveu-se uma minuciosa didascália, destinada a facilitar essa necessária transmissão, de que ninguém duvidava.

A ordem da escola era a de leitura mais visível, mais rigorosa e mais vigiada (junto com – diz Petrucci[71] – a da Igreja).

Mas, e ainda como consequência do barateamento da letra, surgiu uma nova "instituição", a do leitor *amador* [*amateur*], autônomo, menos regrado e geralmente voraz. Ele havia nascido há algum um tempo (ao menos conhecemos um desses leitores ébrios de leitura, que saiu para revolucionar a ordem de La Mancha no século XVI), mas terminou de se perfilar no século XIX. Nos primeiros anos do século XX ele continuava vigente. Constitui a imagem ideal, a "ideia" de leitor que ainda se tem: o jovem absorvido em um livro enquanto ao seu lado acontecem coisas às quais ele não presta atenção, a leitura de biblioteca pública, aqueles que andam com o livro na mão ou discutem um parágrafo com outros, ou o marcam para não esquecê-lo, o acúmulo de livros, as bibliotecas privadas, a cena de leitura doméstica das crianças, a paixão por um autor etc.

A leitura do leitor "*amador*" tinha uma certa ordem e, possivelmente, um cânone (que infelizmente foi pouco estudado), mas se tratava de uma ordem muito menos vigiada, mais fluida, mais "desordenada" por assim dizer (e, portanto, mais imprevisível) e mais própria. O motor estava mais no próprio leitor, em sua voracidade e seu desejo de ser incluído na – ou às vezes, ser marginalizado da – grande leitura oficial, do que no impulso da sociedade de preservar a si mesma, de preservar sua leitura do esquecimento ou da deformação, canonizando-a na instrução escolar. Em consonância com esse amadorismo, havia certas marcas. Era frequente que a posição do corpo não fosse a de estudo, que o leitor estivesse deitado no chão ou encolhido em uma poltrona, andando ou viajando de trem. E que seu vínculo com o livro tivesse uma forte carga emocional (chorar sobre ele, abraçá-lo, empunhá-lo). Trata-se de uma imagem reconhecível por todos, muito captada por cartunistas e fotógrafos, e também por romancistas, muitos dos quais a tematizaram com mais profundidade. Esse leitor "louco", o leitor "fora de controle", foi um agente social muito importante.

À leitura escolar e à leitura *amadora* seria preciso acrescentar a leitura do erudito ou do intelectual – muito mais cerceada, herdeira do claustro – que, teoricamente ao menos, tinha um pouco das duas primeiras: o rigor da leitura da escola e a voracidade apaixonada da leitura do *amador*. E, ao menos supostamente, uma posição mais crítica, isto é, uma audácia mais declarada em relação ao cânone estabelecido. E a mencionar também, na outra ponta, a "leitura elementar" ou instrumental (a única à que acediam os mais pobres, sobretudo os pobres da zona rural), que consistia em reconhecer as letras do alfabeto e aprender a escrever o próprio nome.

Todas essas leituras, a do escolar, a do leitor *amador* e a do erudito – e também a do simplesmente "alfabetizado" – supunham a presença de livros, ou ao menos de cartilhas. Esses livros eram lidos e estudados. No entanto, não se poderia dizer que todos esses livros tenham estimulado da mesma maneira a leitura, no sentido que pretendo dar a ela aqui, de livre pensamento, distanciamento e rebeldia. De fato, havia muitos livros destinados, eu diria, a submeter, livros que serviam ao exercício do controle (algo de que nem sempre se lembra quando se defende global, indiscriminadamente – quando não fetichista – o livro).

Bem, essa foi a "ordem de leitura" que entrou em crise, junto com muitas outras ordens. E isso incluiu a quebra de muitas coisas que podemos considerar desejáveis e também de outras mais ou menos indesejáveis. Nem todas as pessoas, nem todos os grupos sociais, nem todos os setores empresariais, intelectuais e educacionais que falam de leitura e de livros desejam exatamente as mesmas coisas desse velho ponto de equilíbrio. Por outro lado, pode-se dizer que sim, tanto na escola quanto no território do leitor *amador* e na "*intelligentsia*", se fizeram sentir os efeitos dessa espécie de rachadura geral e posterior desmoronamento de uma ordem que era considerada pouco menos que eterna.

Foi esta crise da ordem de leitura, aparentemente, que nos levou a concluir que a leitura perece.

E sim, é verdade que, de alguma forma, há algo que perece, ou definha no ar até se tornar quase inapreensível: as teorias hiper-consolidadas, por exemplo, especialmente as unicistas ou fundacionalistas. Muitos significados talhados em bronze, muitos mitos sociais que eram considerados eternos caíram aos pedaços, demolidos, mas não a leitura, a fome de sentido, o impulso de continuar lendo, que, de modo algum, creio eu, perece, mas está mudando, regenerando-se como o fígado de Prometeu. De nossa compreensão dessa mutação, de nossa capacidade de nos colocarmos diante dela novamente, como recém-chegados, dispostos à perplexidade, depende se podemos levantar o cerco e mover a história.

Registremos, assim, por cima, algumas das transformações culturais dos últimos oitenta anos:

- Aparecimento da Galáxia Marconi, como MacLuhan a batizou: os meios de comunicação de massa e suas consequências em termos de extensão da informação, massificação, unidirecionalidade e também de controle social.
- Extinção do "otimismo" iluminista e sua ideia de progresso ilimitado, tanto no crescimento econômico, no domínio da natureza quanto na possibilidade de estender esse progresso ao resto do planeta.
- Ceticismo diante das grandes teorias e filosofias que buscavam fornecer uma explicação da realidade sobre fundamentos inquestionáveis.
- Fragmentação e pluralismo em todas as ordens.
- Mercantilização generalizada e protagonismo do consumidor que deriva, entre outras coisas, na profusão de oferta, na segmentação e no descarte.
- Indústria cultural concentrada.
- Avanço da espetacularização e da clonagem (redundância): o mundo, todo, inclusive as teorias sobre o mundo, os crimes ou as guerras, nos fazem o efeito de simulacros temporários e efêmeros (pensemos no efeito da reiteração de tantas e tão excelentes "tomadas" da queda das *Torres Gêmeas*).
- Colocação em xeque da identidade (que depende menos das culturas antigas, que estão fragmentadas, e muito mais do *marketing* e das mídias), com a consequente sensação de andarmos soltos, à deriva e sozinhos.

• Aparecimento e desenvolvimento vertiginoso dos mundos e dos laços virtuais, o computador pessoal, a memória incomensurável, o *cut and paste* [copiar/colar], o corpo evanescente, a anulação do espaço e do tempo.

São grandes transformações. Muitas coisas deram volta, assim como muitas ordens duradouras, que havíamos chegado a considerar eternas. A sensação de desequilíbrio ainda perdura. Alguns se aferram aos velhos significados. Outros aderem à demolição com volúpia, embarcando na desconstrução perpétua. E muitos simplesmente descartam o sentido, amparando-se na nova filosofia do simulacro, da hiper-realidade, que parece tão prática na hora de negar o próximo, os corpos concretos e as misérias do mundo.

Hoje, a "posição frívola" já é difícil de sustentar. Torna-se evidente que, após a demolição de uma ordem sempre se estabelece outra, a qual, uma vez estabelecida, se associa ao poder, sempre. É bastante presunçoso dar por terminada a história.

O discurso hegemônico (nova leitura oficial) diz que sim, que ela acabou. Que só resta aceitar "a força dos fatos", submeter-se às regras. Um dos principais capítulos do novo dogma diz: "entreter-se, não pensar". Mas os leitores sempre pensam, constroem pequenos cosmos, conjecturas, eles precisam disso para construir um lugar para si. Talvez lhes fosse mais prático – na hora de resolver as questões cotidianas, a práxis diária – aceitar a lei da quermesse ou a lei da obediência, mas em geral eles não aguentam: voltam a tomar distância, a desconhecer e se perguntar, a recolher sinais e construir conjecturas.

Com a diferença que esses novos leitores têm a ver com um mundo explodido, de memória e informação sem medida, não manejável, rígido, mas sem uma ordem reconhecível, alheio, com solicitações variadíssimas, suportes novos e mediações cada vez mais complexas que os distanciam da experiência direta "daquilo que está aí" simplesmente. Não imagino que esses leitores pensem em alcançar ou aderir a grandes sentidos, um universo ptolomaico, por exemplo, uma filosofia hegeliana – eles são certamente mais humildes. Os cosmos tendem a ser mais fluidos, ou mais leves (como diria Calvino), do que antes, menos enfáticos, mais próximos da conjectura do que da certeza e mais predispostos à mudança. O que custa a alguns entender é que isso de forma alguma contradiz a leitura em si, a posição de leitor, já que a mutação, a crise e a mudança são muito características da leitura, são quase sua própria natureza. Somente quando os sentidos construídos estão congelados em estatutos e associados ao poder eles se tornam perduráveis. Toda leitura é provisória, como uma cidade que estivesse sempre em obras.

Ao contrário da leitura, o poder não se questiona, tende a se consolidar e procura perdurar, sempre. E o que é curioso sobre nosso tempo é que, enquanto se predica "filosoficamente" que tudo é simulacro, jogo, posição no tabuleiro, e que a construção do sentido deve ser suspensa, que tudo que é sólido desmancha no ar, as ordens de poder, muito sólidas, muito concretas, nunca duvidam e aderem ferrenhamente aos seus dogmas, o dinheiro não muda de mãos senão para ficar concentrado sempre nas 350 pessoas que – segundo o informe do Banco Mundial – dispõem de bens equivalentes aos de 2.500 000.000 dos mais pobres. Essas cifras – que deveríamos também "desconstruir", e que, no entanto, raramente são desconstruídas – poderiam ser vistas simplesmente como "uma posição no tabuleiro", só que elas têm consequências contundentes em milhares de milhões de corpos concretos, que resistem a que se os considere como um simulacro.

É preciso começar a ler o quanto antes. Talvez hoje os livros pensadores façam mais falta do que nunca.

A práxis

O que caberia então, à luz do exposto, seria discutir nossas práticas, até mesmo (embora possa parecer incrível) fazer planos. Temos que pensar sobre o que fazemos. Não me parece que devamos sentir vergonha pelas contradições, já que elas são muito naturais em um tempo bastante desnorteado. Devemos ser sinceros e procurar dotar nossos modestos afazeres de uma maior significação – de um novo sentido. Era verdade que estávamos a favor da leitura, da postura do leitor? Ou nos ocupamos da leitura simbolicamente, em forma de simulacro, para defender nossa posição no tabuleiro?

Caso alguns dos que estão aqui se sintam dispostos a embarcar nessa tarefa de questionar o que já foi estabelecido, deixo algumas ideias que podem ser úteis na hora separar o joio do trigo:

- A sacralização do livro, em geral, não serve para nada (já vimos que há livros que ativam a leitura e livros que a enclausuram); os livros devem ser escolhidos um a um.
- Não é tanto uma questão de "dar algo para ler" como quem dá de comer na boca, mas sim de ativar a leitura, a perplexidade, o desejo, o desequilíbrio, a procura de indícios e a construção de sentido.
- Na hora de tornar possível a leitura, não é útil a pretensão de ter tudo sob controle, pois o controle consolida significações, mas não estimula a leitura nem a crítica; o *political correctness* [politicamente correto], a submissão à moda, a obediência ao mercado, a homogeneização "segura" são alguns desses controles necrosantes.
- A perplexidade é boa, é preciso abrir espaço para ela; ativar o pensamento, a observação do mundo, o questionamento sobre "aquilo que está aí" é uma boa maneira de ativar a leitura, antes e depois da letra.

- A acuidade e a destreza também são necessárias; a chave está em escolher, e como há uma superabundância de oferta, a acuidade é essencial.
- O leitor busca o leitor, e os vínculos entre leitores geram leitura; é preciso ativar a construção de redes e cidades leitoras, ricas, variadas e flexíveis, sempre em obras.
- A alfabetização é imprescindível (já que vivemos em um mundo escrito e que aqueles que não dispõem da letra ficariam definitivamente à margem), mas, na hora de "ensinar a ler", convém lembrar que o motor da leitura não está no domínio de uma habilidade, mas na extensão da postura de leitor para o universo do escrito.
- A leitura se vê muitas vezes confrontada com o espetáculo, é preciso saber que isso pode lhe acarretar alguma impopularidade; não parece muito inteligente disfarçar a leitura de farândola (embora ajude a melhorar as vendas).
- A leitura sempre supõe um recolhimento, o oposto do empastamento, da empatia adesiva e do fanatismo (isso também a torna, às vezes, uma "estraga-prazeres").
- A leitura sempre supõe escolha; um consumidor e um leitor não são a mesma coisa.
- A letra é insubstituível na hora de construir sentidos complexos, sutis e passíveis de comunicação, mas também é preciso permitir a leitura de outros textos (a imagem, o cinema, a televisão), boa parte da ficção contemporânea reside neles; para um jovem leitor contemporâneo, trata-se de uma divisão forçada.
- A leitura e a escrita na tela e a exploração de memórias virtuais parecem capazes de dar uma reviravolta à leitura e à escrita; proponho lhes darmos sinceras boas-vindas; também aqui, para o jovem leitor, a divisão é forçada.

• A leitura foi associada repetidas vezes com o "entretenimento" nos últimos anos, talvez seja hora de associá-la mais à perplexidade, à busca e ao pensamento.

• É natural que sintamos preocupação com "o que pode ser perdido"; não creio que se perca enquanto se conseguir entrar na leitura e não permanecer no terreno da conformidade; de qualquer forma, devemos estar preparados para suportar que algumas coisas que foram significativas deixam de sê-lo.

• Em troca, não deveríamos negar a nós mesmos as novas significações.

• Não acredito que se deva temer que os leitores desapareçam; os leitores mudam, mas resistem, e às vezes fazem Prometeu acordar.

O lugar da leitura
ou sobre as vantagens de ser desobediente

Palestra apresentada no "X Seminário de Literatura Infantil", Medelín, Colômbia, junho de 1997.

AS CRIANÇAS POBRES costumam fazer desenhos pequenos. Apoiados na borda inferior da folha ou até, muitas vezes, em um canto, na margem inferior direita. Primeiro eles desenham e depois pintam. Em geral, pintam com prudência, tomando cuidado para não sair da linha. Muitas vezes são reproduções de outros desenhos, do livro de leitura, de alguma revista, de uma história em quadrinhos ou da caricatura que sai no jornal. Dão uma sensação de humildade, de cuidar do local para não perturbar o branco daquela folha, que, no entanto, não costuma ser muito branca, mas amarelada ou acinzentada. Festonadas também: restos de alguma companhia de seguros ou de algum escritório público disfarçados com festões. E mesmo dessa folha, doada sem grande esforço por parte do doador, usam o mínimo possível e procuram, com esmero, a aprovação. Nas escolas pobres de meu país – várias dezenas de milhares –, essas são as folhas que são usadas. Para os traços, lápis ou giz de cera. E borracha, porque usam muito a borracha para se corrigirem. Um marcador de texto é considerado um luxo. Só às vezes ocorre o milagre e o gesto do desenhista muda, a atitude. Quando aparece um professor de um tipo diferente na sala de aula, alguém mais audacioso, dono de outro tipo de impulso, com outro fôlego. Ou um professor de educação artística desses que propõem que se use a folha inteira (com certeza teve que repetir mais de uma vez sua proposta para que eles prestem atenção), e que trouxe, além disso – aposto que foi assim –, os materiais: tubos de têmpera, pincéis ou permissão para o uso dos dedos, marcadores grossos, suculentos e papéis coloridos arrancados ou cortados de jornais e revistas. Nesses casos raros, isso acontece. De repente, com um vigor deslumbrante, quase irreverente, aqueles que estavam escondidos atrás da margem, tímidos e encolhidos, irrompem no centro da página.

O encolhimento. O alargamento. O lugar. As margens. O traço. A mancha na folha. O gesto. Meu gesto. O gesto de cada um. A educação lida com todas essas coisas, embora às vezes queiram que acreditemos que ela trata de outras. Quando começamos a falar de leitura na escola, de literatura na escola, de arte na escola, estamos falando do lugar. Quando falamos de leitura, de literatura e de arte em uma sociedade, estamos falando do lugar. Do lugar que reservamos para a leitura, para a literatura e para a arte na vida das pessoas. Do lugar que elas ocupam em nossa própria vida. De que se acaso pensamos que algumas pessoas têm mais lugar que outras para assuntos como a leitura, a literatura ou a arte. De que se acaso consideramos que o lugar seria mais bem aproveitado de outra maneira. E também estamos falando do lugar da educação em uma sociedade. Do lugar que têm – e que dão a outros – os professores, as escolas, os secretários de educação, os programas de estudo. Também falamos do lugar que têm – e que dão a outros – as oficinas, as bibliotecas, os clubes, os jornais, a rádio, a televisão e todas as instâncias educativas informais, deliberadas ou espontâneas, que a sociedade oferece aos seus membros. Falamos do lugar que têm – e que dão a outros – os intelectuais, os escritores e os jornalistas. Do lugar que têm – e que dão às crianças – os adultos. A questão é o lugar. O que temos e aquilo que nos deixam ter. E aquilo que ganhamos da melhor maneira possível. Um professor pode ampliar ou reduzir, há professores ampliadores e professores redutores. Um escritor também pode ampliar ou reduzir. Há uma escolha. Sempre há algo a escolher em algum momento.

Educar, para alguns, é treinar. Quando se usa a palavra "treinar", pensa-se sobretudo na docilidade, na obediência, na ordem. Aqueles que falam em treinar costumam falar também em "criar hábitos". Por exemplo, o hábito de ler. Mas hoje é mais frequente usar a palavra "produzir". Que se fale, quando se fala de educação, em "produtos". Porque hoje, neste final de milênio, todos reconhecemos que a economia nos governa, e então copiamos as palavras – dizemos "produto", "insumo", "gasto", "investimento" –, que é uma forma de prestar homenagem ao nosso mestre. Outros territórios da vida, ao mesmo tempo mais independentes, ou ao menos um pouco díscolos, se restringem aos mandatos do mercado. A marca externa dessa submissão está na adoção de sua linguagem. A escola também se submete. O dinheiro manda: terá chegado a hora, então, de sair para defender o gratuito?

É uma questão genuína, não é retórica. Realmente estou me perguntando ultimamente se terá chegado a hora de sair para defender o gratuito. Não sei com certeza, mas creio que sim, creio que tem algo a ver com a gratuidade o que quero dizer. Com afastar-se desses termos: aproveitamento, rendimento, receita... Nada mais irritante para o mercado do que o gratuito. A arte, em um sentido básico, é gratuita. Ainda que se fixe o preço de um quadro, ainda que um escritor cobre direitos autorais e se tenha que pagar para ir a um concerto. Além disso, em uma sociedade como a nossa, a arte que não se faz pagar não é respeitada, a profissionalização foi, para todos nós, uma longa conquista. E mesmo assim, a arte é gratuita. A circulação social da arte não é gratuita, mas a arte, em si mesma, é gratuita. No momento em que escrevo, sozinha, em casa, escrevo por nada, por escrever e às vezes me metendo em confusões terríveis, em ficções que me devoram centenas e milhares de horas, e pelas quais me debato, sozinha em mim mesma, desesperadamente, por nada. Mas é minha gratuidade. E suspeito que também seja, aliás, minha força. Suspeito que se eu abandonasse essa gratuidade, esse desperdício de energias, se eu escrevesse o que se espera de mim, o que já tem sua cotação no mercado, estaria perdida. Teriam me pegado. Se eu, por exemplo, hoje, para responder à necessidade de apresentar este trabalho, um trabalho para um Congresso de Leitura, para o qual o município de Medellín tão gentilmente me convidou, tivesse repetido o que já disse, teria cedido um espaço. Às vezes cedo, porque não há mais remédio, porque o tempo não é suficiente, porque se tem que ganhar a vida... Mas quando cedo não fico contente, sei que perdi algo. As pessoas que a sociedade já conhece bem são fáceis de classificar, os rótulos já estão preparados. Mas não quero ser pega. Então, sento-me e volto a pensar, perco tempo, procuro outra forma de penetrar com palavras aquilo que me rodeia. Nesses casos, o risco é maior porque nada é mais fácil do que repetir uma lição bem conhecida, que já foi exposta várias vezes. Como esses professores universitários dos quais, caso tivéssemos assistido às aulas no quadrimestre anterior, já conheceríamos as viradas, e poderíamos até antecipar as piadas. Repetimos e defendemos, nos entrincheiramos, endurecemos a fronteira. Só que uma fronteira rígida é uma fronteira morta. O espaço cai, o lugar se perde. As ideias exigem que as manuseemos. Elas precisam do vaivém, do movimento. É preciso pensá-las novamente o tempo todo, um *slogan* é cômodo, mas não vale por uma ideia. As ideias estão sempre em risco. A escrita deve estar em risco se não quiser se tornar um modelo. A educação também; se não, torna-se rotina e simulacro.

Pode-se dizer que pensar é gratuito, no sentido de que não se paga para pensar. Paga-se por certos produtos. Muitos consideram que o mais astuto a se fazer é chegar a esses produtos – um romance, uma conferência, uma lição, um curso – rapidamente e com o menor "custo" possível (dizem os economistas da cultura), o menor desperdício de tempo e de pensamento possível. É necessário que o tempo "renda", dizem. Falam em aproveitar e ganhar tempo. O tempo: a mãe do borrego. Falávamos de espaço, do espaço que têm algumas atividades pouco práticas e gratuitas em sua base, como a leitura, a literatura e a arte, e de por que e como se dá sua entrada na escola. Agora apareceu o tempo.

Talvez seja isso que torna a leitura, a literatura e a arte em geral atividades bastante perigosas: elas consomem tempo. E sem deixar um produto avaliável no final, que é o mais suspeito. Porque suponhamos que um grupo de meninos se reúne na garagem de uma casa, em um galpão, e começa a improvisar música, com ou sem instrumentos, talvez apenas com a voz e com as mãos. Suponhamos que sejam pobres e nem sequer tenham um gravador para registrar o que acontece lá dentro. Alguns, no meio da improvisação, se põem a dançar no centro da roda, e ali ocorrem alguns passos, alguns giros, de grande inspiração, e especialmente bem-sucedidos. Os participantes estão cientes desses momentos felizes, mas sabem que não vão poder explicar o que aconteceu a outros. Suponhamos que eles também não tenham um professor, nem um coordenador, nem um oficineiro, nem uma testemunha, nenhum avaliador. Isso também não é um trabalho em equipe para a escola. Nada. Para nada. Mas com seu custo: por exemplo, três horas inteiras de seu tempo. Toda uma escolha. Saem dali, depois de três horas, ampliados, mais espaçosos poder-se-ia dizer. Mas isso é tudo. É até possível que, ao chegarem em casa, alguém os recrimine por estarem desperdiçando tempo. Em vez de estudar, digamos. Em vez de ganhar dinheiro.

Com a escrita ou com a leitura, é igual. Perde-se muito tempo. Um leitor é um "ocioso". A imagem de alguém sentado em um banco de praça lendo desperta desconfiança. Uma espécie de raiva também. Esse sim tem tempo, não tem nada para fazer, não precisa ganhar a vida, não tem que "vender" seu tempo, gasta-o, nada mais, como se não fosse nada, o dá de presente, ou presenteia a si mesmo. Ele é mais poderoso que eu, ou mais livre. E é verdade, ele é. Ele pode mais, é mais poderoso: dispõe de um espaço no qual pode empregar seu tempo. E esse espaço é mais livre ou, ao menos, tem outras regras. Enquanto estiver habitando esse espaço, não estará, por exemplo, sujeito às leis implacáveis do mercado, e esse, em nossa sociedade, é um grau de liberdade muito alto.

Há uns dois anos, tentando explicar a mim mesma que tipo de espaço era esse, intangível, secreto e necessário, lembrei-me da definição que Winnicott dá do espaço do jogo nas crianças, que ele denomina "terceira zona", para distingui-la das exigências do ego – a fome de comida e de bem-estar, o impulso sexual, o corpo – de um lado, e o mundo com suas regras – o exterior – do outro. Winnicott explica com intuição e profundidade admiráveis esse jogo infantil em que são liquidadas imaginariamente algumas necessidades do ego e se transformam imaginariamente as condições do mundo e, além do mais, e isso é o mais interessante, algo novo se constrói, algo que antes não existia. Imaginava isso como um território de fronteira, algo que se conquista, que se está sempre conquistando, e chamei-o de "a fronteira indômita". Lia Winnicott falando sobre o jogo e sentia claramente que nesse mesmo território estava a arte. Possivelmente outras manifestações da cultura também, os estilos pessoais, os gestos. Mas, sobretudo, a arte. A arte sem dúvida. Sempre custoso, mas livre, ou ao menos mais livre que os outros territórios (meu corpo, o mundo, as leis do mercado etc.).

Essa liberdade, me dou conta agora, tem a ver sobretudo com a gratuidade. Assim como o jogo. Entre untar um pão com manteiga e levá-lo à boca e untar com ar a manteiga e fingir que se está comendo, há menos semelhanças do que diferenças. O primeiro é um ato necessário, exigido pela fome. O segundo é jogo, brincadeira gratuita, um ato livre. Precisamos dos dois. E não de um menos que do outro. Se não comemos, nem animais somos. Se não brincamos, não somos sequer humanos. Não se trata de escolher. Queremos tudo – e que se ouça bem nosso apelo –, todos queremos tudo, nos diz respeito.

A escola, às vezes, parece não entender. Ou entende, mas não a deixam. Foi pega. Os "técnicos" da educação muitas vezes se colocam como embaixadores das leis de mercado, usam sua terminologia e se desvelam com questões de investimento, poupança e rendimento. Não todos, alguns. Nem todos os professores se tornam funcionários públicos, muitos continuam sendo educadores. Por exemplo, em meu país este ano, os professores realizaram um gesto muito vigoroso de protesto. Eles se instalaram em uma tenda na frente do parlamento e pararam de comer. Desse modo, se rebelavam contra a situação de opressão da maioria da população, mas, sobretudo, se negavam a ser meros administradores do copo de leite e do reforço alimentar, que, em muitos pontos do país, havia se tornado a razão de ser da escola. Esses professores, rebeldes, inconformados, pretendem educar. Exigem outro tipo de espaço para si mesmos e para seus alunos. Não é por acaso que são eles também os que atacam a reforma educacional. Sofremos, como tantos países, uma reforma redutora. A literatura, por exemplo, quase desapareceu. Tornou-se "discurso literário" – juntamente com o discurso epistolar, o jornalístico, o científico etc. –, uma página e meia ou dez, dá no mesmo, dentro de um manual. A reforma também promove o desaparecimento de bibliotecários. Muitas escolas não têm mais esse cargo. E têm razão, de seu ponto de vista economicista, um bibliotecário é um luxo, um gasto. Além disso, um bibliotecário, se for um bibliotecário de verdade e não um arquivador de livros, tem grandes possibilidades de ampliar os espaços que têm a ver com a fronteira, de modo que incentiva a gastar tempo em assuntos que qualquer calculador de custos e lucros declararia inúteis. Um pouco como o professor de educação artística que incentivava a usar a folha inteira, o bibliotecário abre o caminho para todos os livros. Em vez de uma cartilha, todos os livros. Em vez de um manual, todos os livros. Ideias de uns e de outros. Palavras que se complementam com outras, ou lutam francamente com elas. Poemas magnificamente inúteis. Romances para perder tempo. Um imenso território, sem fim.

    Aqueles que controlam o dinheiro, e o tempo por certo, dos cidadãos escolhem reduzir esse território. Por quê? Por que nossos técnicos em educação simplificam, cerceiam, acomodam? Por que se irritam com a diversidade, com o heterogêneo, com o solto?

    Em geral, dizem que fazem isso em nome da eficácia. Tem sentido que uma criança pobre – digamos, uma criança que, se tiver a sorte de se tornar um adulto com uma dose adequada de proteínas, deverá ocupar um posto menor em alguma cadeia produtiva – fique sabendo das peripécias de Ulisses em seu retorno à Ilha de Ítaca? Dirão que ele mora em Jujuy, Argentina, por exemplo, e que está destinado a ser um lenhador, ou cortador de cana, a cuidar de cabras ou vigiar uma batedeira, e que seu entorno, sua realidade ou sua paisagem nada têm a ver com esse marítimo e greguíssimo Ulisses e sua vertigem de deuses briguentos. Dirão que ele empegará melhor seu tempo aprendendo alguma habilidade, computação, por exemplo (em meu país, sabe-se lá por que, muitos funcionários estão convencidos de que se mandarem computadores para as escolas lavarão todos os seus pecados). Quando não há dinheiro para os computadores, sugerem que as crianças pratiquem com um teclado de papelão. Dá vontade de rir, mas não tem nada de engraçado. Um teclado de papelão pode servir para treinar a velocidade de um operário, mas sem os espaços, virtuais, mas espaços enfim, que a informática abre. Mais uma vez, em nome da eficácia, os espaços são cerceados. Os mundos imaginários inúteis. O pensamento tenaz. O ato de ler gratuitamente. A exploração, o vagar pela cultura. A arte. A arte sobretudo, claro. Que irritante é a arte às vezes, pensarão – creio eu – esses funcionários. Afinal de contas, pensarão – creio eu –, o que a escola tem a ver com a arte? E eles têm razão. São coisas muito diferentes, é verdade. A escola sempre, desde seus primórdios, teve que "prestar contas" à sociedade. Os professores existem para formar cidadãos e, então, estão a serviço do projeto social vigente. Isso é muito visível quando se trata da escola pública e, no caso da escola particular, o vínculo entre mandantes – os pais "clientes" – e mandatários – aqueles que "prestam o serviço" – costuma ser muito claro. Se o projeto social vigente não prevê generalizar os espaços de arte e da cultura para toda a população, ambos devem ser eliminados das etapas formativas: desde as primeiras séries da escola. Filhotes de cidadãos acostumados a transitar pela cultura em uma biblioteca, a discutir ideias, a contemplar os assuntos de diferentes pontos de vista, podem trazer problemas ao longo do tempo, e dificilmente se tornam bons consumidores. E na sociedade em que vivemos, de venda e consumo, o que se espera de todos nós é que sejamos bons, obedientes consumidores. Nesse sentido, é muito mais prático cobrir nossas necessidades de ficção e fantasia, nosso "tempo livre", com "produtos", isto é, não com questões gratuitas, mas com coisas comercializáveis (um *best seller* com uma boa promoção por trás, um cantor generosamente patrocinado pela gravadora, um programa de televisão que tem um anunciante forte). Os meninos na garagem, não, isso seria perder muito dinheiro. Isso é gratuito, e o gratuito nesta sociedade é o grande pecado. Agora, se esses grupos se organizassem de alguma forma e cobrassem a entrada... já seria outra coisa.

Todos nós temos dificuldade em resistir à pressão. Não só os professores. Os escritores, os artistas também. Às vezes se acaba respondendo às exigências do mercado, escrevendo, por exemplo, livros para meninas púberes em que são abordados os métodos contraceptivos, ou para latino-americanos recém-transplantados aos Estados Unidos, mudando o título de um romance, porque é necessário anunciar o horror ou o sexo desde a capa, se se espera abrir caminho na gôndola de um supermercado, ou simplificando uma partitura para que ela "cole" melhor, como um *jingle*, que é algo tão bom. Copia-se, reproduz-se, congela-se. As obras começam a ficar parecidas porque todas têm como modelo o que "já está no mercado", o que "se vende seguramente", o que "cobre a demanda". Que direito tem a arte, que direito temos nós, escritores, por exemplo, de criticar os usos da escola, pouco imaginativos, batidos e rotineiros, quando vemos que ao nosso redor as obras começam a ficar parecidas? Direito algum. Tenho batalhado por anos contra a pedagogização das histórias, contra a instrumentação da literatura que é feita na escola. Não deixo de acreditar em minhas bandeiras, mas agora, fim de milênio, não quero enfrentar a escola. Seria hipocrisia. Hoje a polêmica mais premente é outra. Digo mais, creio que ela vá nos encontrar do mesmo lado da escola – a escola que não se rende – e da literatura – aquela que não se rende, é claro. Talvez devêssemos ajustar muitas coisas entre nós, limar arestas, compensar limitações. Sempre seremos, por natureza, terrenos distintos. Mas, contudo, literatura e escola podem se unir contra o lado do dinheiro, oferecer resistência às exigências de receita do mercado. Na verdade, já estamos fazendo isso. Fazemos isso de forma natural, sem ninguém nos mandar. Um professor que ainda pensa, que defendeu sua fronteira indômita, que não deixou arrancarem todas as fantasias, considera seu dever ajudar a pensar, a defender a fronteira indômita, a não se deixar arrancarem as fantasias. Um escritor indômito, capaz de "esbanjar tempo" em "produtos difíceis de posicionar no mercado" naturalmente se sentirá próximo desse professor. Ambos, professor e escritor, são, neste caso, desobedientes, e de certa forma, um incômodo.

Por onde vai a leitura?
Sobre os circuitos e os becos sem saída

Palestra apresentada na Feira do Livro Infantil
e Juvenil de Buenos Aires, 2003.

PROPUS-ME A FALAR AQUI e neste tempo compartilhado do espaço que nossa sociedade concede à leitura, dos trilhos pelos quais ela anda e dos becos sem saída por onde a coitada acaba encurralada. Isso significava falar de fechamentos e exclusões. Essa questão dos fechamentos deveria preocupar a todos que pertencem a esse novo e cada vez mais definido campo da literatura infantil: creio que os circuitos muito vigiados não nos convêm.

Gostaria de encabeçar este punhado de ideias que trago, com duas lembranças literárias, duas imagens que me vêm à mente e que, creio eu, podem nos ajudar a criar o clima.

A primeira é um conto de Forster, "A máquina parou"[72] ("*The machine stops*"), ficção científica, de certo modo. Forster imagina um futuro construído sobre a chave do isolamento. Uma civilização de tecnologia muito sofisticada refugiou-se nas entranhas da Terra e organizou ali uma vida perfeitamente previsível e protegida, graças ao azeitado mecanismo de uma máquina eficientíssima. Cada indivíduo vive em uma espécie de cela onde todas as suas necessidades são atendidas. Salvo por alguns encontros ocasionais para procriar e pelo inevitável, mas muito reduzido, contato entre mãe e filho na primeira infância, as trocas, cada vez mais desnecessárias, se reduzem a teleimagens e telemensagens que gentilmente trocam entre si as pessoas interessadas em um mesmo tema (Vashti, a protagonista, por exemplo, é apaixonada pela música do período australiano). O contato físico e as excursões ao mundo exterior foram abolidos, ninguém retém nem mesmo a noção de espaço e os escassos circuitos de trânsito que ainda subsistem são drasticamente controlados por um Comitê Central fantasmagórico.

O outro é uma lembrança de *Cuentos breves y extraordinarios*,[73] de Borges e Bioy, "A história dos dois reis e dos dois labirintos", em que é demonstrado que o deserto é um labirinto e o labirinto é um deserto, e que a profusão de caminhos estritos e a ausência total de caminhos se parecem demais.

Uma vez tendo apresentado minhas fantasias obsessivas, passo a me ocupar da leitura.

A leitura é sempre, me parece, uma espécie de apropriação. Por meio da leitura – não só por meio da leitura, mas especialmente por meio da leitura – nos apropriamos de alguns discursos significativos (ou seja, de parte da cultura) da sociedade em que vivemos. A cultura é algo como o desenho que uma sociedade faz de si mesma, sua reflexão – seu reflexo – seu gesto particular, ou melhor, seus gestos particulares porque, à medida que a sociedade vai se tornando cada vez mais complexa, seus discursos significativos se multiplicam e são mais variados.

Então, perguntar pela leitura é perguntar sobre a circulação da cultura em uma sociedade. E é também perguntar pela forma como fluem ou não, existem ou não, são concedidos ou negados os bens materiais aos quais essa cultura está ligada: os livros, os jornais, as revistas, os meios de difusão, a educação formal e informal, a arte etc., etc.

Para que um objeto circule – um livro ou um automóvel – é necessário um certo espaço em que se possa fazê-lo, um certo tempo em que a circulação possa acontecer e algum agente (mediador, motor etc.) que o impulsione no movimento de circulação. Isso, se nos referirmos a livros e à leitura, significa: certas áreas propícias ou possíveis, certo tempo disponível (lazer) e alguma forma de mediação.

E volto agora à minha obsessão de fundo, à minha fantasia dos fechamentos e dos becos sem saída. Ninguém pode duvidar que a leitura hoje é uma questão específica, e até mesmo privilegiada, de vários circuitos sociais, mas que, por outro lado, ela não está estabelecida, no momento social em que vivemos, como uma questão da sociedade como um todo. A leitura está limitada, se aloja em celas, em circuitos fechados. Daí derivam, me parece, os fracassos de muitas propostas.

Há o circuito da escola, por exemplo, que tem seu espaço, seus tempos, seus mediadores, suas mensagens... Há o circuito da literatura para "iniciados", com sua crítica, suas cátedras universitárias e seus suplementos literários. Há o circuito das leituras "jornalísticas", com sua informação cotidiana, seus noticiários, sua *non-fiction*, seus programas políticos.

Cada circuito tem suas áreas, seus tempos e seus "mediadores". Também tem suas mensagens. Seus autores favoritos. Seus sistemas de *marketing*. Seus temas recorrentes. Seus implícitos. Suas cumplicidades. Seu estilo. Suas "piadas". Suas cerimônias. E sua maneira de se referir com receio aos outros circuitos, que serão acusados – segundo o caso – de "chatos", "dogmáticos", "triviais", "exitosos", "elitistas", "herméticos", "comerciais" entre outros.

A inserção social desses circuitos fechados é muito variada. A escola ganha, sem dúvida, em alcance. É o circuito que compromete o maior número de indivíduos e que que melhor atravessa os diferentes grupos sociais (ao menos enquanto a educação pública sobreviver). É transcendente, não só porque cimenta, por meio da alfabetização, toda construção futura de leitura, mas também porque é, para muitos membros da sociedade, o primeiro e o último circuito leitor em que lhes é dada a oportunidade de se inserirem.

A leitura ocupa um lugar de preponderância na escola: não há grupo de reflexão, pedagogia ou curso de capacitação docente que não acabe chegando nela.

A leitura na escola tem seu âmbito específico (a sala de aula e, às vezes, a biblioteca escolar); seu tempo específico: o da educação (horários de aulas ou lição de casa) e seus mediadores específicos também: professores e, ocasionalmente, bibliotecários. Também tem seus discursos específicos, um recorte específico dos bens culturais que são aqueles que se considera que devem circular nesse âmbito. Privilegiadamente, os livros didáticos. E, mais recentemente, em nosso meio, a literatura infantil, que é o nosso tema e que hoje pretendo colocar no centro de uma questão um pouco mais ampla, que a inclui e a transcende.

A escola tem seus rituais, seu estilo, seus atos típicos, que sublinham a todo momento a especificidade do campo: lições, resumos, provas escritas, questionários, trabalho em grupo e também, mais recentemente, mas não menos especificamente, dramatizações, maquetes, interpretação de histórias, reportagens com autores, redação de finais alternativos etc.

Tudo – e também a leitura – circula "escolarmente" na escola.

Mas ninguém poderia dizer que a literatura infantil tenha nascido dentro da escola. A literatura infantil é forasteira, vem de fora. Como, então, ela se incorpora a um circuito tão estrito e tão severo?

Inicialmente, a literatura infantil foi – e em certa medida continua sendo – uma janela para outros circuitos. Ela abriu uma espécie de corredor de ar entre o tempo da escola e o tempo livre, entre o doméstico e o letivo. Abriu espaço para outro tipo de livros. Textos que fazem parte de outros contextos, entrelaçados com outros circuitos, foram colocados na escola. Outras vozes. Outras imagens. O extraescolar. Outros temas. Outras formas de narrar, outras obsessões, divergências, licenças, dissidências, caminhos que se cruzam por outros terrenos. A biblioteca ao poder. Acima a leitura. Deu a impressão de que as clausuras estavam cedendo, que os circuitos estavam se abrindo.

No entanto, creio que já passou a hora de celebrar a abertura. Há um movimento, sobre o qual acredito que temos que alertar, e de ficar alertas, pelo qual, lenta, mas inexoravelmente, se procede novamente ao fechamento. De um lado, a oficialização do infantil, ou a moda infantil cristalizada. Do outro, a escolarização do extraescolar. Trata-se sempre de devorar o diferente.

Todos nós que fazemos parte deste campo estamos comprometidos com o jogo, por isso é de se supor que todos, cada um à sua maneira, contribuímos ou não para o fechamento. Por parte das editoras, rigoroso planejamento por idades, privilégio de determinados temas que, quer queira quer não, favorecem algum ponto do programa; discreta censura quando algum texto pica ou morde demais... Enfim, liberdade condicional.

Circuitos rigorosamente vigiados

Por parte dos autores: rotulação no infantil previsível, aposta no sucesso certo; a questão das modas, daquilo que "vende" bem, dos temas que "são necessários", daquilo que as editoras pedem e daquilo que "vai bem" na escola. Opções seguras, com toda a sua longa sequência de exclusões. E o circuito se fecha um pouco mais. Rigorosa, rigorosissimamente vigiado.

Enquanto isso, a escola faz sua parte: escolariza. Para escolarizar a literatura existem diversos métodos. Alguns já caíram em desuso ("identificar proparoxítonas, períodos simples, substantivos abstratos..."). Outros permanecem em vigor: o método da "interpretação dirigida", por exemplo, que consiste em transformar o que foi um texto de significações múltiplas em um texto de significação única, ou o método das atividades paralelas, que redimem a história de seu pecado original: o de ser gratuita. Exclusões necessárias: ao escolher, escolhe-se uma história que "dá para fazer atividades" em vez de outra que só "dá para ser lida".

Hoje, aqueles de nós que fazemos parte da literatura infantil temos um campo traçado. Temos nossos referentes. Nossos textos favoritos. Nossos códigos. Nossas batalhas internas. Nossos espaços. Nossos claustros. Nossas convenções. É normal que seja assim, e é até saudável: significa que ocupamos um lugar na cultura.

Mas aqui quero pensar melhor sobre a leitura e os leitores. A questão está em saber como um leitor faz para transitar de uma área para outra sem necessariamente se tornar acólito de nenhuma. A pergunta que quero fazer a mim mesma é sobre as possibilidades reais que os membros de nossa sociedade têm de transitar mais ou menos livremente por nossa cultura.

Como vasculhar, se tudo já está controlado? Como ser curioso se o circuito está tão limitado, tão classificado, tão vigiado? Antologias por idades. Antologias por temas afins. Histórias que só podem ser lidas depois dos sete anos. Histórias para ler sem falta entre nove e onze. Literatura para púberes, pré-púberes, para adolescentes... Públicos definidos milimetricamente. E exclusões. Por exemplo, professores e bibliotecários – adultos, claro – que só leem literatura infantil.

Como, suponhamos, pode um indivíduo de treze anos transitar do caminho que vai da literatura amparada de sua primeira cultura à literatura em geral de sua cultura ulterior, se os mediadores estão presos na especificidade, no claustro? Quem pode lhe antecipar algo da viagem, dar-lhe algum sinal? Quem lhe trará novos desafios de leitura, lembrar com ele leituras já feitas ou mencionar autores, estimulá-lo, enfim, a ampliar as mensagens e sair do circuito estrito? Como passar de uma rota para outra se não só não há rotatórias, nem pontes, mas nem mesmo atalhos ou estradas secundárias, apenas becos sem saída?

Talvez pensem em desenhar, então, alguma literatura especial para ser lida entre doze e quinze anos, que proteja a todos nós do vazio. Os mediadores poderão se encharcar nela, recomendá-la, impulsionar sua circulação... E desse modo, sentiremos que se cresce na leitura, mas na verdade não se cresceu, mudou-se de circuito, nada mais, não se deu um passo sequer para se tornar alguém que caminha na cultura.

Que pontes naturais a sociedade oferece aos seus membros para que eles possam se tornar "donos" ou ao menos "usuários desenvoltos" de sua cultura? Poucas, muito poucas, quase nenhuma.

O curioso é que todo esse fechamento se dá em meio à profusão. A última Feira do Livro continha "três mil e quinhentos novos títulos", de acordo com o que se apregoava. Grande simulacro de liberdade, de escolha, de abundância. Uma espécie de "escolha a sua própria aventura", em que se acredita arriscar e, na realidade, só percorre mansamente o caminho traçado em meio a uma profusão estritamente classificada, vigiada, controlada.

Do *design*, à capa, o lugar onde estão expostos, a publicidade que os impulsiona no mercado, os livros pertencem a um ou outro circuito, e desse modo, mediante a profusão classificada, procede-se ao encolhimento do mundo cultural

Algo bem diferente do que significou a "revolução do livro" em seus primórdios. Ou a biblioteca popular,* onde havia de tudo: romances quilométricos como *Jean-Christophe*,[74] de Romain Rolland, ou *A mãe*,[75] de Gorki, ótimo para fazer chorar; Tolstói e Dostoiévski, com Güiraldes e Sherlock Holmes; *Martín Fierro* com Marx e Balzac; Nietzsche, *Os miseráveis*,[76] de Hugo e *Maria*... E também um tratado de eletricidade elementar, livros sobre higiene sexual, sobre doenças venéreas... Aqueles que remexiam naquelas estantes não se tornavam especialistas, nem pessoas especialmente cultas, mas eram sim "leitores", pessoas que caminhavam na cultura. Eles podiam vasculhar, procurar, ficar curiosos, debruçar-se sobre os diferentes campos. Passava-se

---

* Mais uma vez, Graciela se refere às bibliotecas populares fundadas na Argentina no século XIX. Ver nota de rodapé no texto "Leitura e poder" e o ensaio "O espaço social da leitura", ambos neste volume (N. do E.)

naturalmente de um circuito a outro, ao menos como visitante, podia-se fuçar na cultura.

E essa fluidez, que não era rigorosamente vigiada, promovia a formação dos leitores.

Hoje quem manda é a segmentação e a classificação estrita. Privilegia-se a estabilidade, a cela, o compartimentado; a proteção vale mais que a coragem, a segurança supera a aventura; fuçar é considerado algo perigoso. Não há lugar para quem caminha. A máquina controla tudo.

Qual é, então, o espaço da leitura? Porque os leitores são pessoas curiosas, irritantes, enxeridas. Pessoas que fuçam, abrem portas, atravessam limiares, pulam cercas. São pessoas que incomodam, sempre discordantes, inquietas. Poucas pessoas são menos controláveis do que um leitor... É por isso que me pergunto se haverá espaço para elas.

O conto de Forster termina com a catástrofe da máquina, que, por fim, para. Apenas alguns poucos audaciosos conseguem sobreviver, aqueles que haviam tomado a decisão de viver sem proteção na superfície do planeta.

Pergunto-me se seremos capazes de abandonar os circuitos – com ou sem respiradores –, se nos animaremos a meter o bico onde não se esperava, a nos meter onde não fomos chamados, com essa avidez irreverente que sempre caracterizou os leitores. Pergunto-me se podemos contagiar com esse desassossego saudável aqueles que estão começando a se inclinar para a leitura. Pergunto-me se poderemos livrar os livros de tal vigilância.

Vashti, a protagonista do conto de Forster, quer morrer em sua cela, abraçada ao manual de instruções da máquina à qual confiou toda a sua vida; Kuno, seu filho, a convence de que vale a pena ir à superfície, mesmo que seja só para conhecer a lua um instante antes de morrer, para encher o corpo de ar desconhecido e descobrir os odores inesperados de um universo muito mais amplo do que um claustro.

Espaço social de leitura

Palestra apresentada no "V Simpósio sobre Literatura Infantil e Leitura", no "Encontro Ibero-americano para uma Educação Leitora". Madri, Fundación Germán Sánchez Ruipérez, novembro de 1998. Publicada em: *Papeles de la Fundación Germán Sánchez Ruipérez*, 2001 e em MACHADO, Ana María; MONTES, Graciela. *Literatura infantil: creación, censura, resistencia*. Buenos Aires, Sudamericana, 2003.

ESCOLHO FALAR AQUI da representação social da leitura. Do lugar que a leitura tem no imaginário social de nosso tempo. Creio que, se não encontrarmos esse lugar, essa função e essa representação, os esforços se tornam estéreis.

Uma sociedade é uma estrutura muito complexa, composta por diferentes sistemas, complexos e entrelaçados uns aos outros, de maneira muito variada: basicamente, o sistema político ou de tomada das decisões, o sistema econômico, o sistema de comunicação e de educação social, e o sistema familiar, doméstico ou parental/de criação [*de crianza*]. Toda prática social é, de algum modo, entremeada e atravessada por esses sistemas. Isto é, se se trata de leitura, será preciso contemplar, ao mesmo tempo e sem perder de vista o todo, se há livros e cenas de leitura em casa, se há oportunidade, modelos de leitura e estímulo apropriado nos meios de comunicação e na escola, se bens materiais associados à leitura são produzidos – os livros em primeiro lugar, mas não apenas eles – e se esses bens estão ao alcance de todos, e se, no nível das decisões políticas, há leis, planos, modelos de gestão etc., que facilitem a prática e a circulação social da leitura. Levar em conta essa complexidade e essa simultaneidade de sistemas serviria para desmascarar muitas hipocrisias correntes: funcionários que enchem a boca com a defesa da leitura, mas não fazem nada para proporcionar livros ou oportunidade para que a população entre em contato com eles, pais que acusam seus filhos de não ler quando, na verdade, quem não lê são eles, bibliotecas sem livros, escolas sem livros, programas de leitura com muitos discursos e muito poucos livros, meios de comunicação nos quais se lamenta que as pessoas leiam tão pouco, mas que nunca incluem resenhas de livros em suas colunas etc.

E, no entanto, mesmo levando em conta tudo isso, haveria algo mais, algo muito mais inapreensível, para entender. Porque a prática da leitura, como toda prática social, além de ser o que é e ocupar ou não seu lugar na ordem econômica, política, educativo-comunicacional e doméstico-familiar, significa algo para nós. É simbólica. Ela nos representa porque lhe atribuímos certos significados. É aí que há, penso eu, uma ponta que vale a pena agarrar.

Minha ideia é que a leitura perdeu seu velho significado social e não consegue construir um novo, que corresponda ao mundo contemporâneo.

Sem muita esperança de concluir nada, mas com a intenção de abrir um pouco uma trama muito apertada, gostaria de avançar pelo menos um passo sobre o intangível, sobre as ideias, fantasias e expectativas que nossa época deposita nos livros, na leitura e nas cenas de leitura (se é que realmente deposita algumas). Procuro algo como a imagem social da experiência – individual ou social – da leitura.

O que a leitura simbolizou em outros momentos? E o que ela poderia significar hoje? Para citar apenas *en passant* algumas obras de literatura em que a leitura é tematizada com força: o que é a leitura em *Quixote*,[77] em *Madame Bovary*,[78] em *A mãe*,[79] de Gorki, em *A história sem fim*,[80] de Ende? Ou, pensando em termos de instituições e práticas de grupo, o que era a leitura para um curador da biblioteca em um monastério no século XII? E para os primeiros tradutores da Bíblia? E para aqueles que fundaram as bibliotecas populares em meu país nos últimos anos do século passado e os primeiros deste?* E para os devotos do folhetim? Eles tinham uma representação dela semelhante à daqueles que hoje, por exemplo, organizam feiras de livros nas escolas? Que tipo de cenas de leitura são incorporadas em nossa imaginação quando falamos de leitura e que sentimentos despertam essas cenas? Para ancorar nessa questão, delicada e inapreensível, mas, ao mesmo tempo, muito pertinente, parece-me útil lançar mão do conceito que Raymond Williams, historiador da cultura, chama de "estrutura do sentimento" (*structure of feeling*) em seu livro *The long revolution*.[81]

Buscando definir o conceito, Williams lembra como se deparou com esse intangível. Foi quando, ao procurar na obra de arte o reflexo de sua época – a época à qual a obra pertencia –, notou que, embora encontrasse os referentes e pudesse reconstruir, com maior ou menor precisão, a vida material, a organização social e, em grande medida, as ideias dominantes desse período, ainda continuava a haver nessa obra algo para o qual não era possível encontrar um referente externo. Um tom, uma pulsão, um batimento que tem a ver não apenas com a consciência oficial de uma era – suas ideias, suas leis, suas doutrinas –, mas também, além disso, com as consequências que essa consciência tem na vida enquanto se está vivendo. Algo como o estado de ânimo de toda uma sociedade em um período histórico. Algo que se apalpa e nunca se apreende completamente, mas que costuma ficar sedimentado nas obras de arte. Raymond Williams chama isso de "estrutura de sentimento".

Embora intangível, essa estrutura de sentimento tem grandes efeitos sobre a cultura, já que produz explicações, significações e justificativas que, por sua vez, influenciam a difusão, o consumo e a avaliação da própria cultura. Trata-se de um conceito muito

---

* Ao dizer "este século", Graciela se refere ao século xx, pois este texto é de 1998 (N. do E.)

interessante e muito rico que, penso eu, pode servir como uma moldura ao se repensar urgentemente este tema, sempre tão choroso, da leitura. Talvez, em vez de acumular argumentos (e às vezes sofismas) em torno do conceito, possamos começar a nos perguntar se há um lugar significativo para a prática de nosso sentimento. Sem esse lugar, não há legitimação que baste.

Como se explica esse perpétuo tom de insatisfação quando falamos de leitura, essa vaga culpa, essa estranha nostalgia?

Minha impressão é que um conjunto de "ideias sobre a leitura" que estão bastante cristalizadas se encontram neste momento, ressaibo da estrutura de sentimento de um momento histórico anterior, e uma experiência viva de nosso tempo em que a leitura não acaba encontrando sua significação e seu lugar. Há um desencaixe. E esse desencaixe gera desassossego e choro. Cegueira também, preconceitos e muitos movimentos erráticos.

Dá a sensação de que nosso tempo – refiro-me a essa estrutura de sentimento, a essa tonalidade de época – perdeu a confiança na leitura, não tem muita certeza de para que ela serve e, envergonhado por ter abandonado algo tradicionalmente tão valioso, de vez em quando compõe elegias sobre ela e, às vezes, a disfarça e a faz dançar como um macaquinho.

Esse distanciamento, essa sensação de desconforto e estorvo que desperta em alguém que está aí, como um móvel muito grande que não sabemos onde colocar, é fácil de observar no tratamento dado à leitura na mídia. E nos equívocos que esse tratamento gera. Por exemplo, não é verdade que todo livro (qualquer livro) seja sempre melhor do que qualquer programa de televisão (todos sabemos que existem livros péssimos e alguns programas excelentes).

Também não é verdade que as crianças antes liam muito mais do que agora (algumas eram leitoras, muitíssimas não eram e, se julgarmos pela quantidade de livros para crianças que há no mercado, deveríamos concluir que as crianças de hoje leem muito mais do que antes). No entanto, esses postulados da má televisão e bons livros, e das crianças aplicadíssimas de outrora figuram entre os clichês mais frequentados pelos entrevistadores das mídias. Mas talvez eles não pensem em nada muito preciso em torno da leitura. Querem apenas dar um jeito e recorrem, como é natural, a ideias e frases "feitas", essas com as quais a sociedade anseia, exalta e também, ao mesmo tempo, oculta a leitura.

Houve épocas em que não havia necessidade de refletir ou fazer reportagens sobre a leitura, porque ela, viva, significava. Teria sido como refletir sobre as vantagens de ter amigos, fazer amor, colocar música em festas, saber como está o tempo antes da colheita.

Na primeira metade do século passado, havia em meu país um governador da província de Buenos Aires, Juan Manuel de Rosas, que acabou concentrando a totalidade do poder público por duas décadas. Ele desconfiava dos livros que vinham da Europa, e exercia um controle rigoroso sobre eles, assim como sobre os jornais. Muitos intelectuais refugiados em Montevidéu faziam chegar – por meio de contrabando – aos opositores de Buenos Aires romances românticos (Hugo, Lamartine, Dumas), ensaios políticos (Cousin, Michelet, Saint-Beuve) e vários panfletos. Os livros chegavam disfarçados, escondidos, e eram passados secretamente de mão em mão. O leitor sabia que era um grande risco tê-los, e lia, dá para imaginar, certo de que, ao fazê-lo, estava atuando sobre seu mundo. Aqueles que liam naquela época eram muito poucos, mas a leitura, tanto para eles quanto para aqueles que deviam impedi-los de ler, tinha um significado forte e claro.

No final do mesmo século e início deste, mais de um milhão de imigrantes chegaram à Argentina. As cidades cresceram enormemente e a composição da população se transformou em poucos anos. Muitos desses imigrantes eram analfabetos, outros apenas alfabetizados. Mas eles sabiam o valor dos livros. As bibliotecas populares – mais de mil e quinhentas – que cresceram em cada um dos bairros das grandes cidades e em cada pequeno povoado, às vezes ligadas a sociedades de ajuda mútua, aos centros socialistas, aos sindicatos, foram a marca institucional desse agudo interesse, e representaram bem o que a leitura simbolizava para esse grupo social nesse momento histórico. Ler e conhecer, porque o conhecimento e a discussão estavam ligados à leitura de biblioteca, era a maneira de completar – e dar sentido – a essa grande mudança social que eles mesmos haviam iniciado ao abandonar sua terra natal europeia para se estabelecer em um bairro americano. Os filhos desses imigrantes, meus pais, por exemplo, encontraram um sentido em ir à biblioteca, em conhecer escritores e ideias, em passear, tão descontraídos, pela cultura, porque estavam se apropriando dela. Ler era ocupar um espaço.

E um último momento, não tão longínquo. Em 1977, em plena ditadura militar, enquanto o número de desaparecidos crescia vertiginosamente, uma inspeção de censura baixou no Centro Editor de América Latina, onde eu trabalhava. O Centro publicava naquela época excelentes fascículos de divulgação de história e geografia, de literatura e de sociologia, que eram vendidos a um preço muito barato nas bancas de jornal. Foi um fenômeno realmente massivo: entre cinquenta e cem mil fascículos de cada coleção por semana. A ditadura os considerou subversivos. Um comando entrou no depósito e sequestrou tudo o que havia ali. Alguns dias depois, obrigaram a própria editora a pôr fogo nos livros. Se demonstrasse que os havia queimado, poderia continuar editando, e o editor recuperaria a liberdade. Não é uma cena narrada por Bradbury, aconteceu em um descampado de Avellaneda, na província de Buenos Aires. Aqueles que mandaram queimar esses livros, aqueles que os produziram e também aqueles que os liam semana a semana, todos nós tínhamos uma ideia da leitura. A leitura significava algo para nós.

Em todos esses momentos, e em muitos outros muito mais famosos que estes meus, locais, que quis evocar aqui, a leitura significava. Ela tinha um lugar no imaginário social. E aqueles que faziam os livros circular, os agentes sociais da leitura, seus mediadores (editores, bibliotecários, professores, livreiros, tipógrafos) eram sempre, por sua vez, leitores, a leitura era para eles significativa, funcional. Creio que é disso que sentimos falta, da significação. Não da massividade, que é do que o plangente "as crianças não leem mais como antes" parece ter saudade. Embora haja muito mais livros do que antes no mundo, e embora, em um sentido democrático, haja muitos mais pessoas em condições (potenciais) de ler, ler já não parece significar, para a estrutura de sentimento de nossa época, o que significava antes. E não conseguimos encontrar um novo significado para isso.

E que significado a leitura poderia ter em um momento histórico como o de hoje, dado o tom, a pulsão, a estrutura de sentimento vigentes? Acho que essa é a questão e o desafio.

Ler parece sempre supor encontrar uma clave, uma chave. Interpretar sinais, perseguir o sentido. Ver o outro lado das coisas. Fuçar e cavar. Perfurar, espraiar-se, criticar e tecer, construir um relato. Só que o que se vê hoje não parece ser crítica ou argumentação, nem raciocínio ou narração – refiro-me sempre à nossa estrutura de sentimento –, mas o consumo, o fugaz, o acúmulo desfeito, o fragmentário, o espetáculo. Não manifestamos – e volto a me referir sempre à estrutura de sentimento da época – maior interesse pelas causas, pela história dos acontecimentos, pela razão de ser, pelas tramas, pelas consequências, mas, antes, nos dedicamos a beber em grandes goles as novidades. O tom parece ser assim, efêmero e voraz: consumir, sem causas nem consequências.

Tudo isso, que parece verdade de Pedro Grullo,* que qualquer um pode tocar apenas olhando ao redor e dentro de sua própria casa, vem à mente porque contradiz, bastante frontalmente, o que a leitura supõe. Que é sempre uma demora, construção prolongada no tempo, arraigamento, os dentes da atenção bem fincados em uma história, um tema, um pensamento. Isto é, exatamente o contrário da fragmentação, da fugacidade e do "surfe".

Grande parte dos esforços – erráticos, como dizia no começo, e até contraproducentes – em favor do restabelecimento da leitura, parecem partir da tentativa de "acomodá-la", de forma um pouco obsequente, creio, a esse clima de época. Pouco a pouco, ela se esvazia de significado, e a ânsia acaba jogando contra ela.

Pensemos, por exemplo, no extraordinário ativismo que se acumulou em torno da leitura das crianças, sobretudo nas escolas: desenhos, maquetes, representações teatrais, mudanças de finais, trocas de personagens, adivinhações, palavras cruzadas, debates, peregrinações ao local dos fatos, visitas de autores etc. É claro que isso busca gerar vertigem e espetáculo (isto é, o que havíamos encontrado como típico da época) em torno de uma prática – a leitura – que é vista como quieta e ancorada demais, perseverante demais, silenciosa demais, e até entediante.

Ou o "prazer da leitura", um *slogan* que fez época. Talvez tenha nascido dessa campanha de recuperação da "erótica do texto" em que Barthes embarcou – campanha que, à sua maneira, também foi uma espécie de resposta a essa mudança geral em nossa estrutura de sentimento –, mas teve outro signo, e acabou conferindo à leitura uma categoria de gozo passivo, de prática de almofada, muito fácil e um pouco inofensiva, sem consequências. Uma versão "branda" da leitura, que talvez tenha parecido

---

* Personagem da literatura tradicional hispânica, trata-se de um caráter cômico que é alguém que diz verdades redundantes ou pleonásticas do tipo "amanheceu porque é dia" (N. do T.)

a mais apropriada para esses tempos de "surfe". "O divertido", como sabemos, erigiu-se em dogma, produziu um recorte assustador das leituras e fomentou uma certa frivolidade que, a longo prazo, acabou se afastando cada vez mais aquilo que pretendia aproximar: a leitura.

Mas nada comparável aos efeitos, fortíssimos, da indústria do livro sobre a prática da leitura e sua representação simbólica.

A indústria do livro, na qual as decisões finais não estão mais nas mãos de editores-leitores como em outros tempos e até as primeiras décadas do século xx, mas de grandes empresas de lucro (que, em muitos casos, também têm interesses nos meios de comunicação de massa), procura desesperadamente adequar a leitura "aos tempos que correm", para cumprir seu propósito, que não é, no entanto, o de gerar mais leitores, mas de vender mais livros.

Os mecanismos que esta indústria projetou e aperfeiçoou nas últimas décadas para atingir seu objetivo de vender mais – basicamente, a segmentação do mercado e o culto da novidade – acabaram deteriorando ainda mais a significação social da leitura, a meu ver. No entanto, poder-se-ia argumentar que essa ânsia empreendedora de querer vender cada vez mais livros é chamada para agir em favor da democratização da leitura. Como resultado, os livros estariam cada vez mais baratos e mais ao alcance das mãos (por exemplo, na gôndola de um supermercado).

E é verdade. A ânsia de venda age em favor da democratização do livro. Mas não parece estar agindo em favor da ressignificação da leitura (apesar do fato de que hoje o discurso em torno da leitura – e o que tem sido chamado de "animação para a leitura"** – ter permanecido, em mais do que boa medida, nas

---

** Graciela se refere à expressão *"animación a la lectura"*, que vem do francês *"animation à la lecture"*. Trata-se de um movimento que ocorreu nas décadas de 1960 e 1970, principalmente na França, Es-

mãos dos departamentos de *marketing*, que dependem diretamente dos interesses econômicos vinculados ao livro). E isso não contribui para essa significação – ou ressignificação – porque os mecanismos destinados a fazer as vendas crescerem – a segmentação e o culto às novidades – também supõem homogeneização nos conteúdos, redirecionamento estrito do consumo e uma complacência, uma falta de arestas que, me parece, acaba esvaziando a leitura de significação.

Por que ela se fragmenta, se homogeneíza, se redireciona, se achata? Porque, para vender mais, o mercado precisa fragmentar, homogeneizar, redirecionar e achatar. Fragmentando, homogeneizando, redirecionando e achatando, os rendimentos são muito maiores.

Vamos pensar na *novidade*, essa urgência permanente, essa fugacidade de que estava falando antes. O circuito se acelerou vertiginosamente. Uma livraria em Buenos Aires, nos meses que vão de março a novembro, que é a nossa alta temporada, recebe cerca de 300 novos títulos por mês, entre os editados na Argentina e os estrangeiros. No mês seguinte, precisarão abrir espaço para os novos. A exigência por novidades é devoradora. Para satisfazê-la, a indústria cria novos segmentos: livros para recém-nascidos, para crianças que estão aprendendo a nadar, para anoréxicas, para recém-divorciadas, para fãs das ciências ocultas, de pesca, de bordado *petit point*, de orquídeas. A segmentação cria a ilusão de variedade e de novidade, mas, na verdade, repete. O que há, dentro desses formatos sempre variados, é "mais do mesmo". Pequenos territórios fechados, sem vínculos entre si. Homogeneização e controle, o paraíso do mercado, sem nenhum risco.

---

panha e nos países de fala hispânica, que propunha vários tipos de atividades em torno do ato de leitura, com o objetivo de torná-la mais atraente às crianças (N. do E.)

Os bons livros novos não conseguem ser notados na mixórdia de ofertas. Arrastados pelo fluxo e refluxo que marca a cada mês a ascensão e a queda dos serviços, eles não estão em condições de defender seu espaço frente aos segmentos ou aos *best-sellers* garantidos que, apoiados sempre por uma marca editorial dominante, protegidos por uma grande campanha publicitária, um escândalo conveniente e, geralmente, a aquiescência inegável da crítica, brilham como sóis – ainda que breves –, e se fundem ao resto, na sombra. E com relação aos bons e velhos livros, alguns – aqueles que entram na categoria de clássicos, de prestígio ou infalíveis – são reciclados, mas são poucos; a maioria cai em desuso e deixa de circular definitivamente. Grandes partes de catálogo caem no chão como galhos secos. O que vende manda e define o ritmo. Algo que deveria nos levar a refletir sobre as consequências que tem para todos nós o fato de o discurso sobre a leitura ter ficado nas mãos do campo econômico e não mais do cultural, ou do político, como costumava ser em algum momento.

Essa dominação do mercado, que obviamente não se limita à ordem dos livros e da leitura, mas abarca toda a nossa vida cotidiana e tinge nossa estrutura de sentimento com a cor do consumo, não tem por que ser definitiva nem marcar o fim da história. Um leitor, de fato, nunca aceitaria que o fim da história fosse decretado, nunca aceitaria uma clausura.

E, justamente, já com o dedo na ferida, onde está o leitor em tudo isso? O que a leitura pode significar para ele hoje? Leitor ou consumidor? (Não parece ser a mesma coisa). E, se é um leitor, o que representa a sua prática? Prestígio social, como em outros tempos? Ação política? Ampliação de pontos de vista? Uma forma de preencher os tempos vazios? O que é ler para o nosso contemporâneo? É estar sozinho na frente de um livro? Estar sozinho na frente da tela, abrindo um cd, navegando pela *web*? Sozinho ou acompanhado no cinema, ou na frente do televisor, construindo uma história, interpretando uma notícia? Madame Bovary sonhando paixões ardentes no jardim do convento, Dom Quixote fazendo do livro, carne, com fé, resolvendo emular os melhores; a mãe do ativista aprendendo a soletrar sem esforço um panfleto no romance de Gorki; Bastian se protegendo e se exilando também, na fantasia. Um menino, uma menina lendo um poema de amor no trem, perseguindo um romance no espaço de escuridão que corre entre duas estações de metrô, recomendando um ao outro um ensaio surpreendente e iluminado, ou tentando caminhos pela *web*, a grande teia, na esperança de se deparar com algo um pouco além da superfície, algum vínculo inesperado, alguma chave. Leitores todos. Todos, no fundo, iguais ao garotinho que, apoiando-se em seu dedo para não cair no vazio, tenta encontrar a chave da letra e desvendar o mistério.

Sim, há espaço para o leitor hoje, com os tempos que correm? Há e não há, segundo, porque esse lugar não se concede, se conquista. Se há lugar para a teimosia, para a memória, para a insatisfação e a busca, há lugar para o leitor. Se em meio às solicitações, ao bombardeio de mensagens, à fragmentação quase intolerável, à falsa variedade, à profusão globalizada, há quem ainda escolha, se demore, tire a escória, busque sentido, construa seu relato, há leitura. Se tudo se torna "surfe" manso e consumo obediente, a leitura – obrigatoriamente – desaparece. Não haveria lugar para ela, que sempre foi, por definição, orgulhosa, um tanto feroz, desobediente.

Notas de referência

1. ARISTÓFANES. *As aves*. Tradução: Mário da Gama Kury. Rio de Janeiro: Zahar, 2013, arquivo Kindle.
2. MANRIQUE, J. Coplas a la muerte de su padre. *In:* MANRIQUE J. *Poesías*. Madrid. Real Academia Española, 2013, p. 48. Na versão brasileira: MANRIQUE, J. *Poesia doutrinal:* Coplas pela morte de seu pai e Coplas póstumas. Tradução: Rubem Amaral Jr. São Paulo: Prol Editora Gráfica, 1984.
3. GLEICK, J. *Caos, a criação de uma nova ciência*. Tradução: Waltensir Dutra. São Paulo: Elsevier, 1989.
4. BORGES, J. L. A muralha e os livros. *In: Outras inquisições*. Tradução: Davi Arrigucci Jr. São Paulo: Cia das Letras, 2007, arquivo Kindle.
5. NIETZSCHE, F. *Ecce Homo*: como alguém se torna o que é. Tradução: Paulo César de Souza. São Paulo: Companhia das Letras, 1995, p. 53.
6. ROTTERDAM, E. *Elogio da loucura*. Porto Alegre: L&PM, 2003.
7. TURGUÊNIEV, I. *Punin y Baburin*. Tradução: Marta Sánchez Nieves. Madrid: Nórdica Libros, 2018.
8. ARISTÓFANES. *As aves*, op. cit., p. 123.
9. CALVINO, I. *Por que ler os clássicos?* Tradução: Nilson Moulin. São Paulo: Cia das Letras, 1993.
10. DOLTO, F. *Tudo é linguagem*. São Paulo: Martins Fontes, 2018.
11. QUEVEDO, F. Amor constante más allá de la muerte. *In:* QUEVEDO, F. *Obras completas de Don Francisco de Quevedo Villegas*. Sevilla: Imp. de E. Rasco, 1903. v. II.
12. POMMIER, G. *Naissance et renaissance de l'écriture*. Paris: PUF, 1993.
13. MANGUEL, A. *Uma história da leitura*. São Paulo: Cia das Letras, 1997.

14. STEINER, G. *Presenças reais*. Lisboa: Editorial Presença, 1997, p. 91.
15. PROUST, M. *Em busca do tempo perdido – No caminho de Swann*. Tradução: Mário Quintana. Porto Alegre: Globo, 1983, p. 158.
16. CALVINO, I. *Fábulas italianas*. Tradução: Nilson Moulin. São Paulo: Cia das Letras, 2010, arquivo Kindle.
17. PITRÈ, G. *Novelle popolari toscane*. Firenze: G. Barbèra Editore, 1885.
18. CERTEAU, M. *A invenção do cotidiano*. Tradução: Ephraim Ferreira Alves. Petrópolis: Vozes, 1994. v. 1. Artes de fazer.
19. BORDIEU, P. L'Opinion publique n'existe pas. Paris: *Les Temps Modernes*, n. 318, janeiro de 1973, p. 1292-1309 (Comunicação feita em Noroit (Arras) em janeiro de 1972).
20. CARROL, L. *Algumas aventuras de Silvia e Bruno*. Tradução: Sergio Medeiros. São Paulo: Illuminuras, 1997.
21. CARROL, L. *Alice no País das Maravilhas*. Tradução: Nicolau Sevcenko. Ilustrações: Luiz Zerbini. São Paulo: Sesi-SP, 2018.
22. PELEGRÍN, A. *Repertorio de antiguos juegos infantiles:* tradición y literatura hispânica. Madrid: Consejo Superior de Investigaciones Científicas, Departamento de Antropología de España y América, 1998.
23. JANSSON, T. *Sommarboken*. Estocolmo: Albert Bonniers Förlag, 2001.
24. BENJAMIN, W. *A obra de arte na era de sua reprodutibilidade técnica*. Tradução: Gabriel Valladão Silva. Porto Alegre: L&PM, 2018.
25. QUEVEDO, F. Amor constante más allá de la muerte. In: QUEVEDO, F. *Obras completas de Don Francisco de Quevedo Villegas*, v. II. Sevilla: Imp. de E. Rasco, 1903.
26. BAUDELAIRE, C. Correspondances. In: BAUDELAIRE, C. *Œuvres complètes I*. Paris: Gallimard, 1976, p. 17-18.
27. BOUGNOUX, D. Métaphore, politesse de l'esprit. *Recherches en communication*, n. 1. Louvain, 1994, pp. 13-17.
28. *Los monos bailarines*. Barcelona: Ramón Sopena, 1930.
29. SAND, G. *François le Champi*. Paris: Folio Classique, 2012.
30. ALCOTT, L. M. *Mulherzinhas*. Tradução: Denise Bottmann e Federico Carotti. Porto Alegre: L&PM, 2017.
31. FORSTER, E. M. *Aspectos do romance*. Tradução: Sergio Alcides. São Paulo: Globo, 1998.

32. *Livro das mil e uma noites*. Tradução: Mustafa Jarouche. São Paulo: Biblioteca Azul, 2017.
33. CORTÁZAR, J. *O perseguidor*. Tradução: Sebastião Uchoa Leite. São Paulo: Cosac & Naify, 2012.
34. BORGES, J. L. Tlön, Uqbar, Orbis Tertius. *In:* BORGES, J. *Ficções*. Tradução: Davi. Arrigucci Jr. São Paulo: Cia das Letras, 2007.
35. CARPENTIER, A. Viagem à semente. Tradução: I. Portbou. *Arte e Letra: Estórias H*, Curitiba, p. 50-59, 2009-2010.
36. AMIS, M. *A seta do tempo*. Tradução: Roberto Grey. Rio de Janeiro: Rocco, 1996.
37. SALGARI, E. *La rivincita di Yanez*. Turino: Marcovalerio Edizioni, 2005.
38. SALGARI, E. *Os dois tigres*. Tradução: Maiza Rocha. São Paulo: Illuminuras, 2010.
39. SALGARI, E. *O Capitão Tormenta*. Tradução: David Jardim. São Paulo: Abril Cultural, 1972.
40. TWAIN, M. *As aventuras de Huckleberry Finn*. Tradução: Rosaura Eichenberg. Porto Alegre: L&PM, 2011.
41. ALCOTT, L. M. *Os oito primos*. Tradução: Michelle Gimenes. Paraju: Pedrazul, 2016.
42. SALGARI, E. *O Corsário Negro*. Tradução: Maiza Rocha. São Paulo: Illuminuras, 2009.
43. SALGARI, E. *A rainha dos caraíbas*. Tradução: Maiza Rocha. São Paulo: Illuminuras, 2010.
44. SALGARI, E. *Iolanda, a filha do Corsário Negro*. Tradução: Maiza Rocha. São Paulo: Illuminuras, 2011.
45. FORSTER, H. *O príncipe valente*. Tradução: René Ferri. Rio de Janeiro: Ediouro/Pixel, 2016.
46. SCOTT, W. *Ivanhoé*. Tradução: Marcos Malvezzi Leal. São Paulo: Madras, 2003.
47. DUMAS, A. *As aventuras de Robin Hood*. Tradução: Jorge Bastos. Rio de Janeiro: Zahar, 2016.
48. BEECHER STOWE, H. *A cabana do Pai Tomás*. Tradução: Ana Paula Doherty. São Paulo: Amarilys, 2016.
49. IRVING, W. *Narrativas da Alhambra*. São Paulo: Brasiliense, 1959.

50. SCHWAB, G. *As mais belas histórias da Antiguidade Clássica*. Tradução: Luís Krausz. São Paulo: Paz e Terra, 2015.
51. STEVENSON, R. L. *Raptado*. Tradução: Agripino Grieco. São Paulo: Cia Editora Nacional, 2013.
52. STEVENSON, R. L. *A ilha do tesouro*. Tradução: Márcia Soares Guimarães. São Paulo: Autêntica Infantil e Juvenil, 2018.
53. STEVENSON, R. L. *As aventuras de David Balfour*. Tradução: Pepita Leão. Porto Alegre: L&PM, 1998.
54. DICKENS, C. *David Copperfield*. Tradução: José Rubens Siqueira. São Paulo: Penguin Books, 2018.
55. MELVILLE, H. *Moby Dick*. Tradução: Irene Hirsch. São Paulo: Cosac & Naify, 2008.
56. BRONTË, C. *Jane Eyre*. Tradução: Adriana Lisboa. Rio de Janeiro: Zahar, 2018.
57. ROCKWOOD, R. *Bomba, el niño de la selva* (Colección Robin Hood). Buenos Aires: ACME, 1959.
58. DUMAS, A. *O Conde de Monte Cristo*. Tradução: André Telles. Rio de Janeiro: Zahar, 2016.
59. TWAIN, M. *As aventuras de Huckleberry Finn*, op. cit.
60. Ibid. p. 61.
61. CALVINO, I. *As cidades invisíveis*. Tradução: Diogo Mainardi. São Paulo: Cia das Letras, 1990, arquivo Kindle.
62. BORGES, J. L.; BIOY CASARES, A. *Cuentos breves y extraordinarios*. Buenos Aires: Losada Editorial, 2009.
63. CALVINO, I. *As cidades invisíveis*, op. cit.
64. CALVINO, I. *As cidades invisíveis*. Tradução: Diogo Mainardi. São Paulo: Cia das Letras, 1990, arquivo Kindle.
65. PETRUCCI, A. Ler por ler: um futuro para a leitura. *In:* CAVALLO, G.; CHARTIER, R. *História da leitura no mundo ocidental*. São Paulo: Ática, 1999. v. II.
66. BOURDIEU, P.; PASSERON, J.-C. *A reprodução:* Elementos para uma teoria do sistema de ensino. Tradução: Reynaldo Bairão. Petrópolis: Vozes, 2011.
67. IBAÑEZ, J. C. *Historia antigua y medieval*. Buenos Aires: Troquel, 1966.

68. ECO, U. *O nome da rosa*. Tradução: Aurora Fornoni Bernardini e Homero de Freitas Andrade. Rio de Janeiro: Record, 2018.
69. GILMONT, J.-F. Reformas protestantes e leitura. *In:* CAVALLO, G.; CHARTIER, R. *História da leitura no mundo ocidental*. São Paulo: Ática, 1999. v. II.
70. CARPENTIER, A. O século das luzes. Tradução: Sérgio Molina. São Paulo: Cia das Letras, 2004.
71. PETRUCCI, A. Ler por ler: um futuro para a leitura. *In:* CAVALLO, G.; CHARTIER, R. *História da leitura no mundo ocidental*. São Paulo: Ática, 1999. v. II.
72. FORSTER, E. M. A máquina parou. Tradução: Celso Braida. *Revista literária em tradução*, n. 2. Florianópolis, mar. 2011.
73. BORGES, J. L.; BIOY CASARES, A. *Cuentos breves y extraordinários*. Buenos Aires: Losada, 2009.
74. ROLLAND, R. *Jean-Christophe*. Tradução: Carlos Dante de Moraes. São Paulo: Biblioteca Azul, 2012. v. I, II e III.
75. GORKI, M. *A mãe*. Tradução: Shura Victoronovna. São Paulo: Círculo do Livro, 1988.
76. HUGO, V. Os miseráveis. Tradução: Frederico Ozanam Pessoa de Barros. São Paulo: Penguin/Cia das Letras, 2017.
77. CERVANTES, M. *O engenhoso fidalgo D. Quixote de La Mancha*. Tradução: Sérgio Molina. São Paulo: Editora 34, 2002. v. I, II.
78. FLAUBERT, G. *Madame Bovary*. Tradução: Mário Laranjeira. São Paulo: Penguin, 2011.
79. GORKI, M. *A mãe*. Tradução: Shura Victoronovna. São Paulo: Círculo do Livro, 1988.
80. ENDE, M. *A história sem fim*. Tradução: Maria do Carmo Cary. São Paulo: Martins Fontes, 2013.
81. WILLIAMS, R. *The long revolution*. Cardigan, Parthian Books, 2013.

Referências bibliográficas

ALCOTT, Louise May. *Os oito primos*. Tradução: Michelle Gimenes. Paraju: Pedrazul, 2016.

ALCOTT, Louise May. *Mulherzinhas*. Tradução: Denise Bottmann e Federico Carotti. Porto Alegre: L&PM, 2017.

AMIS, Martin. *A seta do tempo*. Tradução: Roberto Grey. Rio de Janeiro: Rocco, 1996.

ARISTÓFANES. *As aves*. Tradução: Mário da Gama Kury. Rio de Janeiro: Zahar, 2013.

BAUDELAIRE, Charles. Correspondances. *In: OEuvres complètes I*. Paris: Gallimard, 1976.

BEECHER STOWE, Harriet. *A cabana do Pai Tomás*. Tradução: Ana Paula Doherty. São Paulo: Amarilys, 2016.

BENJAMIN, Walter. *A obra de arte na era de sua reprodutibilidade técnica*. Tradução: Gabriel Valladão Silva. Porto Alegre: L&PM, 2018.

BONNEFOY, Yves. *Entretiens sur la poésie*. Paris: Mercure de France, 1990.

BORDIEU, Pierre. L'Opinion publique n'existe pas. Paris: *Les Temps Modernes*, n. 318, janeiro de 1973, p. 1292-1309 (Comunicação feita em Noroit (Arras) em janeiro de 1972).

BOURDIEU, P.; PASSERON, J.-C. *A reprodução:* Elementos para uma teoria do sistema de ensino. Tradução: Reynaldo Bairão. Petrópolis: Vozes, 2011.

BORGES, Jorge Luis. A muralha e os livros. *In:* BORGES, Jorge Luis. *Outras inquisições*. Tradução: Davi Arrigucci Jr. São Paulo: Cia das Letras, 2007.

BORGES, Jorge Luis. Tlön, Uqbar, Orbis Tertius. *In:* BORGES, Jorge Luis. *Ficções.* Tradução: Davi. Arrigucci Jr. São Paulo: Cia das Letras, 2007.

BORGES, Jorge Luis; BIOY CASARES, Adolfo. *Cuentos breves y extraordinários.* Buenos Aires: Losada, 2009.

BOUGNOUX, Daniel. Métaphore, politesse de l'esprit. *Recherches en communication,* n. 1. Louvain, 1994, pp. 13-17.

BRONTË, Charlotte. *Jane Eyre.* Tradução: Adriana Lisboa. Rio de Janeiro: Zahar, 2018.

CALVINO, Italo. *As cidades invisíveis.* Tradução: Diogo Mainardi. São Paulo: Cia das Letras, 1990.

CALVINO, Italo. *Por que ler os clássicos?* Tradução: Nilson Moulin. São Paulo: Cia das Letras, 1993.

CALVINO, Italo. *Fábulas italianas.* Tradução: Nilson Moulin. São Paulo: Cia das Letras, 2010.

CARPENTIER, Alejo. *O século das luzes.* Tradução: Sérgio Molina. São Paulo: Cia das Letras, 2004.

CARPENTIER, Alejo. Viagem à semente. Tradução: I. Portbou. *Arte e Letra: Estórias H,* Curitiba, p. 50-59, 2009-2010.

CARROL, Lewis. *Algumas aventuras de Silvia e Bruno.* Tradução: Sergio Medeiros. São Paulo: Illuminuras, 1997.

CARROL, Lewis. *Alice no País das Maravilhas.* Tradução: Nicolau Sevcenko e ilustrações de Luiz Zerbini. São Paulo: Sesi-SP Editora, 2018.

CERTEAU, Michel de. *A invenção do cotidiano.* Tradução: Ephraim Ferreira Alves. Petrópolis: Vozes, 1994. v. 1. Artes de fazer.

CERVANTES, Miguel de. *O engenhoso fidalgo D. Quixote de La Mancha,* v. I e II. Tradução: Sérgio Molina. São Paulo: Editora 34, 2002. v. I, II.

CORTÁZAR, Julio. *O perseguidor.* Tradução: Sebastião Uchoa Leite. São Paulo: Cosac & Naify, 2012.

DICKENS, Charles. *David Copperfield.* Tradução: José Rubens Siqueira. São Paulo: Penguin Books, 2018.

DOLTO, Françoise. *Tudo é linguagem.* São Paulo: Martins Fontes, 2018.

DUMAS, Alexandre. *As aventuras de Robin Hood.* Tradução: Jorge Bastos. Rio de Janeiro: Zahar, 2016.

ENDE, Michael. *A história sem fim.* Tradução: Maria do Carmo Cary. São Paulo: Martins Fontes, 2013.

ECO, Umberto. *O nome da rosa*. Tradução: Aurora Fornoni Bernardini e Homero de Freitas Andrade. Rio de Janeiro: Record, 2018.

FERNÁNDEZ, M. El Bobo inteligente. *In:* FERNÁNDEZ, M. *Obras completas*. Buenos Aires: Corregidor, 1989. pp. 117-118. v. IV.

FLAUBERT, Gustave. *Madame Bovary*. Tradução: Mário Laranjeira. São Paulo: Penguin, 2011.

FORSTER, Edward Morgan. *Aspectos do romance*. Tradução: Sergio Alcides. São Paulo: Globo, 1998.

FORSTER, Edward Morgan. A máquina parou. Tradução: Celso Braida. *Revista literária em tradução*, n. 2. Florianópolis, mar. 2011.

FORSTER, Harold. *O príncipe valente*. Tradução: René Ferri. Rio de Janeiro: Editouro/Pixel, 2016.

GILMONT, Jean-François. Reformas protestantes e leitura. *In:* CAVALLO, G.; CHARTIER, R. *História da leitura no mundo ocidental*. São Paulo: Ática, 1999. v. II.

GLEICK, James. *Caos, a criação de uma nova ciência*. Tradução: Waltensir Dutra. São Paulo: Elsevier Editora, 1989.

GORKI, Maximo. *A mãe*. Tradução: Shura Victoronovna. São Paulo: Círculo do Livro, 1988.

HUGO, Victor. *Os miseráveis*. Tradução: Frederico Ozanam Pessoa de Barros. São Paulo: Penguin/Cia das Letras, 2017.

IBAÑEZ, José Cosmelli. *Historia antigua y medieval*. Buenos Aires: Troquel, 1966.

IRVING, Washington. *Narrativas da Alhambra*. São Paulo: Brasiliense, 1959.

JANSSON, Tove. *Sommarboken*. Estocolmo: Albert Bonniers Förlag, 2001.

LIVRO DAS MIL E UMA NOITES. Tradução: Mustafa Jarouche. São Paulo: Editora Biblioteca Azul, 2017.

LORCA, Frederico García. Romance sonámbulo. *In:* LORCA, Frederico García. *Romancero gitano*. Madrid: Alianza Editorial, 2009.

LOS MONOS BAILARINES. Barcelona: Ramón Sopena, 1930.

MANGUEL, Alberto. *Uma história da leitura*. São Paulo: Cia das Letras, 1997.

MANRIQUE, Jorge. Coplas a la muerte de su padre. *In:* MANRIQUE, Jorge. *Poesías*. Madrid. Real Academia Española, 2013.

MANRIQUE, Jorge. *Poesia doutrinal:* Coplas pela morte de seu pai e Coplas póstumas. Tradução: Rubem Amaral Jr. São Paulo: Prol Editora Gráfica, 1984.

MARTIN, Kathleen. *O livro dos símbolos:* reflexões sobre imagens arquetípicas. São Paulo: Taschen, 2012

MELVILLE, Herman. *Moby Dick.* Tradução: Irene Hirsch. São Paulo: Cosac & Naify, 2008.

NIETZSCHE, Friedrich. *Ecce Homo:* como alguém se torna o que é. Tradução: Paulo César de Souza. São Paulo: Companhia das Letras, 1995.

PELEGRÍN, Ana. *Repertorio de antiguos juegos infantiles:* tradición y literatura hispânica. Madrid: Consejo Superior de Investigaciones Científicas, Departamento de Antropología de España y América, 1998

PETRUCCI, Armando. Ler por ler: um futuro para a leitura. *In:* CAVALLO, G.; CHARTIER, R. *História da leitura no mundo ocidental.* São Paulo: Ática, 1999. v. II.

PITRÈ, Giuseppe. *Novelle popolari toscane.* Firenze: G. Barbèra Editore, 1885.

POMMIER, Gérard. *Naissance et renaissance de l'écriture.* Paris: PUF, 1993.

PROUST, Marcel. E*m busca do tempo perdido – No caminho de Swann.* Tradução: Mário Quintana. Porto Alegre: Editora Globo, 1983.

QUEVEDO, Francisco. Amor constante más allá de la muerte. *In:* QUEVEDO, F. *Obras completas de Don Francisco de Quevedo Villegas.* Sevilla: Imp. de E. Rasco, 1903. v. II.

ROCKWOOD, Roy. *Bomba, el niño de la selva* (Colección Robin Hood). Buenos Aires, ACME, 1959.

ROLLAND, Romain. *Jean-Christophe.* Tradução: Carlos Dante de Moraes. São Paulo: Biblioteca Azul, 2012. v. I, II e III.

ROTTERDAM, Erasmo de. *Elogio da loucura.* Porto Alegre: L&PM, 2003.

SALGARI, Emilio. *La rivincita di Yanez.* Turino: Marcovalerio Edizioni, 2005.

SALGARI, Emilio. *O Capitão Tormenta.* Tradução: David Jardim. São Paulo: Abril Cultural, 1972.

SALGARI, Emilio. *O Corsário Negro.* Tradução: Maiza Rocha. São Paulo: Illuminuras, 2009.

SALGARI, Emilio. *Os dois tigres*. Tradução: Maiza Rocha. São Paulo: Illuminuras, 2010.

SALGARI, Emilio. *A rainha dos caraíbas*. Tradução: Maiza Rocha. São Paulo: Illuminuras, 2010.

SALGARI, Emilio. *Iolanda, a filha do Corsário Negro*. Tradução: Maiza Rocha. São Paulo: Illuminuras, 2011.

SAND, George. *François le Champi*. Paris: Folio Classique, 2012.

SCHWAB, Gustav. *As mais belas histórias da Antiguidade Clássica*. Tradução: Luís Krausz. São Paulo: Paz e Terra, 2015.

SCOTT, Walter. *Ivanhoé*. Tradução: Marcos Malvezzi Leal. São Paulo: Madras Editora, 2003.

STEINER, George. *Presenças reais*. Lisboa: Editorial Presença, 1997.

STEVENSON, Robert Louis. *A ilha do tesouro*. Tradução: Márcia Soares Guimarães. São Paulo: Autêntica Infantil e Juvenil, 2018.

STEVENSON, Robert Louis. *As aventuras de David Balfour*. Tradução: Pepita Leão. Porto Alegre: L&PM, 1998.

STEVENSON, Robert Louis. *Raptado*. Tradução: Agripino Grieco. São Paulo: Cia Editora Nacional, 2013.

TURGUÊNIEV, Ivan. *Punin y Baburin*. Tradução: Marta Sánchez Nieves. Madrid: Nórdica Libros, 2018.

TWAIN, Mark. *As aventuras de Tom Sawyer*. Tradução: Márcia Soares Guimarães. São Paulo: Autêntica Infantil e Juvenil, 2017.

WILLIAMS, Raymond. *The long revolution*. Cardigan: Parthian Books, 2013

Agradecimentos

A publicação deste livro contou com o apoio do Coletivo Emília, parceiros na aposta da importância da difusão do conhecimento, da arte, da cultura e da literatura:

Ana Carolina Carvalho, Ana Paula Leme, Ana Massochi, Bárbara Franceli Passos, Cícero Oliveira, Dayse Gonçalves, Dolores V. Prades, Edi Fonseca, Emiliana Albuquerque, Emily Anne Stephano, Escola Vera Cruz, Lenice Bueno, Lícia Breim, Nina Kahn, Pierre André Ruprecht.

Este livro foi composto em FF Scala e Filson Pro,
impresso em papel offset 75 g/m², em julho de 2020 na gráfica Viena.